Lukas Irmler
Face Your Fear

LUKAS IRMLER
MIT LENA SCHINDLER

FACE YOUR FEAR

Wie du Ängste und Zweifel überwindest –
Erstaunliche Einsichten in die Psychologie der Angst –
Vom Weltrekordhalter im Slacklining

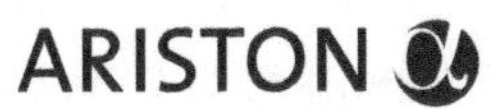

Bibliografische Information der Deutschen Bibliothek

Die Deutsche Bibliothek verzeichnet diese Publikation in der Deutschen Nationalbibliografie; detaillierte bibliografische Daten sind im Internet unter www.dnb.de abrufbar.

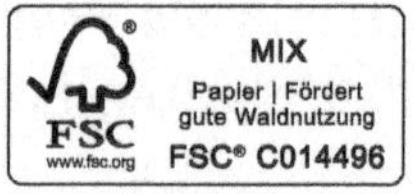

Penguin Random House Verlagsgruppe FSC® N001967

Redaktion: Marie Melzer
Umschlaggestaltung von wilhelm typo grafisch, Zürich
unter Verwendung eines Motivs von Valentin Rapp
Satz: Satzwerk Huber, Germering
Druck und Bindung: GGP Media GmbH, Pößneck
Printed in Germany

ISBN: 978-3-424-20299-1

Inhalt

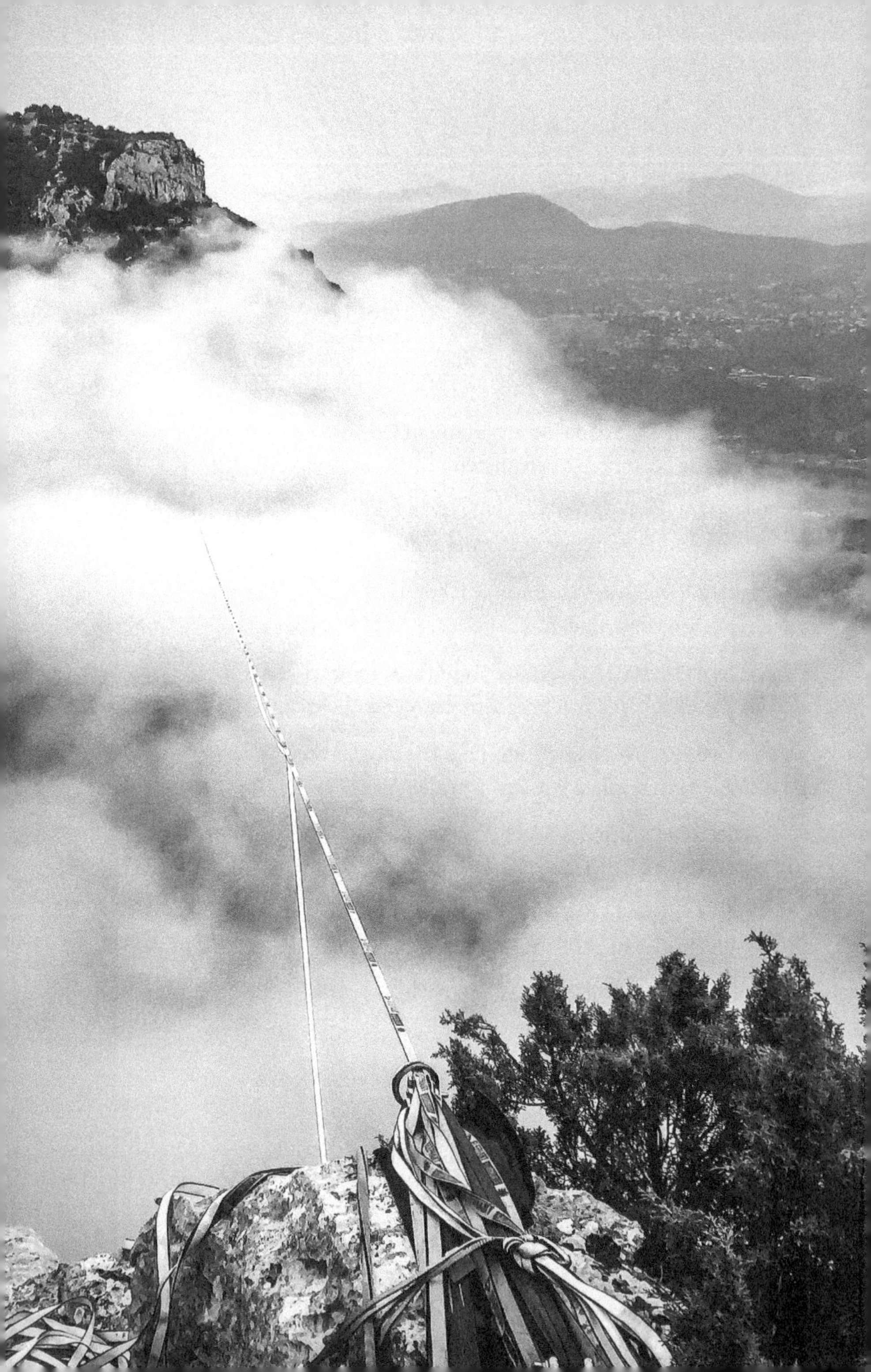

Prolog

Es ist der 27. Oktober 2016. Ich stehe auf einem Felsen oberhalb des mittelalterlichen Bergdorfs Saint-Jeannet im Süden Frankreichs, blicke auf die geduckten Steinhäuser, die sich am Hang des Berges zusammengedrängt haben, als suchten sie Schutz. Ich ziehe meine Schuhe und Socken aus, klemme beides in eine Felsspalte. Wie schon 100 Mal zuvor greife ich nach meinem Sicherungsseil und binde den Knoten, kontrolliere den Sitz meines Klettergurtes und ziehe ihn nochmal bis zum Anschlag zu. Langsam gehe ich in die Hocke und schwinge ein Bein über die Slackline, die in mehr als 250 Metern Höhe über den Abgrund führt. Meine nackten Füße verlassen den kalten Stein und ich spüre den Wind an meinen Zehen. Seitwärts sitze ich auf der Line, wie auf einem Geländer, rutsche langsam nach vorn. Ich atme ruhig und bewusst, fühle trotzdem meinen Herzschlag bis zum Hals. So wenig wie möglich versuche ich wahrzunehmen, wo ich gerade bin. Fokus! Für diesen Moment habe ich zehn Jahre lang trainiert, schießt es mir durch den Kopf. Die längste Slackline der Welt liegt vor mir. Ich blicke mich noch einmal um zu meinen Freunden am Rand, nicke ihnen kurz zu und wende mich wieder dem schmalen Band zu, das vor mir in den Wolken verschwindet. Es ist Zeit. Ich atme ein und sage zu mir selbst: »Genieß jeden Schritt!« Ich setze den Fuß aufs Band und stehe auf. Sofort mache ich den ersten Schritt und meine Reise beginnt.

So eine Line zu laufen war immer mein Traum. Die Idee, die mich antrieb, mich weiterzuentwickeln, Neues zu lernen und immer wieder aus meiner Komfortzone auszubrechen. Was aber braucht es, um so einen Traum Realität werden zu lassen? Zu Beginn war es für mich unvorstellbar, auf der Slackline überhaupt die Balance zu finden, doch genau das war für mich der Ansporn, es erst recht zu versuchen.

Die Slackline zeigte mir schnell, was alles möglich ist, wenn man nicht aufgibt und seiner Angst ins Gesicht sieht. Die Erfahrungen, die ich auf diesem zweieinhalb Zentimeter dünnen Band machen darf, das in großer Höhe gespannt wird, lassen sich jedoch auch auf ganz andere Lebensbereiche übertragen. Sie stehen sinnbildlich dafür, was man gewinnt, wenn man bereit ist, sich seiner Angst zu stellen und Wege zu finden, gemeinsam mit ihr weiterzugehen. Dann steht uns auf einmal die Welt offen.

Träume werden selten über Nacht real. Nicht aufgeben, Vertrauen haben, beharrlich weiterlaufen, das war immer mein Weg zum Erfolg. Jede Reise beginnt mit dem ersten Schritt und der ist meist der schwierigste. Sich überhaupt einmal zu überwinden loszugehen. Mit jedem einzelnen Schritt können wir jedoch wachsen und unseren Träumen näherkommen. Nie hätte ich am Anfang zu denken gewagt, dass ich einmal über Hunderte von Metern tiefe Schluchten balancieren und mir wünschen würde, dieser Moment möge nie zu Ende gehen. Es war zu weit weg, im wahrsten Sinne des Wortes undenkbar. Auch konnte ich mir nicht vorstellen, dass ich eines Tages sogar einen Längenrekord im Slacklinen aufstellen würde, wie ich es schließlich tat. Im Jahr 2019 überquerte ich eine 2000 Meter lange Highline über einer stillgelegten Asbestmine im kanadischen Val-des-Sources und holte mir damit den ersehnten Weltrekord. Im Jahr 2021 brach ich zusammen mit drei weiteren Slacklinern in Lappland den Rekord erneut: eine 2130 Meter lange Slackline nahe des Nationalparks Abisko in unvorstellbaren 600 Metern Höhe über der Lappenpforte, auch Lapporten genannt.

Doch allein die Länge oder die Höhe waren es nicht, die den Erfolg ausmachten, nicht nur das Erreichen des Ziels. Es war das Gefühl, ganz im Hier und Jetzt zu sein. Und das Glück, das ich spürte, solche Momente zusammen mit meinen besten Freunden erleben zu dürfen. Ab einem gewissen Zeitpunkt stellte sich dieses Glücksgefühl nicht mehr erst dann ein, wenn die Line geschafft war und hinter mir lag, sondern bereits während ich auf ihr balancierte. In diesem Augenblick, in dem ich genau dort war, wo ich sein wollte. Genau das tat, wovon ich lange geträumt hatte. Irgendwann fing ich an, sogar absichtlich von der Line in die Sicherung zu springen, um mich mit dem Gefühl des Sturzes in die Tiefe gezielt zu konfrontieren – genau dem, was mir am meisten Angst machte. Längst war mein Ziel nicht mehr ein einziger Schritt, ich war ganz schön nah dran am Traum vom Fliegen.

Ein Balanceakt zwischen Ängsten und Träumen

Was wir häufig so liebevoll als »Komfortzone« bezeichnen, kommt mir manchmal eher wie ein selbst erschaffener Käfig vor. Von unserem gemütlichen kleinen Territorium, in dem wir uns wohl und sicher fühlen, schauen wir mit ein bisschen Wehmut in die Ferne, wo so viele Ideen und Träume auf uns zu warten scheinen. Doch wir haben Angst, diesen Fleck zu verlassen. Haben Angst vor dem Unbekannten und sind manchmal auch einfach zu träge, um uns wirklich anstrengen zu wollen. Natürlich ist dieser Rückzugsort für uns Menschen wichtig, um Kraft zu schöpfen und uns entspannen zu können. Einen Großteil des Lebens verbringen wir aber doch damit, von dort hinauszuschauen und uns vorzustellen, was uns Großartiges passieren könnte, wenn wir den Mut finden würden, uns in die weite Welt zu wagen. Viele Dinge sind nur so lange angsteinflößend, bis wir sie wirklich versuchen. Wir haben oft ganz andere Möglichkeiten, den Hindernissen auf dem Weg zu unserem Traum zu begegnen, als wir glauben. Auch wenn es für manche paradox klingen mag: Wer seiner Angst begegnen will, der kann lernen, den Blickwinkel zu verändern – mit Abstand darauf zu schauen, auch wenn er mittendrin steckt.

Wenn wir Neues wagen, sind wir häufig mit unserer Angst konfrontiert, zu scheitern, unsere Gesundheit zu gefährden oder sogar unser Leben. Aber nur wenn wir versuchen, diese Grenze zu verschieben, uns dieser Angst auszusetzen, der Herausforderung nicht den Rücken zuzuwenden, sondern trotzdem weiterzulaufen, kommen wir unseren Träumen ein Stückchen näher. Ich musste mich immer wieder in furchteinflößende Situationen hineinbegeben, um meine Ängste schlussendlich zu überwinden.

Neben der Frage, wie ich mit meiner Höhenangst umgehe, möchten die Menschen am häufigsten von mir wissen, ob ich *Man on Wire* gesehen habe. Der Dokumentarfilm basiert auf dem Buch *Über mir der offene Himmel* von Philippe Petit und erzählt von seinem Hochseillauf zwischen den Zwillingstürmen des New Yorker World Trade Centers. Meine Antwort lautet: »Und ob ich den Film gesehen habe, nicht nur einmal!«

Und ich war fasziniert von der Geschichte des französischen Hochseilartisten, der jahrelang von dieser Idee träumte und sie am 7. August 1974 schließlich Realität werden ließ. Ohne Sicherheitsnetz und ohne offizielle Genehmigung. Gegen viele Widerstände und jedweder Vernunft zum Trotz. Am Vorabend verschaffte er sich mit seinen Helfern Zugang zum Südturm, der noch im Bau war. Massenhaft Ausrüstung, darunter ein über 200 Kilogramm schweres Drahtseil, schmuggelten sie aufs Dach des Gebäudes. Um nicht entdeckt zu werden, mussten sie stundenlang bewegungslos unter Planen ausharren. Als er das Seil am nächsten Morgen bestieg, blieben Tausende von Menschen auf dem Weg zur Arbeit stehen und starrten ungläubig nach oben. Fast einen halben Kilometer über ihren Köpfen balancierte Philippe im schwarzen Kostüm – bis er schließlich auf der Plattform des World Trade Centers verhaftet wurde.[1]

Auch wenn das Laufen auf einem Drahtseil für Außenstehende dem Slacklinen sehr ähnlich erscheinen mag, so funktionieren diese beiden Sportarten nach vollkommen unterschiedlichen Prinzipien. Das Drahtseillaufen ist eine statische Form der Balance. Philippe scheint komplett ruhig und ohne jede Anstrengung über das Seil zu spazieren. Auf der Slackline bin ich jedoch permanent in Bewegung und am Kämpfen, um das Gleichgewicht zu halten. Was aber nicht nur daran liegt, dass Philippe das Balancieren schon viel länger betreibt als ich. Die Slackline ist einfach nicht so straff gespannt wie das Drahtseil und dadurch in permanenter Bewegung und Schwingung. Es ist die dynamischste Form der Balance, die ich mir vorstellen kann.

Für mich auch eine tolle Metapher für unser heutiges Leben. Ging es vor 50 Jahren noch darum, auf seinem stringenten Lebensweg bloß nicht danebenzutreten, leben wir jetzt in einer Welt der permanenten Veränderung und Dynamik, sind immer wieder damit konfrontiert, unsere Balance neu finden zu müssen. Mit jedem Schritt kann sie uns verloren gehen, wir müssen sie neu für uns definieren und uns wirklich anstrengen, oben zu bleiben. Früher mag man als unstet gegolten haben, wenn man öfter mal den Kurs gewechselt hat, heute sind Flexibilität, Offenheit und Mut für Veränderung Qualitäten, die Anerkennung finden. So symbolisiert das Drahtseillaufen für mich persönlich auch ein Stück weit die Vergangenheit und das Slacklinen die Zukunft – auch im übertragenen Sinn. Die Slackline bietet dabei viel mehr Möglichkeiten und Chancen als das starre Drahtseil. Wir können uns ausprobieren und ab und an auch über unser Limit hinausgehen, nicht zuletzt, weil wir gesichert sind, was auf dem Drahtseil nicht der Fall ist.

»Life is being on a wire, everything else is just waiting«[2], soll eines der Lieblingszitate des deutsch-amerikanischen Zirkusakrobaten und Hochseilartisten Karl Wallenda gewesen sein. Das mag sehr radikal formuliert sein, aber es spricht dennoch etwas in mir an. Denn egal ob Slackline oder Drahtseil, wenn ich dort oben durch die Luft laufe, dann lebe ich wirklich im Moment. Das haben beide Formen der Balance gemeinsam. Auf dem Drahtseil, wo tatsächlich das eigene Leben auf dem Spiel steht, und auf der Slackline, wo es sich so anfühlt, als täte es das. Für mich liegt viel in diesem Zitat, weil es zeigt, wie besessen man sein muss, um große Ideen umzusetzen. Gleichzeitig müssen wir den Satz noch ein bisschen weiterdenken, finde ich. Denn man sollte doch eigentlich danach streben, sein ganzes Leben nach dieser Prämisse auszuschöpfen, nicht nur die besonderen Momente in der Luft. Dann müssten wir nicht so viel auf das Glück warten. Genauso wie diesen besonderen Moment dort oben sollten wir jeden Moment unserer Reise voll und ganz leben, jede neue Begegnung genießen, denn alles hängt miteinander zusammen.

Durch das Überwinden meiner Höhenangst habe ich nicht nur sportliche Erfolge erzielen können. Vor allem durfte ich dadurch vieles lernen, das ich so niemals erwartet hätte, ich durfte mich als Mensch weiterentwickeln und so viel Spannendes über mich und das Leben erfahren. Wenn du gewohntes Terrain verlässt und Neues wagst, ist die Angst dein ständiger Begleiter. Sie ist aber auch ein wertvoller Wegweiser hin zu deinen größten ungenutzten Potenzialen. Ich musste mich ihr stellen, sie an die Hand nehmen und mit ihr den Weg weitergehen. Die dynamische Balance riss mich aus allem heraus, was ich bisher kannte und stieß die Tür zu einer unbekannten Welt auf. Ich durfte lernen, was es bedeutet, das große Wort »unmöglich« zu überwinden. Seither weiß ich, dass Träume immer weiter wachsen, wenn man sie lebt.

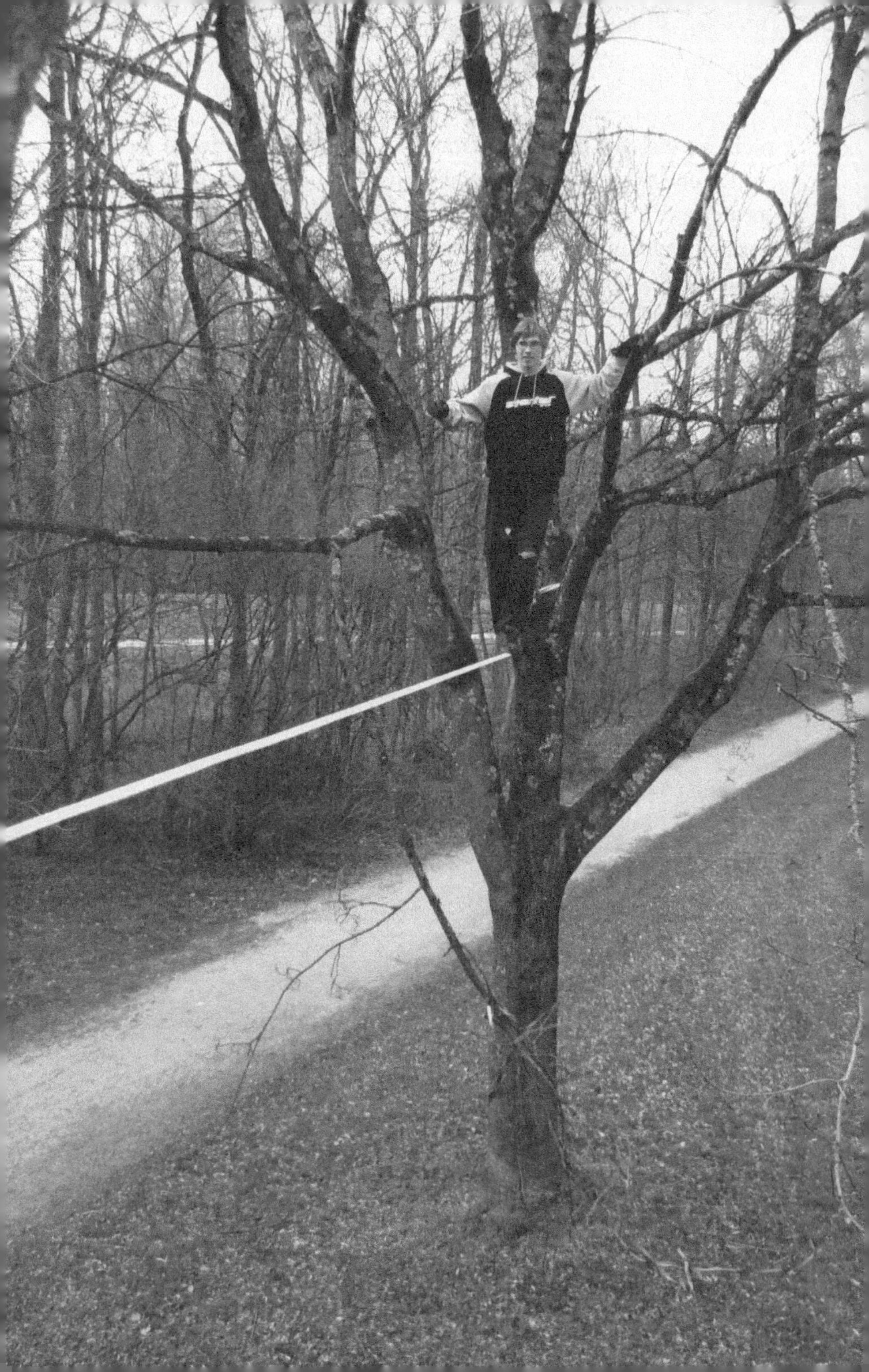

KAPITEL 1

Erkenne deine Motivation und Leidenschaft: Jede Reise beginnt mit dem ersten Schritt

Zehn Jahre zuvor, Freising in Bayern

Mein Puls hämmert, der Atem geht flach. Die Handinnenflächen schwitzen. Ich bin neunzehn Jahre alt und stehe mit weichen Knien auf dem extra reißfesten Schlauchband aus Nylon, das ich mit meinem Freund Bernie zwischen zwei alten Kirschbäumen gespannt habe. In fünf Metern Höhe neben einem Fußballplatz, unweit von meinem Elternhaus. Meine Hand umschließt einen Ast, ich fühle die raue Rinde an meinen Fingern, meine letzte Sicherheit. Ich möchte loslassen, aber ich kann nicht. Mein Körper ist wie gelähmt.

Nach endlosen Materialstudien und stark an den Physikunterricht in der Schule erinnernden Experimenten sind wir uns eigentlich sicher, dass die fünfzehn Meter lange Slackline halten muss, die wir mit Bandschlingen und Karabinern vom Klettern befestigt haben. An ein weniger gespanntes Seil, das als Redundanzsystem oder Back-up unter der Line verläuft, haben wir nicht gedacht, zumindest aber an eine mit der Line verbundene Leash vorn am Klettergurt, die uns auffangen wird. Wir mögen ziemlich übermütig sein, komplett wahnsinnig jedoch nicht.

So wirklich vertraue ich unserer Konstruktion in diesem Moment nicht mehr. Wie würden die Kräfte tatsächlich wirken, wenn ich falle? Damit, dass genau das passieren wird, rechne ich fest. Unmöglich zu sagen, wie lange ich hier schon stehe und mich in Absturzszenarien hineinsteigere. Minuten, die nicht enden wollen. Ich kann an nichts anderes denken als an den Aufprall in fünf Metern Tiefe, der mir mit dem ersten Schritt unweigerlich bevorzustehen scheint.

Meine allererste Slackline-Erfahrung lag damals schon über ein Jahr zurück. Es war im Jahr 2005, und ich wohnte bei meinen Eltern, ein Dreispänner-Haus im bayerischen Freising. Eine Sackgasse etwas außerhalb des Zentrums, viele Schrebergärten, nah an der Natur. Wenn ich aus unserer Haustür trat, konnte ich seit ein paar Wochen meinen Nachbarn Markus über ein Band spazieren sehen, das er zwischen Bäumen im Garten gespannt hatte. Es sah leicht, fast spielerisch aus, hatte aber gleichzeitig etwas Unwirkliches. Zu der Zeit hatte ich schon das Klettern für mich entdeckt, war mir sicher, in allen erdenklichen Situationen gut die Balance halten zu können. Doch als ich einmal bei Markus probieren durfte, einen Fuß auf das nur wenig gespannte Band zu stellen und aufzustehen, ging wirklich gar nichts, keine Chance. Er erklärte mir, dass ich meinen Fuß parallel zur Slackline am Boden aufsetzen solle, um mit etwas Schwung das Gewicht vom Standbein am Boden auf das andere Bein auf dem Band zu verlagern. Doch sobald ich es versuchte, fing der Fuß auf der Line massiv zu zittern an, er schwankte mit ihr hin und her, und es war unmöglich, mein gesamtes Gewicht darauf zu bringen. Mit einem Fuß am Boden und dem zweiten unkontrolliert wackelnd, musste ich einsehen, dass ich es einfach nicht schaffte, einen Balancepunkt zu finden. Niemals konnte das funktionieren. Ein ernüchterndes, entmutigendes Gefühl. Wahrscheinlich hätte ich es dabei belassen und nie wieder probiert. Doch knapp ein Jahr später entdeckte ich hinter der Kletterhalle, in der ich fast täglich trainierte, eine festinstallierte Slackline, bei der man von einem Holzstamm aus loslaufen konnte, ohne sich von unten hochdrücken zu müssen. Eine deutlich bessere Startposition. Nach einer Stunde und bestimmt mehr als 60 kläglichen Versuchen hatte ich endlich einen Schritt geschafft. Immerhin, ein erster Schritt! Der Gedanke, die etwa zehn Meter lange Slackline jemals ganz überqueren zu können, schien nach wie vor unendlich weit weg. Dennoch war etwas anders, zumindest schien es jetzt denkbar, dass es überhaupt klappen könnte. Der Idee, sich durch die Luft zu bewegen, haftete etwas Magisches an, das mich reizte. Und für mich stand fest: Du musst das jetzt so lange probieren, bis du einmal rüberkommst!

Am nächsten Tag war ich wieder da. Am darauffolgenden und an dem danach. Anfangs ging ich vor und nach dem Klettern auf die Line, und als es noch immer nicht funktionierte, beschloss ich, mich eine Weile nur noch darauf zu fokussieren. Eine Woche lang habe ich nichts anderes gemacht, als verbissen zu versuchen, bis ans andere Ende zu kommen. Wie ein kleines Kind, das etwas Unbekanntes in die Hand bekommt und es für sich erschließen und begreifen möchte, wollte ich verstehen, wie es funktioniert. Der erste Schritt war gemacht, aber nun stellte ich fest, dass der zweite komplett anders war. Der Beginn der Line ist fest. Je weiter du dich aber der Mitte näherst, desto flexibler und beweglicher wird sie. Jeder Schritt ist neu, alles ist in Bewegung und ändert sich permanent. Unvorhersehbar, unplanbar, unberechenbar – für mich. Genau das machte es so reizvoll. Ich hatte mich mental verbissen in dem Ziel, es einmal schaffen zu wollen. Nach ein paar Tagen gelangen mir mehrere Schritte, ich zählte und feierte jeden Einzelnen. Fünf, zehn, fünfzehn. Bis ich nach einer Woche tatsächlich den zweiten Baumstumpf erreichte, ohne herunterzufallen. Nach unendlich vielen missglückten Versuchen setzte ich meinen Fuß auf den Baumstamm, der das Ende des Bandes bildete. Ich drehte mich um, blickte ungläubig auf die Slackline, die ich gerade zum ersten Mal überquert hatte, warf die Arme in die Luft und stieß einen Freudenschrei aus, den man vermutlich in der halben Stadt hörte. Ich konnte es selbst kaum begreifen.

Dieses erste Hochgefühl werde ich nie vergessen. Die Line, die mir bisher so unendlich lang vorgekommen war, sah vom Ende aus betrachtet auf einmal recht überschaubar aus. Ein Schlüsselmoment, in dem ich verstand, dass Dinge, die initial völlig unmöglich erscheinen, nicht unbedingt unmöglich sein müssen, sondern es nur eine Frage der Zeit und der Übung ist, bis sie Wirklichkeit werden. Wenn ich etwas hart genug verfolge, dann schaffe ich das, was vor einer Woche undenkbar schien. Es waren nur wenige Meter, aber allein diese Erfahrung schien Grenzen zu sprengen. Welche großartigen Möglichkeiten warteten auf mich, wenn ich nur entschlossen genug dranblieb?

Dass ich die Slackline einmal überquert hatte, hieß aber noch lange nicht, dass ich das nun jedes Mal konnte. Ich musste mich perfekt konzentrieren und brauchte ein Quäntchen Glück, damit es gelang. Nach ein paar Wochen konnte ich sie recht sicher laufen. So unglaublich schwierig es zu Beginn auch war, so lernt der Körper doch schnell, sich auf eine neue Bewegungsform einzustellen. Aber anstatt zufrieden zu sein und mich auf meinem Erfolg auszuruhen, war sofort der Gedanke da: Was könnte ich mit der neu gewonnenen Fähigkeit noch alles machen? Wohin könnte die Reise gehen?

Der Garten der alten Frau Berghammer, gleich neben meinem Elternhaus, wurde mein Trainingsplatz. Mein Mikrokosmos. Die fest im Boden verankerten Retro-Wäscheständer, die sie mir bereitwillig zur Verfügung stellte, obwohl sie sich zunächst nur schwer erklären konnte, was ich damit vorhatte, wurden längst nicht mehr genutzt. Aber für mich hatten sie einen enormen Wert, denn sie waren stabil genug, um die Line daran zu befestigen – zumindest am Anfang. Mein Kumpel Bernie war meist dabei. Ziemlich amateurhaft bauten wir das Ganze auf, mussten alle zehn Minuten nach spannen, weil das Band schon wieder halb am Boden schleifte. Wir trainierten so viel, dass der eine Wäscheständer bald völlig verbogen war, sich Richtung Rasen neigte und wir bald die Kirschbäume am Fußballplatz für unsere Sessions ins Visier nahmen. Neben dem Üben auf der Line hatten wir aber auch Spaß daran, an unseren halb wissenschaftlichen Eigenkonstruktionen zu tüfteln, etwa mit unserem Kletterequipment einen Flaschenzug zu bauen, um mehr Spannung zu erzeugen. Damals konnte man nicht einfach in einen Laden gehen und sich das fertige Equipment kaufen, Slacklining steckte noch in den Kinderschuhen und niemand hatte hierzulande fertige Sets dafür im Sortiment. Es gab kaum jemanden, von dem wir uns etwas hätten abschauen können. Wenig später würde sich das ändern, aber in den ersten Jahren war das noch ein luftleerer Raum und wurde nur von ein paar wenigen betrieben. Jedenfalls in unserem Umfeld.

Als wir von einem Slackline-Festival in Österreich erfuhren, war klar, dass wir dabeisein mussten. Erst dort bekam ich eine Ahnung davon, dass es überall auf der Welt Leute gibt, die den Sport betreiben, und das auf einem Level, das ich so niemals erwartet hätte. Ein Amerikaner schaffte einen Vorwärtssalto auf der Line – unbegreiflich! Man konnte das Band offenbar so fest spannen, dass es dynamisch war. Etwas, das Bernie und ich oft versucht, aber nicht ansatzweise hinbekommen hatten. Zu sehen, da sind Leute, die das richtig ernst nehmen und nicht nur als Spielerei betrachten, da gibt es sogar Equipment, damit es besser funktioniert, war ein echter Eye Opener. Dadurch hat sich eine neue, größere Welt aufgemacht, die Grenzen verschoben sich. Auch der Kontakt zur Community war inspirierend, wir trafen auf offene, reisefreudige Leute, Entdeckertypen mit spannenden Lebensgeschichten. Die fünfzehn Meter am Fußballplatz hatten bisher unser Universum gebildet, hier war nun eine 100 Meter lange Slackline aufgebaut. 100 Meter, unglaublich! Keiner der Teilnehmenden konnte sie komplett laufen, aber ein paar haben es recht weit geschafft. Das war beeindruckend. Zumindest in der Theorie schien so etwas möglich zu sein.

Zurück in Freising, motivierte uns dieser veränderte Blickwinkel dazu, Neues zu wagen. Nun übten wir, auf der Line umzudrehen und wieder zurückzugehen, dann kamen die ersten Tricks. Es wurde extravaganter. Irgendwann fingen wir an, im Sitzen Müsli darauf zu essen und Kaffee zu trinken, ohne umzukippen. Am liebsten wären wir wohl gar nicht mehr runtergekommen. Von der Line. Aber auch mental. Jeden Tag neue Räume zu betreten und uns selbst zu testen, war ein beflügelnder Zustand.

Nichts ist unmöglich

Was käme als Nächstes? Wie wäre es, eine längere Line zu laufen, die viel stärker schwingen und noch herausfordernder sein würde? Wie ich loszog, um ein langes Schlauchband zu kaufen, erinnere ich noch genau. Es ging nach München zum Sporthaus Schuster. Wie viel ich denn benötige, wollte der Verkäufer wissen, zwei, drei oder vier Meter? Normalerweise benutzt man das Material für Kletterschlingen und dafür braucht man selten mehr als ein paar Meter. »50 Meter!«, sagte ich entschlossen und man konnte es in seinem Kopf förmlich arbeiten sehen. »Was hast du denn damit vor?«, wollte er wissen. »Slacklinen!«, antwortete ich selbstbewusst. Kopfschüttelnd maß er sie mir ab und übergab sie mir. Die Rolle war danach fast leer. Ich hatte zwar noch nicht die geringste Ahnung, wie ich sie spannen würde, aber dass mir fünfzehn Meter auf Dauer nicht reichen würden, war mir klar. Wer nach Großem strebt, darf manchmal auch naiv sein, muss es vielleicht sogar sein. Ein bisschen Selbstüberschätzung war auf jeden Fall dabei, sicher auch fehlender Realitätssinn. Wir hatten bisher nicht mal eine Methode, um 20 Meter ordentlich aufzubauen. Aber ich wollte mich nicht mit wenig zufriedengeben.

Das Gefühl, meine 50-Meter-Line mit stolzgeschwellter Brust in meinem Rucksack nach Hause zu transportieren, war richtig gut gewesen, aber bald wurden Bernie und ich mit der Wirklichkeit konfrontiert. Bei unseren ersten Versuchen mussten wir feststellen: Das Band war viel zu elastisch! Der Traum, darauf durch die Nachbarschaft zu spazieren und für eine lokale Sensation zu sorgen, zerplatzte. Aber auch wenn es niemals in voller Länge zum Einsatz kommen konnte, habe ich ein Stück davon bis heute aufbewahrt, in einer Kiste mit anderen Slacklines, die eine besondere Bedeutung für mich haben. Wegwerfen würde ich es nie, irgendwann bekommt es einen Ehrenplatz an der Wand. Denn auch wenn ich heute über unseren Übereifer lachen muss, zeigt die Geschichte auch, dass es sich auszahlt, groß zu träumen – oft allerdings erst viel später.

Manchmal frage ich mich, was es genau war, das meine Leidenschaft für ausgerechnet diesen Sport weckte. Woher kam diese Liebe zum Balancieren? Ein Stück weit vielleicht von meiner Mutter. Als Kind konnte sie an keinem Gartenzaun, keiner Mauer, keinem Baum vorbeilaufen, ohne hinaufzusteigen und ihren Gleichgewichtssinn auf die Probe zu stellen. Diesen Bewegungsdrang habe ich von ihr geerbt, den Wunsch, mich auszuprobieren. Sie war dieses Kind, dass mit den Jungs aus der Nachbarschaft Fußball gespielt hat und viel lieber draußen war als im Haus Fenstersterne zu basteln oder Aquarellbilder zu malen. Die Neugierde auf alles Unbekannte haben wir gemeinsam.

Von meinen Eltern weiß ich, dass ich als Baby die Krabbelphase komplett übersprungen habe, gleich versuchte, mich an Dingen hochzuziehen und selbstständig zu stehen. Tatsächlich gilt das Krabbeln aber als eine der wichtigsten Voraussetzungen für die weitere Entwicklung der Koordination von Händen und Augen – sowie für das Gleichgewicht. Oft sage ich im Spaß, dass ich da vielleicht etwas nachzuholen habe, da ich diese Entwicklungsphase einfach ausließ. So stellte ich dann später in meinem Leben fest, dass ich an meiner Balance arbeiten muss, weil sie bei mir nie so ausgeprägt war wie bei anderen. Das ist natürlich nur eine wilde Theorie und nicht wirklich ernst gemeint. Aber dennoch erzählt diese Geschichte etwas über mein Wesen. Wenn ich mir ein

Ziel gesetzt habe, bin ich jemand, der dem straight nachgeht und sich nicht aufhält mit Dingen, die ihn davon abhalten könnten. Schon immer habe ich mich wohl mit Zielsetzungen gefühlt, die einem erst mal utopisch vorkommen mögen. Für Babys erscheinen Laufen und die Idee, irgendwo herumzurennen, auch als extrem weit weg, trotzdem bewältigen Kinder diese Hürde spielerisch. Wenn Leute das Slacklinen ausprobieren und nach drei, vier Versuchen sagen »Kann ich nicht«, dann antworte ich: »Wenn du als Kind nach ein paar Mal Hinfallen gesagt hättest, ›Gehen ist nichts für mich‹, wäre dein Leben nie richtig in Gang gekommen, und du hättest buchstäblich nicht deinen Weg gehen können.« Als Kind fällt dir das gar nicht ein. Da ist klar, du probierst es so lange, bis du es kannst. Diese Mentalität habe ich, glaube ich, nie verloren. Wenn es etwas ist, das du unbedingt tun willst, musst du es so lange üben, bis es klappt. Eine andere Option gibt es nicht. Auch der Wunsch, meinen Standpunkt verändern zu wollen, liegt in diesem Bild von einem Baby, das versucht, zu klettern und sich hochzuziehen. Mehr von der Welt sehen wollen als nur den Boden. Die Details, die man vielleicht beim Krabbeln entdeckt, haben mich nie interessiert, ich wollte lieber den Überblick über die Dinge haben. Schnellstmöglich über mich selbst hinauswachsen. In dieser Anekdote aus meinem ersten Lebensjahr kann ich mich gut wiederfinden, denn sie passt zu mir und meinem Selbstbild. Ein bisschen habe ich diese Haltung wohl einfach mitgebracht. Aber vor allem meine Mutter hat mir auch jeden Tag vorgelebt, dass man es nie einfach hinnehmen darf, wenn jemand sagt, etwas sei unmöglich. Für wen? Für alle anderen? Okay, aber ob das auch für mich stimmt, finde ich lieber selbst heraus!

Anderthalb Jahre nach mir kam mein Bruder Matthias zur Welt, viele Wochen zu früh und mit einer schweren körperlichen und geistigen Behinderung. Garantiert ein »Rollstuhl-Kind«, sagte der behandelnde Arzt, über Laufen bräuchte man gar nicht zu reden. Meine Mama hat das nie akzeptiert, von vornherein nicht, es nie auch nur als Möglichkeit in Betracht gezogen. Für sie war klar, der Junge wird laufen und hat ihn früh in die Physiotherapie gesteckt. Weil er verkürzte Sehnen in den Füßen hatte, sodass Laufen mechanisch gar nicht hätte funktionieren können, bekam er Schienen. Das Undenkbare wurde Wirklichkeit. Entgegen den pessimistischen Prognosen hat er tatsächlich Laufen gelernt, und nicht nur das, auch Dreirad fahren und Schwimmen. Im Wasser bewegt er sich heute wie ein Fisch, ganz natürlich, taucht endlos lang. Weil es ihn jede Einschränkung vergessen lässt, die Gravitation dann ausgehebelt ist. Wenn ich früher längst schlotternd und mit blauen Lippen am Beckenrand stand, war er noch im Wasser und machte keine Anstalten herauszukommen. Dass er so viel mehr erreicht hat, als die Experten und Expertinnen prognostiziert haben, ist seiner Kämpfernatur genauso zu verdanken wie der Haltung meiner Eltern, sich nicht abzufinden mit scheinbaren Wahrheiten.

In dieser Hinsicht haben mir meine Eltern einen grenzenlosen Optimismus vorgelebt, der viel dazu beigetragen hat, dass auch ich dieses Mindset entwickelt habe. Mich darauf zu fokussieren: Was kann ich aus dem machen, was da ist? Wie kann ich etwas Gutes daraus gewinnen, auch wenn die Bedingungen vielleicht nicht ideal sind? So haben sie die Situation mit meinem Bruder immer betrachtet: Was entwickelt sich in eine positive Richtung? Wo kann man ansetzen, um mehr herauszuholen? Bei jedem Problem zu gucken, wie man damit umgehen kann, anstatt den Fokus darauf zu richten, wie dramatisch es ist – auch entgegen den Aussagen der Ärzte, dass es sowieso nichts wird und es sich nicht lohnt, es überhaupt zu versuchen. Wenn du selbst davon ausgehst, dass dein Kind nicht gehen lernt, dann tust du auch nichts dafür. Es ist eine selbsterfüllende Prophezeiung, also eine Vorhersage, die durch bewusstes oder unbewusstes Handeln letztlich auch eintritt. Findest du dich zu früh damit ab, wirst du es nie ändern. Aber auch das Bewusstsein ist wichtig, dass jede Diagnose nur statistisch und man als Mensch ein Individuum ist. Dass es im Schnitt so kommt, heißt nicht, dass es das auch für das eigene Leben bedeuten muss.

In Retrospektive war es überlebenswichtig für meinen Bruder, dass er die Bewegung in sein Leben integrieren konnte, weil er in dieser Sache ein ähnlicher Typ ist wie ich, der den Drang hat, sich auszupowern, der diese Freiheit braucht, um mit sich selbst klarzukommen. Für Matthias hat es aber auch deshalb einen so enormen Stellenwert, weil er die Sprache nie vollständig hat entwickeln können. Oft ist er in seiner eigenen Welt versunken. Durch die Bewegung hat er ein Mittel gefunden, sich im Leben zurechtzufinden, eines, das für ihn einen noch größeren Wert hat als die Sprache.

Für mich und meinen Weg war das Aufwachsen mit meinem Bruder prägend. Weil ich gesehen und verinnerlicht habe, wie sich Grenzen durch mentale Stärke verschieben können. Aber sicher auch dadurch, dass ich oft auf mich gestellt war, was ich heute als Qualität begreife. Meine Eltern haben mir viele Freiheiten gegeben, weil sie sich gar nicht in der Form um zwei Kinder hätten kümmern können, wie sie es bei meinem Bruder tun mussten. Jede Person, die außergewöhnliche Leistungen erbringt, hat einen Grund dafür. Der Grund liegt natürlich zum einen darin, dass das, was man tut, einem viel gibt. Meist steckt aber noch etwas anderes dahinter, ein Mangel, den man versucht aufzuholen oder zu überkompensieren. Das geht wahrscheinlich jedem so, der etwas extrem betreibt. Vielleicht ist es bei mir auch ein Stück weit der Wunsch, gesehen zu werden und Anerkennung zu bekommen, der mich antreibt. Als etwas Negatives habe ich das jedoch nie betrachtet. Denn es ist immer die Frage, wie man damit umgeht und wie man es kanalisiert. Ob man darunter leidet oder es einen positiven Effekt hat, weil es einen irgendwo hinbringt, wo man sonst nicht wäre.

So bin ich früh selbstständig geworden. Gleichzeitig haben meine Eltern darauf vertraut, dass ich meine Entscheidungen richtig treffe. Ich machte keine Probleme, kam in der Schule gut klar, fand mich zurecht im Leben. Sie haben mich in all meinen Plänen vollständig unterstützt, mir nichts vorgeschrieben oder eingegriffen in das, was ich für richtig hielt oder mir für mein Leben vorgestellt hatte. Da war nie ein Druck da. Es hat mich enorm gestärkt, sie in jedem Moment hinter mir zu wissen.

Mit dem Gedanken an zu Hause verbinde ich vor allem das warme Gefühl von Gemeinschaft, es war eine extrem fürsorgliche Umgebung. Mein Bruder und ich standen uns sehr nah. Oft war ich wie sein Dolmetscher zum Rest der Welt. Wir haben so viel Zeit miteinander verbracht, und ich wusste meist, was er brauchte oder sagen wollte. Du lernst, Stimmungen zu lesen, Gesichtsausdrücke zu interpretieren. Wenn man damit aufwächst, bekommt man ein sehr gutes Verständnis dafür, was hinter dem steckt, was Menschen vordergründig sagen. Mein Bruder war nicht immer still, aber die Worte, die aus seinem Mund kamen, waren nicht zwingend das, was er sagen wollte. Wenn jemand nur darauf hörte, hat er den Kern des Ganzen verpasst. Die Rolle des Übersetzers habe ich als großer Bruder oft übernommen. Dadurch habe ich viel darüber gelernt, wie man mit Menschen umgeht, sie zu verstehen, empathisch zu sein. Die Klassensprecherrolle übernahm ich gern, weil ich es gewohnt war, die Stimme für jemand anderen zu sein. Für andere mitzudenken habe ich durch meinen Bruder früh gelernt.

Wie ich die Erfahrungen, die ich durch ihn gemacht habe, für mich nutzen kann, und wie viel Positives ich für mein weiteres Leben aus ihnen ziehen kann, ist mir erst heute bewusst. Sie haben viel damit zu tun, warum ich mich speziell in meinem Sport so entwickeln konnte, wie ich es getan habe – auch wenn es Zeit brauchte, das zu erkennen.

Manchmal gab es mit meinem Bruder Situationen, die ich hinnehmen musste. Es brachte mich nicht weiter, einen Schuldigen finden zu wollen, vielmehr musste ich darauf gucken, wie ich damit umgehe oder wie ich meinen Standpunkt dazu verändern kann, sodass es mich weniger belastet. Es steht mir frei, zu entscheiden, ob es mich runterzieht oder nicht. Das hilft mir beim Slacklinen extrem, in dem es sehr viel darum geht, was ich spüre und wie ich mit meinen Emotionen umgehe. Auf der Line bist du einem riesigen Gefühlschaos ausgesetzt. Einerseits liegt darin die Chance, sich genau anzuschauen, was in deinem Inneren los ist, andererseits ist da die Verlustangst, alles wegzuwerfen, wenn du einen einzigen Moment unachtsam bist und einen Schritt danebensetzt. Der Sturm, der in dir tobt, trägt rein gar nichts dazu bei, dass du bedacht und sinnvoll agierst. Die Gefühle zur Seite schieben zu können, sie zu kontrollieren und dich auf das zu konzentrieren, was da ist – eine unglaublich wertvolle Fähigkeit, die ich in der Jugend lernen musste. Weil ich mit vielen Dingen konfrontiert war, die herausfordernd waren. Ich konnte die Situation nicht ändern, aber ich war ihr nicht ohnmächtig ausgeliefert. Denn das, was in mir vor sich ging, konnte ich beeinflussen, was gerade nicht hilfreich war, wegschieben, indem ich mich darauf konzentrierte, was positiv war. Die Gabe, alles andere zu dimmen, begreife ich heute als großes Geschenk, das mich auf der Line wie in anderen Bereichen meines Lebens weiterbringt. Wahrscheinlich habe ich dadurch einen gewissen Vorteil gegenüber Leuten, die in der Zeit ihres Aufwachsens egoistischer sein durften und sich weniger Gedanken machen mussten.

That's it!

Schon als kleiner Stöpsel kletterte ich gern, ließ keine Gelegenheit aus, Findlinge, Mülltonnen, Bäume oder was auch immer sich mir in den Weg stellte, zu erklimmen. Und ich erinnere mich noch, wie ich als Grundschüler meinen Papa im Baumarkt überredete, mir ein Seil zu kaufen. Hätte er geahnt, dass ich versuchen würde, mich damit bei uns im Treppenhaus abzuseilen, hätte er sicher eine andere Entscheidung getroffen. In den Teenagerjahren war Bewegung der Hauptfokus meines Lebens. Lange habe ich nach einer Sportart gesucht, die für mich perfekt war, die mich nicht nur aufgrund der physischen Herausforderung faszinierte, sondern mich auch auf anderer Ebene ansprach, die weit über die Bewegung hinausging. Individualsportarten reizten mich. Im Abi-Jahrgang galt ich als absolute Sportskanone, nur Ballsportarten lagen mir überhaupt nicht. Alles, was mit einem Ball zu tun hatte: no way! Ich wollte mich nicht groß mit anderen auseinandersetzen oder mich in eine Gruppe einfügen, suchte eher nach etwas, bei dem ich mich verwirklichen kann und nur an mir selbst messe. Natürlich orientierte ich mich an meinem Umfeld, schaute, was andere machen, aber ich wollte selbst Herr der Lage sein. Schwimmen. Leichtathletik. Im Parkour habe ich mich ausprobiert, Saltos machen, auf Gebäuden herumklettern, die erste kreative Sportphase, in der ich selbst etwas entwickeln wollte. Dann Kampfsport, etliche Jahre Kung-Fu, mit Stöcken, mit Nunchakus, mit allen möglichen Koordinationstools. Wie beim Yoga Flow-Abläufe auswendig lernen und perfektionieren. Bereits als Jugendlicher fand ich es spannend, welche psychologischen und spirituellen Konzepte dahinterstehen, was man über den Sport hinaus für sich lernen kann. Mein großes Vorbild war Bruce Lee, der seine ganze Welt um den Sport herum gestrickt hat und von vielen als größter Kampfkünstler des 20. Jahrhunderts angesehen wird. Er faszinierte mich, weil er mir vorlebte, was es bedeutet, hundertprozentig für eine Idee zu leben. Aber es ging eben auch darum, die Bewegung auf eine Metaebene zu übertragen, darum, sich so stark auf etwas zu fokussieren, dass es nicht nur den Körper trainiert, sondern auch den Geist.

Wenn ich eine Freundin hatte und es zum Konflikt wurde, Zeit für die Beziehung aufzuwenden oder trainieren zu gehen, dann war ich immer geneigt, die Entscheidung zugunsten meines Sports zu treffen. Alles drehte sich darum, nichts konnte wichtiger sein. Mit achtzehn kam noch das Klettern hinzu. Bis ich irgendwann verstand, wenn du wirklich gut in einem sein willst, musst du dich für eins entscheiden. Und das wollte ich: richtig gut in einer Sache sein! Erst hat das

Klettern übernommen, dann immer mehr die Slackline. Dabei hatte ich endlich das Gefühl: That's it! Weil es dabei vielleicht mehr als bei anderen Sportarten darum geht, sich auf allen Ebenen herauszufordern. Aber nicht nur das: Der Sport war so jung und so klein, sodass ich ihn wirklich als *meinen* Sport betrachten konnte, weil man sich recht schnell mit den weltweiten Maßstäben messen konnte. Es war nicht wie beim Tennis, bei dem du kaum mehr große Erfolge erzielen kannst, wenn du erst mit achtzehn damit anfängst. Beim Slacklinen war es komplett offen, wo die Reise hingeht, alles hat sich permanent verschoben und verändert. Wenn du davon erfährst, dass jemand den ersten Rückwärtssalto auf der Slackline gemacht hat, fängst du an, zu überlegen, was noch alles möglich wäre, worin man selbst vielleicht der Erste sein könnte. Es war neu und unbeschrieben und darum möglich, Großes zu erreichen. Der Sprung, einmal zur Weltelite zu gehören, war so viel kleiner als in etablierten Sportarten. Wenn man richtig Gas gab, hatte man eine echte Chance, vorne mitzuspielen. Eine Vorstellung, die mich jeden Tag motivierte, noch härter zu trainieren.

Sportliche Höchstleitungen zu vollbringen, diesen Wunsch trug ich immer in mir. Er kam aus mir heraus, meine Eltern haben mir keine Sportkultur vorgelebt. So wurde ich auch nicht mit drei Jahren auf Skier gestellt, wie alle meine Schulkameraden. Für einen sportbegeisterten Menschen aus Bayern vollkommen absurd, aber Ski fahren habe ich tatsächlich erst mit 30 gelernt. Außer einem Snowboard-Versuch gab es zuvor keinerlei Berührungspunkte mit Wintersport.

Um verständlich zu machen, warum ich im Sport nie lockerlasse und getrieben bin, über mich hinauszuwachsen, möchte ich von meiner ersten Skierfahrung erzählen. Die sah so aus, dass ein Freund mich direkt mit auf eine Skitour genommen hat, anstatt erst mal ein paar Trockenübungen zu machen oder wenigstens den Anfängerhügel zu testen. 400 Höhenmeter stapften wir den Berg hoch, der Profi und ich, der ich noch nicht einmal wusste, wie ich in die Bindung komme. Der oberste Hang lag so hoch, dass er nicht mehr Teil des Skigebiets war. Und es gab Tiefschnee. »Wie funktioniert das?«, fragte ich meinen Freund, »was soll ich machen?« Noch nie hatte ich überhaupt nur auf Ski gestanden, nicht den geringsten Plan. Nun wartete ich auf die Einführung in die Grundlagen des Skifahrens, die ich sicher gleich bekommen würde. »Das findest du schon heraus!«, sagte er bloß und bretterte einfach los, ohne sich nochmal umzudrehen. Ich versuchte, zumindest so weit hinterherzukommen, dass er nicht völlig aus meinem Blickfeld entschwand. Alle paar Meter fiel ich hin, war bald über und über voller Schnee, schweißgebadet. Ich kämpfte mich den Berg runter und war am Ende komplett fertig. Gleichzeitig hatte ich Blut geleckt und entwickelte schnell Ambitionen.

Auf die Schnauze zu fallen und für den Moment der Einzige zu sein, der es nicht draufhat, kann ich gut aushalten – nur eben nicht lange. Das Ziel bei allem, was ich tue, ist ganz klar, es mindestens genauso gut zu können wie alle anderen um mich herum. Irgendwie war ich unten angekommen und noch am Leben.

Das reichte, um meinen Ehrgeiz zu wecken. Bald waren die Leute, die seit ihrem dritten Lebensjahr auf Skiern stehen, meine Benchmark, ich wollte so gut sein wie sie. Mindestens. So begann ich, regelmäßig auf Skitouren zu gehen. Als ich hörte, dass der Chef des Deutschen Alpenvereins in Freising einmal 3000 Höhenmeter am Tag dabei zurückgelegt hat, konnte ich mir das kaum vorstellen. Ein Grund mehr, es ihm gleichzutun. Dann hörte ich von der *Everesting Challenge*, bei der man die Höhe des Mount Everest an einem Hang in einem Tag zurückgelegt, also fast 9000 Höhenmeter. Das klang völlig absurd – und war also genau das Richtige für mich. Zwei Jahre später bin ich dann tatsächlich 8900 Höhenmeter am Brauneck gelaufen, innerhalb von sechzehn Stunden mehr als zehnmal hoch und wieder runter.

Dinge nicht mit Ambition zu tun, die mir Freude machen, kriege ich nicht hin. Initial ist es wichtig, dass es mich herausfordert und sich interessant anfühlt. Dann will ich es einfach perfekt beherrschen. Dieser Antrieb ist immer da. Natürlich ist es völlig utopisch, alles zu können. Aber wenn ich ehrlich zu mir bin, wäre genau das mein Wunschtraum. Aufzugeben kann ich mit meinem Ehrgeiz nicht vereinbaren. Vor allem im Sport hänge ich mich rein, habe hohe Ansprüche an mich selbst. Ich messe mich gern mit anderen, aber das ist es nicht, worum es vorrangig geht. Sie sind nur ein Ansporn, um meine eigenen Grenzen zu sprengen. Mein Antrieb ist vor allem, besser zu werden, als ich es selbst in diesem Augenblick bin. Da muss mehr gehen – ganz egal wo ich gerade stehe! Manchmal werde ich gefragt: »Wann ist es genug? Wann bist du da, wo du sein möchtest?« Die Antwort lautet: »nie!« Genau darin liegt ja der Wert, nicht stehen zu bleiben und sich mit seinen Zielen weiterzuentwickeln.

Jetzt erst recht!

In dem Moment, als ich es zwischen den Kirschbäumen mit meiner allerersten Highline aufzunehmen wollte, war die Angst erstmalig stärker als meine Ambitionen. Hier ging es nicht um große Ziele und Rekorde, sondern erst mal nur darum, heil aus der Sache rauszukommen.

Mein einziger Gedanke: Lass es vorbei sein! Ich spüre den Druck in der Brust, höre es in meinem Kopf rauschen, versuche, meinen Atem zu beruhigen. Unzählige Male hatte ich es in den vergangenen Monaten geübt, über Slacklines zu balancieren. Jedoch meist nur etwa einen Meter hoch, manchmal auch so dicht am Boden, dass ich in der Mitte die Grashalme spüren konnte, die meine Fußsohlen kitzelten. Ich kann das, ich weiß, wie ich meinen Balancepunkt finde, wie ich jeden Schritt sauber setze, Schieflagen ausgleiche. Auch lange Lines laufe ich inzwischen sicher. Was macht es jetzt für einen Unterschied, ob sie sich ein paar Meter höher über dem Boden befindet als sonst? Was waren schon fünf Meter? Herausforderungen waren für mich noch nie etwas gewesen, vor dem ich zurückgewichen wäre. Sie waren eine Einladung, die ich nie ausgeschlagen hätte. Doch jetzt schaffe ich es nicht, meine Hand vom Ast zu lösen und einen Schritt zu machen. Den Zug nach unten spüre ich fast körperlich, die überwältigende Angst, zu fallen. Das Kribbeln auf meiner Kopfhaut, an meinen Füßen scheinen Gewichte zu hängen. Unter mir das elastische Band, das mich trägt. *Lauf einfach los!*, versuche ich mich im Stillen selbst zu motivieren. *Wenn du danebentrittst, wird die Sicherung dich halten. Mach schon! Was soll passieren?* Doch stattdessen umfasst meine Hand den Ast so fest, dass die Haut um die Fingergelenke weiß wird. *Vergiss es!* Ich wage kaum, mich zu bewegen. Die Tiefe unter mir fühlt sich in diesem Moment unüberwindlich an, die Wiese voller Löwenzahn und Gänseblümchen gleicht einem schwarzen Abgrund. Einen ersten Schritt gehen? Niemals! Die Situation überfordert mich dermaßen, dass ich das, was ich inzwischen eigentlich sehr gut kann, nicht mehr beherrsche, nicht in diesem Augenblick. In meinem Gehirn scheint alles gelöscht zu sein. Die Angst ist so dominant, dass ich meine Fähigkeiten nicht abrufen kann. Ein neues, unbekanntes, furchtbares Gefühl.

Hätte mich vorher jemand gefragt, ob ich Höhenangst habe, die Antwort wäre ein klares »Nein« gewesen. Im Italienurlaub mit meinen Eltern sprang ich mit Vorliebe von steilen Klippen ins Meer. Damals war ich bereits ein ambitionierter Kletterer und es gewohnt, in großer Höhe in steilen Felswänden zu hängen. Nie hatte es mir etwas ausgemacht. Ich erinnere mich auch an Träume vom freien Fall, die ich schon als Teenager hatte, irgendwie scary, aber auch kraftvoll und lebendig. Doch hautnah zu erleben, was es bedeutet, die Kontrolle an seine elementarsten Ängste abzugeben, war furchteinflößend. Das hatte null mit Spaß zu tun, man musste es bloß irgendwie durchstehen. Heute weiß ich, dass jeder Mensch Höhenangst hat. Die Frage ist nur, wie groß der Reiz sein muss, um sie auszulösen. Für jeden gibt es eine Situation, in dem diese Angst zum Tragen kommt. Bei dem einen ist es die Leiter beim Äpfelpflücken, bei anderen der Sprungturm im Schwimmbad, und bei mir war es der Moment, in dem ich mich an einem Baum festklammerte wie an einem Rettungsanker.

Dass ich wieder hinunterkletterte, ohne einen ersten Schritt gewagt zu haben, bedeutete aber nicht, dass ich aufgeben wollte. Es hieß: jetzt erst recht! Umso mehr wollte ich es. Es musste weiter probiert werden. Nichts hätte eine größere

Motivation für mich sein können als das Scheitern. Das kann doch nicht sein, dass ich das nicht schaffe, darüber zu laufen, nur weil es hoch ist! Das wollte ich nicht einsehen. Wie großartig wäre es, eines Tages die andere Seite zu erreichen! Nein, es hatte sich absolut nicht cool angefühlt, auf diesem Band zu stehen und gegen sich selbst zu kämpfen. Aber es war trotzdem ein krasses Erlebnis. Intensive Erfahrungen und Gefühle haben mich schon immer gereizt. Und sie waren es, die mich antrieben dranzubleiben.

Umsonst sollte der ganze Zirkus mit dem Aufbau unserer Highline aber an diesem Tag nicht gewesen sein. Wir brauchten nur jemanden, der uns zeigte, dass das Unmögliche möglich war. Vielleicht auch jemanden, vor dem wir nicht einknicken wollten – und riefen unseren Kumpel Flo an, den mutigen Draufgänger unter uns. »Wir haben eine Highline aufgebaut, richtig super, komm vorbei!« Dass wir die Hosen voll gehabt und es nicht einmal versucht hatten, erwähnten wir selbstverständlich nicht. Es dauerte nur Minuten, bis Flo am Start war, er kletterte hoch, dachte nicht groß nach, setzte einfach den ersten Schritt. Was mir nochmal bewusst machte, worum es bei diesem Sport neben der körperlichen Herausforderung und damit, mit diesem Medium umzugehen, eigentlich geht: seine Gedanken und Emotionen zu kontrollieren, bei sich zu sein und sich nicht in sein eigenes Kopfkino hineinzusteigern, das jedes überlegte Handeln unmöglich macht.

Natürlich trat Flo sofort daneben und fiel. Aber: Er hatte sich getraut! Vielleicht habe ich es mir in meiner Erinnerung schöngemalt, aber wenn ich daran zurückdenke, erscheint ein Bild eines stuntreifen Sturzes in meinem Kopf, mit dem Gesicht voraus flog er auf den Grund zu, dann, kurz bevor er den Boden berührte, fing ihn die Sicherung doch noch auf und ließ ihn ein Stück wieder nach oben federn. Durch die vorn am Gurt befestigte Leash drehte sich sein Körper in dem Moment auf den Rücken, in dem der Widerstand kam. Mit lautem Lachen schien sich seine gesamte Anspannung zu entladen, er streckte alle Gliedmaßen von sich, sichtlich erleichtert, seinen Sturz vom Himmel überlebt zu haben. Viel hatte nicht gefehlt und er wäre unten aufgeschlagen. Eine Szene wie aus einem »Matrix«-Film!

Flo hatte es uns vorgemacht, welche Wahl hatten wir jetzt noch? Bernie überwand sich schließlich, machte einen mutigen Versuch und stürzte ab. Dann kletterte ich mit wild klopfendem Herzen erneut nach oben. Ich versuchte, nicht nach unten zu sehen, ließ nach endlosem Zögern los und setzte einen wackeligen Schritt nach vorn. Nun zu wissen, dass unsere Line wirklich hielt, machte den folgenden Sturz nicht besser. Unkontrolliert in die Tiefe zu fallen war ein krasses Schockerlebnis, das jede Zelle meines Körpers in Alarmbereitschaft versetzte. Und trotzdem: Wir hatten das Größte geschafft und uns einem Gefühl gestellt, das in dieser Form für uns neu gewesen war. Am Ende war uns nichts passiert. Wir fühlten uns wie echte Superhelden! Der Adrenalinrausch überwältigte uns, nebeneinander lagen wir im Gras, schauten hoch zu der Line, die auf einmal gar nicht mehr hoch aussah und lachten darüber, was für verrückte Typen wir doch waren.

Ob ich je über eine echte Highline laufen würde, eines jener in Hunderten von Metern gespannten Bänder zwischen Felsformationen, Gebäuden oder über Schluchten und Abgründen, war nach diesem Erlebnis mehr als fraglich. Die Faszination war jedoch groß genug, um zumindest davon zu träumen. Doch selbst wenn es eines Tages möglich sein sollte, war es für mich unvorstellbar, dass man jemals angstfrei darüber laufen würde, die Situation womöglich sogar genießen könnte. In schwindelnder Höhe auf einem instabilen Band zu stehen, entspannt nach unten sehen zu können, ohne von ohnmächtiger Angst überwältigt zu werden, so wie ich es auf YouTube in den Videos erfolgreicher Highliner und Highlinerinnen gesehen hatte, dieser Gedanke war so weit weg, dass ich ihn kaum denken konnte. Aber ich wusste, wenn ich zumindest eines Tages durch den Garten von Frau Berghammer laufen und von oben ihre Wäscheleine bewundern wollte, müsste ich einen Weg finden, meine Angst zu kontrollieren. Es musste eine Möglichkeit geben, in dem Moment, in dem die Angst tragend sein würde, nicht zurückzuweichen. Sonst würde ich nie mehr als nur einen einzigen Schritt tun können. Von diesem Tag an probierte ich es immer wieder.

Womit ich für diese Anstrengung belohnt werden sollte, war mir lange nicht klar. Da war dieser feste Glaube daran, irgendetwas zurückzubekommen, von dem ich nicht wusste, was es eigentlich sein könnte. Aber dass es etwas Wertvolles sein würde, das spürte ich instinktiv. Obwohl ich es nicht klar hätte formulieren können, als ich mich am Baum festklammerte und versuchte, meine Angst zu überwinden, so ahnte ich dennoch, dass etwas Großes auf mich wartete, wenn ich mich nur traute loszulassen.

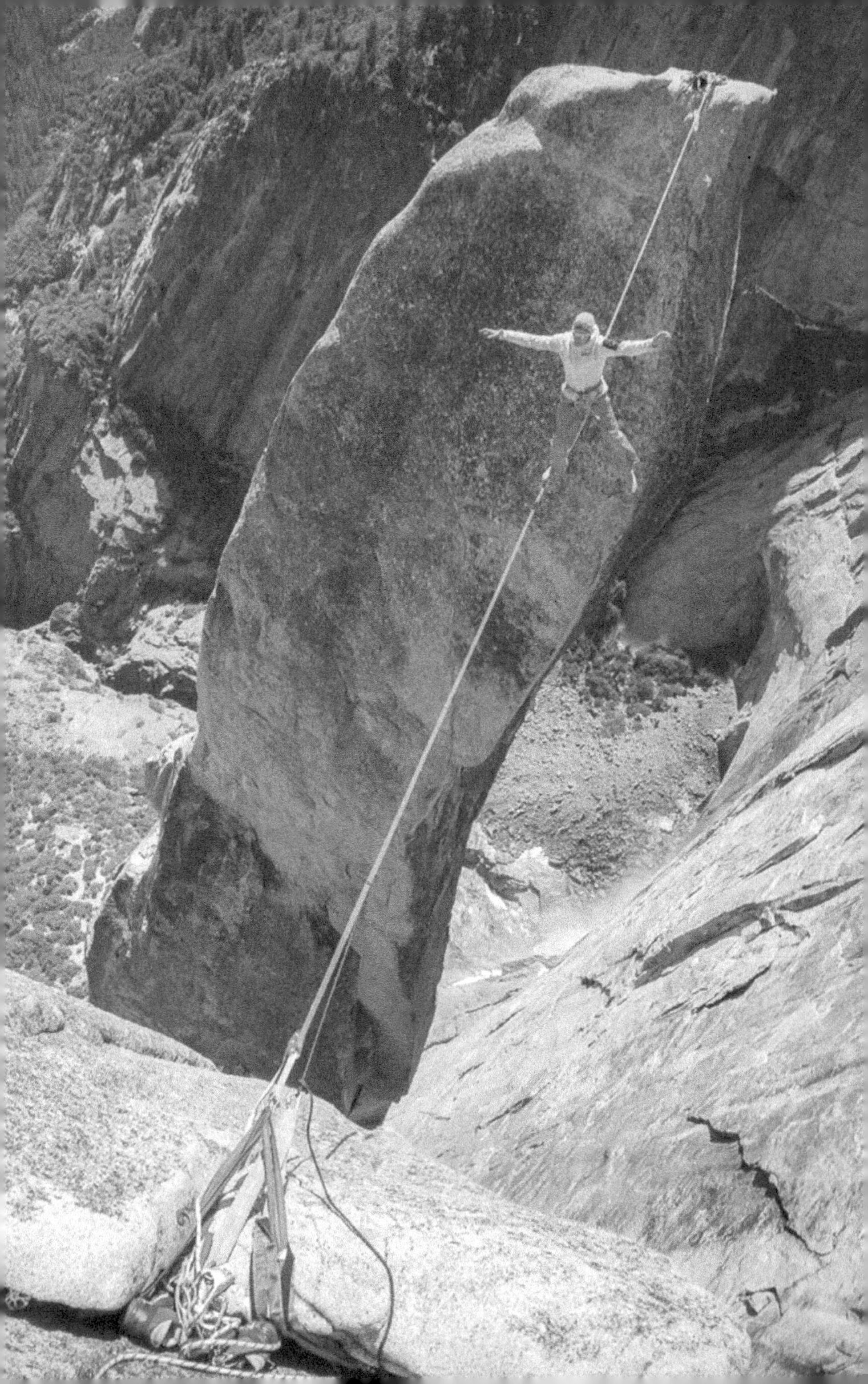

KAPITEL 2

Wie ich meine Angst überwand: »Do one thing everyday that scares you«

Das Bild hing lange an Bernies Kühlschrank. Neunzigerjahre-Look. Es hatte nicht die Klarheit heutiger Digitalfotos, aber vielleicht gerade deswegen so eine große Strahlkraft. Es zeigte uns: Schon Jahre zuvor waren Dinge möglich, die für uns so weit weg erschienen wie ferne Galaxien. Zu sehen war darauf der Kletterer, Base-Jumper und Highliner Dean Potter, Bermuda-Shorts, freier Oberkörper und barfuß, wie er über einen Abgrund läuft, so tief, dass man kaum hinsehen, aber gleichzeitig nicht wegschauen konnte. Seine hagere, muskulöse Gestalt balanciert in unfassbaren 900 Metern Höhe auf einer Line, die am legendären Lost Arrow Spire gespannt ist, zwischen der markanten Felsnadel aus Granit und dem gegenüberliegenden Felsplateau im Yosemite-Nationalpark in Kalifornien. Was für ein Bild! Was für ein Typ! Was für ein unerreichbares Ziel! Wann immer wir uns einen Joghurt oder eine kalte Cola aus dem Kühlschrank fischten, schien uns das Bild herauszufordern und zu sagen: Traut euch, Jungs! Könnte es realistisch sein, sie jemals selbst zu laufen, die damals höchste Highline der Welt?

Am 13. Juli 1985 war es Scott Balcom gewesen, der es als Erster mit der Slackline am Lost Arrow Spire aufgenommen hatte. Diese Highline, die er zwischen der Klippe und dem, was wie ein steinerner Finger aussieht, angebracht hatte, wurde für Slackliner zum berühmtesten Spot der Welt. Seither war es der Silberstreifen am Horizont gewesen, nachdem wir die Hand ausstreckten. Es war extrem inspirierend, zu sehen, dass es Menschen gab, die es bereits geschafft hatten. Die *Spire Line* war immer unser Referenzpunkt. Yosemite unser Sehnsuchtsort. Die 20 Meter, die sie maß, konnte ich mittlerweile locker laufen. Aber auch wenn ich mir einredete, dass es, rein technisch betrachtet, keinen so gewaltigen Unterschied machte, dass die am Lost Arrow Spire viel, viel höher war als die, mit der wir am Fußballplatz gestartet waren, so war mir natürlich klar, dass ich mich damit nur selbst betrog. Denn sie war nicht nur doppelt oder dreifach, auch nicht zehnmal so hoch. Sondern unfassbar viel höher. Verdammte 180 mal so hoch, um genau zu sein. So übermütig und ambitioniert ich auch war, wusste ich natürlich trotzdem, dass diese Tatsache nicht weniger veränderte als alles!

Bei meinen ersten Versuchen, eine Highline zu überqueren, kam mir meine Höhenangst immer wieder in die Quere. Die Frage, wie ich sie überwinden könnte, begleitete mich fortan und ließ mich nachts nicht schlafen. Denn ich wollte im wahrsten Sinne hoch hinaus. Sobald ich die Fünf-Meter-Line im Garten laufen konnte, ohne mich vor Angst aufzulösen, setzte ich mir das nächste Ziel. Wie würden sich zehn Meter anfühlen, wie 20, wie 30? Jeder Meter machte einen Riesenunterschied. Doch nicht aufzugeben, an den Traum zu glauben, sich Schritt für Schritt vorzuarbeiten, war immer mein Weg zum Erfolg. Die Slackline zeigte mir ziemlich schnell, was alles möglich ist, wenn ich meiner Angst ins Gesicht schaue und mich ihr stelle – aber auch, wie hart ich dafür kämpfen muss.

Bei den ersten Versuchen spannten wir eine Line vom Dachgiebel des Elternhauses eines Freundes zu einem Baum im Garten. Dann ging es bei verschiedenen Festivals auf ein paar vergleichsweise niedrig gespannte Highlines, die häufig über einen Fluss führten. Zum ersten Mal stellte ich fest, wie viel schwieriger es ist, die Balance zu halten, wenn man optisch durch fließendes Wasser abgelenkt wird. Bereits im Sitzen fiel ich einfach um. Im Jahr 2007 entdeckten wir die *Wolfsschlucht* in Neubeuern, über der wir die ersten richtigen Highlines spannten, in etwa 30 Metern Höhe. Diese Schlucht hatte einen beträchtlichen Anteil an der Entwicklung unserer Fähigkeiten. Alle bekannten Slackliner und Slacklinerinnen aus Deutschland haben dort ihre ersten Schritte auf Highlines gemacht – von der ersten, knapp 20 Meter langen Line bis hin zu der längsten möglichen Diagonalen entlang der Schlucht mit 113 Metern Länge, die wir aber erst viel später, im Jahr 2014, erfolgreich laufen konnten. Meine erste geglückte Begehung einer Highline war 2008 beim *Walk-the-Line*-Slackline-Treffen in Radolfzell am Bodensee. Ohne Sturz schaffte ich die Highline, die vom Dach der Kletterhalle zu einem alten Wasserturm gespannt war. Erstmalig bekam ich die Bestätigung, dass ich stärker war als meine Angst.

Das Fiese am Slacklining ist, dass jeder Schritt eine neue Überwindung bedeutet. Jede Sekunde musst du gegen deine Zweifel und Ängste angehen. Beim Base-Jumping, also dem Fallschirmspringen von festen Objekten, beim klassischen Skydive oder Bungee überwindet man sich einmal, man tritt über die Kante und lässt los, kann ab diesem Punkt nichts mehr an seiner Entscheidung ändern. Beim Slacklining jedoch bist du in jedem Moment damit konfrontiert, fallen zu können. Du hast Angst. Du bist nicht in Kontrolle. Für jeden Schritt musst du dich wieder motivieren, der Furcht entgegenzutreten, sodass sie nicht zur Panik heranwächst. Ein konstanter Kampf gegen dich selbst, gegen das Bedürfnis, vor ihr zu kapitulieren und sich einfach hinzusetzen.

Aber wie schafft man es, sich diesem Gefühl immer wieder auszusetzen? Den Mut zu fassen, kontrolliert von der Line aufzustehen, wenn es unter dir so unendlich weit in die Tiefe geht? Die Antwort lautet: Ich konnte schlicht und ergreifend nicht anders. Es war wie ein innerer Drang, es zu tun. Ich hinterfragte es nicht, ich rang nicht mit mir, ob ich es je wieder probieren würde, wenn ich mich einmal mehr diesem Gefühl gestellt hatte. Natürlich würde ich das! Die Sehnsucht danach, durch den Himmel laufen zu können wie Dean Potter auf dem ausgeblichenen Plakat, war so groß, dass ich mich erneut in die Situation hineinbegab. Keine Vermeidungsstrategien, sondern Vollgas rein in die Angst.

Nicht, weil ich dauernd auf der Jagd nach dem nächsten Thrill gewesen wäre. Oft wird mir unterstellt, dass ich nur den Nervenkitzel suche, aber so ein Typ war ich nie. Tatsächlich würde ich mich eher als sicherheitsorientierten Menschen beschreiben. Typ Festgeldkonto. Meine Motivation ist eine andere. Ich komme nicht damit klar, mir selbst im Weg zu stehen, mir Dinge zu versagen, weil meine Emotionen mich im Griff haben – nicht umgekehrt. Ich höre auf das, was meine Gefühle mir sagen wollen, ich nehme sie ernst, aber ich lasse nicht zu, dass sie komplett das Steuer übernehmen und meinen Weg lenken.

Wenn sich wieder ein Abgrund unter mit auftat und ich bewusst hörbar atmete, um mich durch den Rhythmus des gleichmäßig ein- und ausströmenden Atems zu beruhigen, so wusste ich, dass ich dabei etwas über mich würde herausfinden können. Dann, wenn ich mir keinen Fluchtweg suchte, sondern meiner Furcht direkt ins Gesicht schaute. Vielleicht konnte ich genau dort, wo meine tiefsten Ängste verwurzelt waren, etwas Essenzielles über mich lernen.

Der Leitsatz »Do one thing everyday that scares you« von Eleanor Roosevelt, Menschenrechtsaktivistin und Ehefrau des 32. US-Präsidenten Franklin D. Roosevelt, wurde auch zu meinem. Mal war es ein Anruf bei irgendeiner Behörde, der mir schwer im Magen lag und zu dem ich mich durchringen musste, weil er ein unangenehmes Gefühl erzeugte. Mal kämpfte ich gegen die Angst, negativ bewertet zu werden oder zu versagen. Immer wieder auch gegen das Grauen, das winzige Ameisen in mir auslösten, wenn ich den Krabbeltieren begegnete. Vor Spritzen beim Arzt, die ich grundsätzlich nur liegend über mich ergehen lasse.

Zu Beginn meiner Sportlerkarriere waren es jedoch vor allem die Highlines, die blanke Panik in mir auslösten – der ich mich aber immer wieder stellte. Wie bei einer Konfrontationstherapie. Doch die war langwierig. Etwas wie Gewöhnung wollte sich so schnell nicht einstellen. Dadurch, dass ich die Höhe ständig steigerte, startete ich jedes Mal aus einer anderen Ausgangslage, musste mich neu überwinden. Die ersten Jahre war es ein übler Kampf, der wahnsinnig viel Kraft kostete, denn die Angst wurde nicht kleiner, sondern schien proportional zur Höhe der Line mitzuwachsen. Doch mit ihr auch mein Wille, es mit ihr aufzunehmen.

Kopfkino

Es gab Tage, da schienen die 900 Meter am Lost Arrow Spire unendlich weit weg. Dabei wusste ich inzwischen, dass nicht nur die tatsächliche Höhe von Bedeutung ist, wenn es darum geht, wie furchteinflößend eine Highline sich anfühlt. Wie bei allen Ängsten spielen Faktoren mit hinein, die irrational sind, die aber unsere Wahrnehmung von Gefahr beeinflussen. Sich bewusst zu machen, dass man nicht tatsächlich auf dem Boden aufschlagen, sondern im Worst Case in die Sicherung fallen würde, die mit der Line verbunden ist, half am Anfang wenig. Damals schrieb die Ethik im Slacklining vor, dass man es vermeiden sollte, in die Sicherung zu stürzen, damit weniger Kräfte auf das System wirken und das Material geschont wird. Was von dieser Information bei einem Menschen hängen bleibt, der Angst hat, dürfte ziemlich klar sein. Bedeutete es dann nicht im Umkehrschluss, dass die Sache vielleicht doch nicht so sicher war, wie es hieß? Könnte das Band reißen, sobald man einmal den Halt verlor? Waren also ohnehin schon Angst und Zweifel da, wuchsen sie schnell zu gewaltiger Größe heran. Und das eigene Kopfkino zeigte die übelsten Absturzdramen in Dauerschleife. Das machte es extrem schwierig, Vertrauen aufzubauen und etwas zu tun, was man eben noch nicht perfekt beherrscht und bei dem man unweigerlich stürzen würde. Deswegen war das Fallen zunächst nicht unbedingt hilfreich, um die Angst loszuwerden. Es bedeutete jedes Mal ein Schockerlebnis, bei dem man erleichtert war, es überlebt zu haben. Nicht, weil man wirklich mit dem Tod konfrontiert war, aber weil man sich in diese Vorstellung hineingesteigert hatte. Deshalb würde ich einem Anfänger niemals erzählen, dass er nicht in die Sicherung fallen darf.

Doch an diesem Punkt wusste man einfach noch nicht genau Bescheid über die entstehenden dynamischen Kräfte, zum anderen waren die Lines noch sehr hart gespannt. Dadurch bestand eine Gefahr, das Band bei einem Sturz zu beschädigen. Jeder Sturz war heftig, wenig gedämpft, somit wurde das Bandmaterial jedes Mal sichtbar verschlissen. Abrieb, raue Fasern und kleine Verschmelzungen waren nichts Ungewöhnliches, daher war es in jedem Fall besser, nicht zu viele Stürze ins Band zu machen und so wurde es auch untereinander kommuniziert. Heute sind die Bänder robuster, meist weniger stark gespannt und auch länger, sodass die Stürze viel weicher und gedämpfter sind, der Verschleiß deutlich geringer. Die Kräfte, die dabei auftreten, sind heute bekannt, denn sie können durch Messgeräte bestimmt werden. Außerdem sind die Sicherheitsreserven der Materialien hoch genug, sodass Stürze keine Gefahr mehr darstellen.

Mit der Zeit lernten wir, die Line im Fallen mit beiden Händen zu fangen, sie zu »catchen«, sodass man gar nicht erst in die Sicherung fällt – auch weil man sich aus dieser Position leichter wieder hochziehen kann. Aber als Anfänger gelingt das natürlich nur manchmal. Selbst wenn man das Catchen der Line spielerisch beherrscht und immer wieder die Erfahrung gemacht hat, dass Stürzen nicht das Ende bedeutet, dann kommt eine neue Line, ein neuer Abgrund, eine neue Herausforderung. Wieder besteht dann die Challenge darin, mit dem Stress klarzukommen, ruhig zu bleiben, mentale Mauern einzureißen – und loszulaufen. Das kostet dich alles. Denn auch wenn du weißt, dass du nicht sterben wirst, wenn du danebentrittst, dann ist es doch genau das Gefühl, das dich beherrscht. Ein falscher Schritt und du bist tot! Du siehst in die Tiefe und kannst dich nicht von dem Gedanken lösen, bei dem kleinsten Fehltritt auch ebenso tief abzustürzen.

Doch die direkte Fallhöhe, also wie weit wir tatsächlich fallen würden, wären wir nicht gesichert, unterscheidet sich von unserer Wahrnehmung von Höhe. Und damit auch das Gefühl davon, wie hoch das Risiko tatsächlich ist. Würden wir uns etwa in den Bergen darauf fokussieren, wie tief es ganz bis zum Boden des Tals ist, wäre es unglaublich beängstigend. Konzentriert man sich stattdessen auf etwas wie einen Felsvorsprung, auf den man zuläuft, und der viel näher dran ist, dann fühlt es sich gleich weniger dramatisch an – auch wenn es darunter Tausende von Metern in die Tiefe geht. Obwohl der Fels nicht die eigentliche Fallhöhe markiert, so ist die Exponiertheit mit diesem psychologischen Trick leichter auszuhalten. Und auch wenn man selbst einen ungesicherten Sturz auf diesen Vorsprung nicht überleben würde, so macht es für den Kopf einen gewaltigen Unterschied, sich Referenzpunkte zu suchen, die weniger angsteinflößend sind. Man kann seinen Geist überlisten. Wenn es einen Punkt in 20 Metern Tiefe gibt, an dem wir uns gedanklich festhalten können, dann lässt es sich besser damit umgehen als mit der Vorstellung, dass es kilometerweit nach unten geht. Das Gefühl der Ausgesetztheit (= *Exposure*), wie wir es beim Slacklining nennen, wird damit kleiner. Am Anfang, als jeder Meter zählte, waren diese Tricks ungeheuer wichtig. Manche reden auch zur Selbstberuhigung mit sich selbst: »Unter mir ist eine weiche grüne Wiese«, »Alles ist genauso wie im Park«. Es gibt die verschiedensten Strategien, sich gedanklich aus dieser furchteinflößenden Situation in eine andere zu begeben, die für weniger Herzrasen sorgt. Denn Höhe hat eine gewaltige Auswirkung auf die Psyche, aber eben auch auf den Körper. Selbst wenn du mental gut damit umgehen kannst, merkst du, dass dein Körper sich in großer Höhe angespannt anfühlt. Auch wenn dein Kopf sagt, hey, du hast es im Griff und es passt alles, dauert es eine Weile, bis du auch physisch in dieser Situation ankommst und dich darauf einlassen kannst. Denn jede Zelle reagiert, so als wolle sie dir sagen: Du bist gerade in einer Situation, in die du als Mensch schlicht nicht gehörst!

Doch auch wenn es Todesangst auslösen kann, in schwindelnder Höhe auf einem schmalen Band zu stehen, so ist die Gefahr, zu sterben, dabei tatsächlich viel geringer als die meisten denken, die es nur von außen betrachten. Immer vorausgesetzt natürlich, dass die Bedingungen gut sind und das System sicher aufgebaut ist. Das zeigt eine Statistik der International Slackline Association[3]. In fünfzehn Jahren gab es beim Highlinen weltweit neun Tote. Meistens, weil die Leash, also das Sicherungsseil, nicht richtig mit dem Gurt verknotet war. In der Statistik wird außerdem aufgezeigt, dass das Risiko, bei dieser Sportart zu sterben, um ein Tausendfaches geringer ist als etwa beim Bergsteigen. Darum sage ich immer: Wenn du die Highline aufgebaut und den Knoten am Gurt richtig gemacht hast, bist du auf der Line am sichersten Ort am Berg. Dann liegt das Gefährlichste eigentlich hinter dir. Das Verrückte ist jedoch, dass es einem nicht so vorkommt, sondern man sich auf der Highline am ausgeliefertsten fühlt. Du bist zwar in dem Moment gut eingebunden und gesichert, aber befindest dich eben auch auf zweieinhalb Zentimetern über dem großen Nichts unter deinen Füßen. Darum ist die gefühlte Gefahr riesig, die reale jedoch nicht.

Von außen betrachtet, sieht man häufig nur den drohenden Absturz. Dabei meint Risiko doch immer die Konsequenz multipliziert mit der Wahrscheinlichkeit. Sind beide groß, dann ist auch das Risiko groß. Wenn die Konsequenz riesig ist, aber die Wahrscheinlichkeit des Eintritts extrem klein, dann ergibt sich daraus auch ein kleines Risiko. Doch der Mensch neigt dazu, nur die Konsequenz zu betrachten, ihm fehlt ein gutes Konzept dafür, Wahrscheinlichkeiten einzuschätzen, die Folgen eines Absturzes hingegen können wir uns sehr gut vorstellen. Deswegen ist die Konsequenz für uns oft gleichbedeutend mit dem Risiko. Beim Autofahren nimmt jeder ein erhebliches Risiko in Kauf, weil der Wert als so groß angesehen wird. Menschen, die Extremsport betreiben, ist das unvergleichliche Erlebnis so viel wert, dass sie das verbleibende Risiko häufig in Kauf nehmen. Noch ein Grund, warum ich so ein begeisterter Anhänger des Slacklinings bin: Du kannst eine krasse Erfahrung machen, aber wenn du gut aufpasst und erfahren bist, dann ist das Risiko doch überschaubar.

Bodenhaftung

Auch wenn ich meinen Kopf in dieser Phase meines Lebens buchstäblich in den Wolken hatte, so war ich doch bodenständig genug, um meine berufliche Zukunft im Blick zu behalten. Eine Zukunft, die ich jedoch niemals auf der Slackline gesehen hätte. Im Sport entwickelte ich mich jeden Tag weiter, gedanklich war ich jedoch noch nicht frei genug, um mir ein Lebensmodell vorstellen zu können, das so ganz anders war als jenes, das mein Umfeld mir vorlebte. Bis dahin war mein Leben ziemlich linear verlaufen. Grundschule, Gymnasium, Abitur. Als ich anfing, mir über meine Ausbildung Gedanken zu machen, war auch mein Karrierebewusstsein geradlinig. Auch, weil es bei meinen Eltern recht statisch verlaufen war. Es gab keine Umzüge, keine großen Veränderungen. Mein Papa hat sein ganzes Berufsleben in der IT desselben Unternehmens gearbeitet. Als ich aufs Gymnasium wechselte, sagte er zu mir: »So, Lukas, jetzt hast du ausbildungsmäßig schon mehr erreicht als deine Eltern, mach, was immer du gern möchtest!« Das war unglaublich befreiend, weil einfach kein Druck aufgebaut wurde. Dennoch sah ich noch nicht, was fernab von einem festgesteckten Rahmen alles möglich sein könnte.

In der Schule haben mich Naturwissenschaften interessiert, Mathe, Physik und Chemie. Mein Onkel war Chemiker und schenkte mir früh einen Chemiebaukasten. Mit ein paar Sachen aus dem Labor, die er mir mitbrachte, durfte ich experimentieren. Etwas Neues zu entdecken, als Erster etwas zu tun, was noch niemandem gelungen war, vielleicht eine Richtung mit definieren zu können, das war meine Motivation und ist bis heute das, was mich begeistert. Mein Antrieb für Dinge, die noch keiner vor mir gemacht hat oder bei denen nicht klar ist, wie sie funktionieren oder ob sie überhaupt funktionieren können, war erheblich größer als bei denen, die schon getestet und für machbar eingestuft worden waren.

Ein rebellierender Party-Teenager war ich nie, mein Fokus lag klar auf dem Sport und darin, dazuzulernen und mehr über uns Menschen und unseren Planeten zu erfahren. Als es in Richtung Gymnasium ging, beschäftigte ich mich intensiv mit der Physik-Legende Stephen Hawking, verschlang seine Bücher zur Geschichte des Universums. Wo kommen wir her? Wie sind wir entstanden? Diesen großen Fragen nachzugehen, der Reiz, noch etwas entdecken zu können, interessierte und faszinierte mich. Und ich mochte es, verrückte Ideen zu entwickeln, mit denen man etwas revolutionieren kann, wie etwa das Sauerstoffgerät, mit dem man endlos tauchen könnte, an dem ich mit meinem Schulkameraden Flo für den Schüler- und Jugendwettbewerb *Jugend forscht* tüftelte.

In der gymnasialen Oberstufe schrieb ich mich für Chemie und Sport als Leistungskurse ein. Doch zwei Wochen nach meinem achtzehnten Geburtstag verletzte ich mich beim Klettern am rechten Knie. Nach Röntgen und MRT stand die Diagnose fest: ein Abriss am Außenmeniskus. Eine Operation war unumgänglich und ich am Boden zerstört. Zwar sagte mir der Arzt eine relativ schnelle Heilung voraus, aber zwei Monate würde es wohl mindestens dauern. Es war ungewiss, wie schnell ich mich ganz erholen würde. So musste ich den Leistungskurs schweren Herzens abschreiben. Anfangs konzentrierte ich mich auf den Kraftaufbau fürs Klettern, machte Klimmzüge, hangelte am Kletterboard und ging zur Physiotherapie, um mein Knie zu stabilisieren. Als ich zwei Monate nach der Operation zwar wieder laufen konnte, aber bei stärkerer Belastung nach wie vor Schmerzen hatte und die Schwellung auch nach mehrfacher Punktion nicht verschwinden wollte, musste ich erkennen, dass das Thema mich doch länger begleiten würde. Am Ende dauerte es über ein Jahr, bis alles vollständig ausgeheilt war.

Eine schwierige Verletzung, nach der mir die Slackline wortwörtlich wieder auf die Füße half. Bereits wenige Wochen nach dem Eingriff begann ich auf einer kurzen Line zu trainieren. Ich hatte zwar eine eingeschränkte Beweglichkeit und musste aufpassen, nicht unkontrolliert abzusteigen, aber das Laufen auf dem Band brachte schnell Stabilität in mein Knie und ich baute langsam wieder Vertrauen in meinen Körper auf. Ich hatte genau das Richtige gefunden, um ihn zu alter Form zurückzubringen. Gleichzeitig half der Sport mir, neue

Ziele zu setzen und mich aus meiner Melancholie herauszuholen.

Für mich stand außer Frage, dass ich direkt nach dem Abitur mit dem Studium beginnen würde. Eine Weltreise zu machen, sich auszuprobieren oder das Leben einfach passieren zu lassen, war nichts, worüber ich je nachgedacht hätte. Aufgrund meiner Verletzung wurde ich bei der Bundeswehr ausgemustert und ich konnte direkt nach dem Schulabschluss mein Chemiestudium an der *Technischen Universität* in München beginnen. Die Wahl für eine Studienrichtung war scheinbar die erste wirkliche Entscheidung meines Lebens und war es gleichzeitig auch nicht, denn ich suchte aus den Fächern aus, in denen ich gut war und entschied mich für Chemie. Es war eine sichere Bank, etwas, das mir lag und ich darum auch gern machte.

Ist es nicht so, dass man das gerne tut, was einem leichtfällt? Die Frage, die ich mir heute stelle, ist vielmehr, ob man nicht lieber das tun sollte, was einem Spaß macht, auch wenn es einem schwerfällt? Wenn es darum geht, sich beruflich zu orientieren, gibt es meiner Meinung nach nur zwei Möglichkeiten: Man kann das tun, was man gut kann, und hoffen, dass es einem in 30 Jahren noch gefällt. Oder aber das tun, was einem wirklich Spaß macht, und gut genug darin werden, um einen Beruf daraus zu machen. Gerade in der heutigen Welt, in der es so etwas wie den sicheren Arbeitsplatz fürs Leben kaum mehr gibt, wäre es da nicht sinnvoll, eine neue Strategie für die Wahl seines Berufes zu bemühen?

Als Abiturient dachte ich aber noch nicht so. Das, wofür ich brannte, hatte ich von vornherein aus meiner Karriereplanung ausgenommen, versuchte nun einen Weg zu finden, die scheinbar konkurrierenden Themen, Ausbildung und Leidenschaft, unter einen Hut zu bekommen. Doch die Menge an Stoff, den wir im Studium lernen sollten, war erschlagend, und ich verbrachte bald viel mehr Zeit im Labor und in der Bibliothek als dort, wo ich eigentlich sein wollte. In irgendeiner Steilwand. Oder, noch besser, irgendwo in der Luft. Weder das eine noch das andere konnte ich hundertprozentig machen. Ich wurde keinem gerecht. Es war unmöglich, mich auf eine Sache wirklich zu fokussieren. Ich musste eine Entscheidung treffen.

Kurswechsel

Kurz vor dem Abschluss meines Bachelorstudiums rang ich mich dazu durch, nicht gleich den Master dranzuhängen, was mein ursprünglicher Plan gewesen war. Ein Jahr Auszeit würde ich mir nehmen, um meine ganze Energie in den Sport zu stecken, ohne Kompromisse machen zu müssen. Um die Chancen zu nutzen, die sich in dem sich rasant entwickelnden Sport gerade jetzt boten und vielleicht nie mehr wiederkommen würden. Danach wäre mein Durst nach sportlichem Erfolg sicher erst mal gestillt und ich könnte mich wieder voll auf mein Studium konzentrieren und meinen Master machen. So hatte ich es mir zurechtgelegt.

Nicht überall stieß meine Idee auf Zustimmung, ich begegnete auch Unverständnis. Solange ich denken kann, war ich der gewesen, der durchzog, der sich bis ans Ziel kämpfte, der Dinge zu Ende brachte, egal, wie schwierig es war. Dass ich die Sache nun plötzlich anders anging und den vorgezeichneten Pfad verließ, kam für viele unerwartet und ihre Zweifel hinterließen auch bei mir Spuren. Mein Plan kam mir zunehmend riskant vor, was in erster Linie daran lag, dass mein Umfeld, besonders die Leute von der Uni, kein Blatt vor den Mund nahmen, was sie davon hielten. Wie wichtig es ist, seiner Intuition zu folgen, auch mal die Richtung zu wechseln und sich neu zu orientieren, konnte ich damals noch nicht so deutlich erkennen wie heute. Die Kommentare der anderen verunsicherten mich. Umso glücklicher war ich, dass es zu Hause keinerlei Gegenwind gab. Von meinen Eltern bekam ich die volle Unterstützung, sie standen hinter mir und bestärkten mich. Mein Entschluss wurde nicht hinterfragt, ich habe nie auch nur den Hauch des Gefühls vermittelt bekommen, dass ich diesen Weg nicht so gehen dürfte. Sie haben immer vollstes Vertrauen darin gehabt, dass ich weiß, was ich tue. Dafür bin ich ihnen sehr dankbar. Denn es hat mir nicht nur geholfen, mich im Sport weiterzuentwickeln, sondern meinen Platz im Leben zu finden.

Aus heutiger Sicht ist die Entscheidung, mein Chemiestudium zu unterbrechen, eine der besten, die ich je getroffen habe. Erst später begriff ich, dass ich zwar gut in dem Fach war und Freude an meinen Erfolgen hatte, aber nie so für das Thema brannte wie für meinen Sport. Meine Leidenschaft, das, womit ich jede freie Minute verbringen wollte, was mich morgens motivierte, aus meinem warmen Bett aufzustehen, bei dem ich die Zeit und alles andere um mich herum vergaß, waren keine chemischen Formeln und Verbindungen, sondern die Bewegung in großer Höhe.

Eine ganz bewusste Entscheidung für die Slackline und damit für ein selbstbestimmtes, freies, aber natürlich auch unsicheres Leben, traf ich jedoch nicht, als ich der Uni den Rücken kehrte. Und wenn ich ehrlich bin: auch zu keinem anderen Zeitpunkt. Vielmehr war es ein schleichender Prozess, bei dem ich mir einredete, dass ich dieses neue Leben für eine bestimmte Zeit auskosten und dann in meine geebnete Spur zurückkehren würde. Das Risiko war nicht groß, ich würde danach einfach an der Uni weitermachen. Das Jahr verging jedoch schnell, bald fing ich an, mit Sponsoren zu arbeiten und Geld zu verdienen, mir eine Selbstständigkeit aufzubauen. Aus dem einen Jahr wurden mehr als zwei Jahre und auch dann wollte ich nicht zurück in den Hörsaal. In kurzer Zeit hatte ich es zu einem der besten Slackliner Deutschlands gebracht, ferne Länder bereist und mehrere Weltrekorde aufstellen können. Ich organisierte Events, plante Projekte und arbeitete hart daran, meinen Traum wahr werden zu lassen und meine Leidenschaft zu meinem Beruf zu machen. Die Chance, wirklich vom Slacklinen leben zu können, schien immer realistischer zu werden und das Chemiestudium rückte in weite Ferne.

Für mich stand fest, dass ich mich nicht die nächsten 50 Jahre in ein Labor stellen würde, gleichzeitig wuchs in mir der Wunsch, mich auch auf anderer Ebene wieder mehr zu fordern. Inhaltlich reizte mich die Chemie nach wie vor, aber der Regelabschluss war dabei der Doktortitel. Was bedeutete: zwei Jahre für den Master, vier Jahre für den Doktor, acht Stunden am Tag in der Uni. Mit so vielen unterschiedlichen Ansprüchen, dass nebenher kaum noch Raum für andere Dinge bleiben würde. Schon gar nicht für solche, die man mit Leidenschaft betreibt. Als ich von dem Studiengang Wirtschaftswissenschaften für Naturwissenschaftler erfuhr, entschied ich mich, darin meinen Master zu machen. Mir gefiel die Idee sofort, denn ich würde vieles lernen, was ich beim Aufbau meines eigenen Unternehmens anwenden konnte, gleichzeitig war ich intellektuell mehr gefordert, aber mit deutlich weniger zeitlichem Aufwand. Während des Studiums konnte ich wochenlang auf Reisen sein, denn es gab Onlineaufzeichnungen der Vorlesungen, sodass ich den Stoff flexibel nacharbeiten konnte. Ich hatte neue Anreize, einen perfekten Ausgleich zum Sport und genügend Zeit für mein Training, meine Reisen und meine Projekte. Besser hätte es nicht laufen können.

Als ich den Master in der Tasche hatte, dachte ich keine Sekunde darüber nach, mich damit in irgendeiner Firma zu bewerben. Stattdessen war klar, dass Slacklinen mein Vollzeit-Job sein würde – und ich mein neu gewonnenes Wissen erst mal in mein eigenes Unternehmen stecken würde. Und ich erkannte, dass sehr viel mehr daran hing, als einzig im Sport Leistung zu erbringen. Um von einer Nischensportart wie dem Slacklinen zu leben, bedarf es weit mehr, als etwa von Menschen im Profifußball gefordert wird. Natürlich müssen beide an der Spitze mitspielen, was im Fußball deutlich schwieriger zu erreichen ist, als es beim Slacklinen zu der Zeit der Fall war – vor allem aufgrund der Konkurrenz, die in meinem Sport damals noch überschaubar war. Aber Fußballer und Fußballerinnen müssen sich nicht allein ums Geschäft kümmern. Sie haben eine Beratung, ein Management, Experten und Expertinnen aus dem Marketing um sich herum. Ich musste all das gleichzeitig sein, außerdem war ich auch noch selbst das Produkt, das es zu entwickeln, zu vermarkten und zu positionieren galt, wollte ich in meinem nun schnell wachsenden Sport an der Spitze mitspielen. Um genügend Einkommen zu erzielen, stellte ich mich breit auf. Ich begann, Workshops zu geben, als Showact bei Veranstaltungen aufzutreten, bei der Vorbereitung und Umsetzung von Sport-Events mitzuwirken, Expeditionen zu planen, meine Videos zu vermarkten, Vortragsredner zu werden. Das meiste davon hatte nur wenig mit dem Sport an sich zu tun. Und obwohl ich als »freiberuflicher Leistungssportler« beim Finanzamt gemeldet bin, mache ich bis heute zu 90 Prozent des Tages andere Dinge, als auf der Slackline zu stehen.

Eines haben all diese Facetten meines Berufes allerdings gemein. Hier liegt vielleicht auch die Antwort auf die Frage, wie wir unsere Berufswahl treffen, danach, was uns leichtfällt, oder danach, was wir lieben. Alles, was ich heute tue, sind Dinge, die mich herausfordern und mir intrinsisch Spaß bereiten. Bei allen Entscheidungen für oder gegen ein neues Thema versuche ich offen zu sein und es erst einmal zu probieren, auch wenn ich zunächst denke, dass es mir nicht liegt. Bereitet es mir Freude, verfolge ich es weiter. Es ist meine Überzeugung, dass man unweigerlich gut in einer Sache wird, wenn man sie gerne tut. Macht es Spaß, beschäftigt man sich automatisch viel damit, ist man aufmerksamer und interessierter, lernt schneller. Gleichzeitig kann man andere Menschen leichter von seinen Ideen überzeugen, da man hundertprozentig dahintersteht. Meiner Meinung nach ist es heutzutage einfacher, etwas zum Beruf zu machen, was einem wirklich Spaß macht, als einen Job, den man nur gewählt hat, weil man gut darin ist, längerfristig mit Spaß auszuüben.

Wo alles begann

Für mich war es lange das Plakat der *Spire Line* gewesen, das sinnbildlich dafür stand, wohin ich wollte. Einmal an diesen legendären Ort, einmal selbst darüber laufen. Das war mein Ziel. Doch erst zehn Jahre nach meiner ersten Highline-Erfahrung sollte ich in die USA aufbrechen, um ihn mir zu erfüllen. Auch wenn die Reise nicht am Anfang meiner Slackline-Karriere stand, möchte ich an dieser Stelle davon erzählen, denn mit ihr hat so vieles in unserem Sport begonnen.

April 2015: Gemeinsam mit meinem Freund Reinhard Kleindl machte ich mich auf den Weg nach Kalifornien. Wir hatten uns auf einem Slackline-Festival in seiner Heimat Graz kennengelernt, damals zählte er zu den besten Slacklinern Österreichs. Gemeinsam wollten wir jene Highlines laufen, die eine besondere historische Bedeutung für unseren Sport haben und mit deren Bildern im Kopf wir uns auf der Line weiterentwickelt hatten. Als wir zusammen ins Yosemite Valley reisten, war ich bereits deutlich längere und höhere Lines gelaufen als die, für die wir den langen Weg auf uns genommen hatten. In der Disziplin Longline hatte ich 2010 und 2013 mehrere Weltrekorde aufgestellt, den Rekord von 233 Metern auf 425 Meter gesteigert. 2013 hatte ich am Yanapaccha in Peru auf 5222 Metern Höhe die bis dahin höchstgelegene Highline der Erde überquert. Durch die halbe Welt war ich gereist, stand bereits mehrfach im Guinness-Buch der Rekorde, doch eine wichtige Rechnung war noch immer offen. Egal, wohin mich mein Weg führte, die Line am Lost Arrow Spire war immer in meinem Kopf geblieben. An ihr maßen sich alle anderen. Lange Zeit war sie mein Ansporn gewesen, und ich hatte mir selbst das Versprechen gegeben, mich ihr eines Tages zu stellen. Und dorthin zu reisen, wo alles begann, für den Sport – und damit auch für mich.

Fast auf den Tag genau 30 Jahre, nachdem Scott Balcom hier Geschichte geschrieben hatte, erreiche ich den Ort, nach dem ich mich so lange gesehnt hatte. Räumlich. Und weit darüber hinaus. Der Yosemite-Nationalpark in der Sierra Nevada. Mammutbäume. Höhenlagen bis über 3900 Meter. Der Platz, um den sich so viele Abenteuergeschichten ranken. Ich sehe auf die imposante Felsnadel. Die Sonne knallt, nur ein paar Wolkenfetzen am Himmel. Barfuß stehe ich auf schroffem Gestein, lasse meinen Blick über das Yosemite Valley gleiten, die umliegenden Granitfelsen. Ein Wahnsinnsausblick! Längst bin ich ein erfahrener Kletterer, doch der steile Aufstieg war extrem anspruchsvoll, mein Rücken ist schweißnass.

Ich hebe die Hand und winke. Auf dem Plateau gegenüber sitzt der Mann, der diese Line 1985 als Allererster gelaufen ist und mit dem Reinhard und mich eine lockere Freundschaft verbindet, seit wir uns einmal auf einem Festival begegnet sind. Scott Balcom höchstpersönlich ist mitgekommen, um zu erleben, wie es wieder jemand mit dem Heiligen Gral des Slacklinings aufnimmt. Windjacke, Basecap, Sonnenbrille, Jeans, alles ganz in Schwarz. Entspannt hockt er im Schneidersitz in der Sonne, sieht zu uns herüber. Ob er sich jetzt an den Moment zurückerinnert, in dem er erstmalig hier oben stand, damals, mit achtzehn Jahren? Angesichts dieser gewaltigen Höhe sah er sein bisheriges Leben an sich vorbeiziehen, wie er gern in Interviews erzählt. Nach den ersten Schritten hatte er die Balance verloren und war mit ausgestreckten Armen über dem Abgrund in die Sicherung gefallen. »Wie eine Katze, die man in eine Badewanne mit eiskaltem Wasser wirft«[4], habe er sich gefühlt. Der pure Schock, bei dem einem das Herz stehen zu bleiben droht. Es schnürte ihm die Luft ab, er war mit dem Gefühl konfrontiert zu sterben, sein ganzer Körper schrie: *Don't do this!* Was für ihn der heftigste Albtraum war, sah für seine Jungs, die vom Felsen aus zusahen, aus wie bei Superman, die coolste Sache der Welt! Überwinden konnte er sich an diesem Tag trotzdem nicht mehr, aber beim nächsten Mal. Ein Jahr später. Nach ein paar Anläufen gelang ihm, was damals eine echte Sensation war: Er überquerte die siebzehn Meter in unfassbar großer Höhe, ohne zu fallen. Heute ist Scott als Tischler und Künstler unterwegs. Auf unsere Frage, warum er nicht mehr durch den Himmel läuft, antwortete er uns damals: »Ich habe mit dem Highlinen angefangen, weil es mir eine Scheißangst gemacht hat, und ich habe mit dem Highlinen aufgehört, weil es mir eine Scheißangst gemacht hat.« Wie er jetzt so dasitzt, scheint er es zu genießen, nicht mehr derjenige zu sein, der sich überwinden muss. Dass er uns zugucken und erleben darf, was aus dem gewachsen ist, das er vor so langer Zeit angestoßen hat.

Das Phänomen des modernen Slacklinens hat tatsächlich genau in diesem Tal, im Yosemite Valley, seinen Ursprung. Auf der Suche nach Möglichkeiten, das eigene Gleichgewicht zu schulen, experimentierte die Kletterszene in den Sechzigerjahren am Zeltplatz *Camp 4* mit Absperrketten, Drähten und manchmal auch mit Bändern. Alte Kletterseile wurden zum Balancieren mit dem Flaschenzug oder mit Anhängerkupplungen gespannt. Ein Ort mit Outlaw-Charakter, der im Laufe der Jahre Legendenstatus erreichte. Leute, die sich nicht mit dem starren Wertekonstrukt der Gesellschaft identifizierten, die frei leben und ihr Ding machen wollten, begegneten sich hier. Der Campingplatz ist nach wie vor dort, wo er schon immer war, nicht mehr als ein paar Iglu-Zelte und Holzhütten zwischen mächtigen Nadelbäumen, ziemlich rudimentär und immer noch ein Ort der Begegnung für alternativ eingestellte Menschen. Ein Platz, um den sich viele Geschichten ranken und der darum seine Anziehungskraft bewahrt hat. Oben vom Lost Arrow Spire kann man ihn in Form von ein paar bunten Farbklecksen inmitten des Tals erkennen, wie eine Nachbildung aus dem *Miniatur Wunderland* in der Hamburger Speicherstadt.

In den frühen Achtzigerjahren kam auch Kletterer Adam Grosowsky ins *Camp 4* und so mit dem Balancieren in Kontakt. Gemeinsam mit seinem Kumpel Jeff Ellington war er der Erste, der auf die Idee kam, ein Schlauchband dafür zu spannen. Wer schließlich den Begriff Slacklining ins Leben rief, lässt sich nicht mehr genau nachvollziehen, feststeht aber: *Slack* bezieht sich auf den Durchhang, *line* meint das Band als Laufmedium. 1981 wurden Scott Balcom und Chris Carpenter durch die beiden inspiriert, die versucht hatten, ein Stahlseil zwischen dem Lost Arrow Spire und dem Massiv zu spannen. Zur Vorbereitung auf ihre eigene Überquerung per Schlauchband spannten sie 1983 die wohl erste dokumentierte Highline unterhalb einer Freeway-Brücke.

Lange blieb der Sport einer kleinen Gruppe vorbehalten – bis Einzelne ihn nach Europa brachten. Unter anderem der österreichische Kletterer und Fotograf Heinz Zak, der auch als Erster Slackline-Festivals in Europa organisierte. Mit Dean Potter, der auch uns durch das Kühlschrank-Plakat motiviert hatte, begann dann ein neues Kapitel. Durch sein Charisma und seinen Mut, Grenzen zu sprengen, inspirierte er viele, in den Sport einzusteigen. Durch seine *Free-Solo*-Begehungen ohne Sicherung löste er allerdings auch kontroverse Diskussionen aus. Für ihn lag die authentische Erfahrung beim Highlinen darin, ungesichert darüber zulaufen, er schöpfte den Wert aus dem Gefühl, das eigene Leben in der Hand zu haben. Auch für mich liegt ein großer Reiz darin, bis ans Limit zu gehen, aber in anderer Weise. Mein Fokus bei allem, was ich tue, ist etwas Neues lernen zu können. Wenn du aber ungesichert auf der Line balancierst, dann bleibst du an der Basis, dann machst du keine Experimente, sondern nur die Dinge, bei denen du zu 100 Prozent sicher bist, dass du sie beherrschst. In der Umkehr bedeutet das, nichts wirklich

Neues wagen zu können. Für mich ist es jedoch eine der erfüllendsten Erfahrungen, mit Sicherung neue Tricks auszutesten – ohne dabei mein Leben aufs Spiel setzen zu müssen.

Daher habe ich im *Free-Solo*-Bereich keine Ambitionen entwickelt und bin auch der Meinung, dass man nicht unbedingt welche entwickeln sollte. Denn am Ende ist es doch eine egoistische Entscheidung, ungesichert auf die Line zu gehen. Wenn etwas passiert, dann müssen die Menschen damit weiterleben, die zurückbleiben. Auf einige scheint es dennoch eine große Faszination auszuüben. Potter schien das Menschenunmögliche möglich zu machen, der Idee, fliegen zu können, ganz nah zu kommen. In Interviews hat er immer wieder darüber gesprochen, wie sehr er sich der Gefahr zu sterben bewusst war, wenn er zwei der tödlichsten Varianten des Bergsports kombinierte: Base-Jumping und *Free-Solo*-Klettern. Ohne Sicherung wagte er sich an schwierige Routen am überhängenden Felsen, in seinem Rucksack einen Fallschirm. »Mit dem Fallschirm kann ich die schlimmste Sache der Welt in die schönste verwandeln: dying into flying, Sterben in Fliegen«[5], so ein berühmtes Zitat. Am Ende ist es ihm nicht mehr gelungen. Tragischerweise verunglückte er 2015 tödlich, als er bei einem Wingsuit-Sprung am Taft Point im Yosemite Valley gegen einen Felsen prallte.

Doch es waren nicht nur Menschen wie er, die dem Sport ein Gesicht gaben und ihn dadurch wachsen ließen. Auch das Internet trug zu seiner rasanten Entwicklung bei, denn das Wissen konnte auf einmal schnell geteilt werden, Trickliner und Tricklinerinnen fanden dort nicht nur neue Inspiration, sondern gleich konkrete Anleitungen zur Ausführung. Von da an ging es mit dem wettbewerbsmäßigen Slacklinen los, fertige Sets, die man mit hoher Spannung aufbauen konnte, legten den Grundstein für den Sport in seiner jetzigen Form.

Jetzt genau dort zu stehen, wo alles seinen Anfang nahm, erfüllt mich mit freudiger Aufregung, aber ich empfinde keine Furcht mehr. In diesem Moment wird mir noch einmal klar, wie sehr sich mein Verständnis von Angst über die Jahre verändert hat. Denn ich begreife sie nicht mehr als festen Zustand, sondern als Kontinuum, als breites Spektrum, bei dem am Anfang die Panik steht, am Ende gesunder Respekt. Den man sich auch bewahren muss, denn alles, was danach käme, wäre purer Leichtsinn. Irgendwo dazwischen befinde ich mich. Und an welchem Punkt ich stehe, hängt für mich heute tatsächlich davon ab, ob die Angst rational ist. Genau das sind Ängste in ihrem Kern eben nicht: rational. Doch wir können lernen, uns aus dem emotionalen Chaos zu befreien, das in Extremsituationen auf uns einstürmt und wieder unserer objektiven Bewertung zu vertrauen: Gibt es einen Grund dafür, sich zu fürchten? Ist es eine reale Gefahr? Auch wenn es erst mal schwer nachvollziehbar klingt, so kann ich meinem Körper tatsächlich beibringen, dass die Angst unnötig ist, wenn ich gesichert auf der Highline stehe und ich mich hineinbegeben darf. Denn der Kopf gibt die Information an den Körper weiter. Alles ist gut, das Risiko überschaubar, ich kann mich trauen loszulaufen. Doch dorthin zu kommen, erfordert viel Erfahrung und ein großes Vertrauen in die eigenen Fähigkeiten.

Auch wenn ich in diesem Moment nicht daran zweifle, dass ich die *Spire Line* schaffen werde, so ist das Gesamtpaket dennoch eine neue Herausforderung für mich: das Hochklettern, das komplizierte Aufbauen der Line, dann nach diesem Kraftakt noch die Energie aufzubringen, die eigentliche Begehung zu machen. Ganz egal, welche Highlines auch immer hinter mir lagen, 900 Meter sind eine extreme Höhe, sowas macht man nicht jeden Tag. Vor allem begegne ich ihr aber deshalb mit solcher Ehrfurcht, weil sie ein historisches Gewicht hat. Als ich vorsichtig aufstehe und auf die markante Felsnadel zulaufe, verstehe ich erst vollkommen, was sie so krass macht. Denn beim Laufen schaue ich über den steinernen Turm hinweg, der vor mir in die Höhe ragt, was sich exakt so anfühlt, als würde ich nach vorn in den Abgrund kippen, weil es dort unfassbar steil nach unten geht. Und ich weiß, wenn mich dieses Gefühl überwältigt, mich einsaugt, dann bin ich verloren. Aber wir kennen uns mittlerweile gut genug, dieser Sog und ich, dass ich mir selbst vertraue. Ich weiche nicht zurück, sicher nicht. Zwei, drei Schritte, dann merke ich, ich habe alles im Griff, ich bin konzentriert, dann wird es entspannter, flüssiger. Doch genau das, was die Line vermeintlich einfacher macht, ist für mich zu diesem Zeitpunkt das Herausfordernde: Sie ist kurz. 20 Meter. Das ist für mich mittlerweile ungewohnt. Zuletzt bin ich meist Lines von 100 Metern oder mehr gelaufen, die stärker schwingen, aber sich deutlich langsamer bewegen. Die kürzeren sind schneller und zittriger, es gibt weniger Spielraum. Mache ich einen Fehler, kann ich ihn nicht mehr ohne Weiteres korrigieren.

Doch ausgerechnet auf dieser Line werde ich nicht stürzen, auf keinen Fall! Ich bin fokussiert, gewöhne mich nach den ersten Schritten, merke, okay, ich kann es steuern, es wird klappen. Und dann passiert das, was ich in den Jahren, in denen ich verzweifelt gegen meine Höhenangst ankämpfte, für eine Legende gehalten hatte, die irgendjemand erfunden hat, um Slackline-Neulinge bei der Stange zu halten: Ich fange an, es zu genießen. Weil es so echt ist, so intensiv, so unmittelbar. Diesen Moment an einem Ort nachzuerleben, von dem ich früher geträumt hatte, ist unglaublich. So viele Jahre war er die Benchmark, alles habe ich damit verglichen, dachte immer, wenn ich diese Line bewältige, dann kann ich jede Line der Welt laufen. Dann gibt es nichts mehr auf diesem Planeten, das mich aufhalten kann! Nie hätte ich mir vorstellen können, dass man das Gefühl, dort oben zu sein, bereits in dem Moment selbst schön finden kann – und noch so viel mehr als das.

Jetzt stelle ich mich parallel auf die Line, schaue hinunter ins Tal, nehme alles mit jeder kleinsten Zelle in meinem Körper auf. Es ist eine extrem intensive Wahrnehmung, ein extrem intensives Bewusstsein. Ein hundertprozentiges Vertrauen in mich selbst. Und dieses große Gefühl von Lebendigkeit.

Vor 30 Jahren hatte Scott Balcom hier so heftig mit der Angst zu kämpfen, dass er ganz ernsthaft in Erwägung zog, eine Plane unter das Band zu spannen, damit man den Abgrund nicht sieht. Als er seine unbändige Furcht einmal überwunden hatte, war es für ihn gut, dann hatte er sein Ziel erreicht, konnte zufrieden sein und aufhören. Generell gibt es Leute, die wollen möglichst lange in diesem Zustand sein und es gibt Leute, die wollen den Zustand möglichst schnell hinter sich bringen. Am Anfang war das Einzige, was mir wirklich Spaß gemacht hat, das Gefühl, es geschafft zu haben. Heute gibt es viele Momente, in denen ich dieses Gefühl genieße, so eine Situation zu erleben. Scott jedoch wollte nie wieder an meiner Stelle sein, das war ihm anzusehen, dieses Gefühl der Ausgesetztheit nicht immer wieder aufs Neue spüren. Genau das ist es, was uns voneinander unterscheidet.

Für mich haftet dieser Form von Bewegung in schwindelnder Höhe etwas Magisches an. Die bewegliche, sich dehnende Line unter den Füßen, dieses schwebende Gefühl, mit nichts vergleichbar, was ich davor in verschiedensten Sportarten erlebt hatte. Es kam der Idee davon sehr nah, durch die Luft zu schweben. Dass man auf einem schmalen Band stehen und gehen kann und es tatsächlich funktioniert, ein stabiles Gleichgewicht zu schaffen und durch die Luft zu spazieren, ließ mich all die Jahre hartnäckig daran festhalten – trotz der quälenden Furcht. Auf der einen Seite ist da dieses Gefühl, etwas zu machen, was gar nicht gehen sollte, aber es funktioniert trotzdem, gleichzeitig ist es nie komplett sicher. Ein dynamisches Gleichgewicht, bei dem man nie ganz genau weiß, was im nächsten Moment passieren wird, weil immer alles in Bewegung ist. Andy Lewis, eine Slackline-Ikone aus den USA, hat mal zu mir gesagt: »It's just one inch away from flying.« Doch auch wenn es sich tatsächlich ein bisschen anfühlt wie durch die Luft zu schweben, bist du trotzdem verbunden mit der Umgebung und wirst von dem getragen, was dich umgibt. Du spürst diese Spannung und den Druck unter den Füßen, dass diese Line dich trägt, wie ein wackeliger Boden, der dich gleichzeitig unterstützt und in der Luft hält. Dieses Gefühl, getragen zu werden und diese Energie unter sich zu spüren, das ist es, was es vom Fliegen unterscheidet. Aber uns der Idee davon, auf Wolken zu gehen, ganz nah bringt.

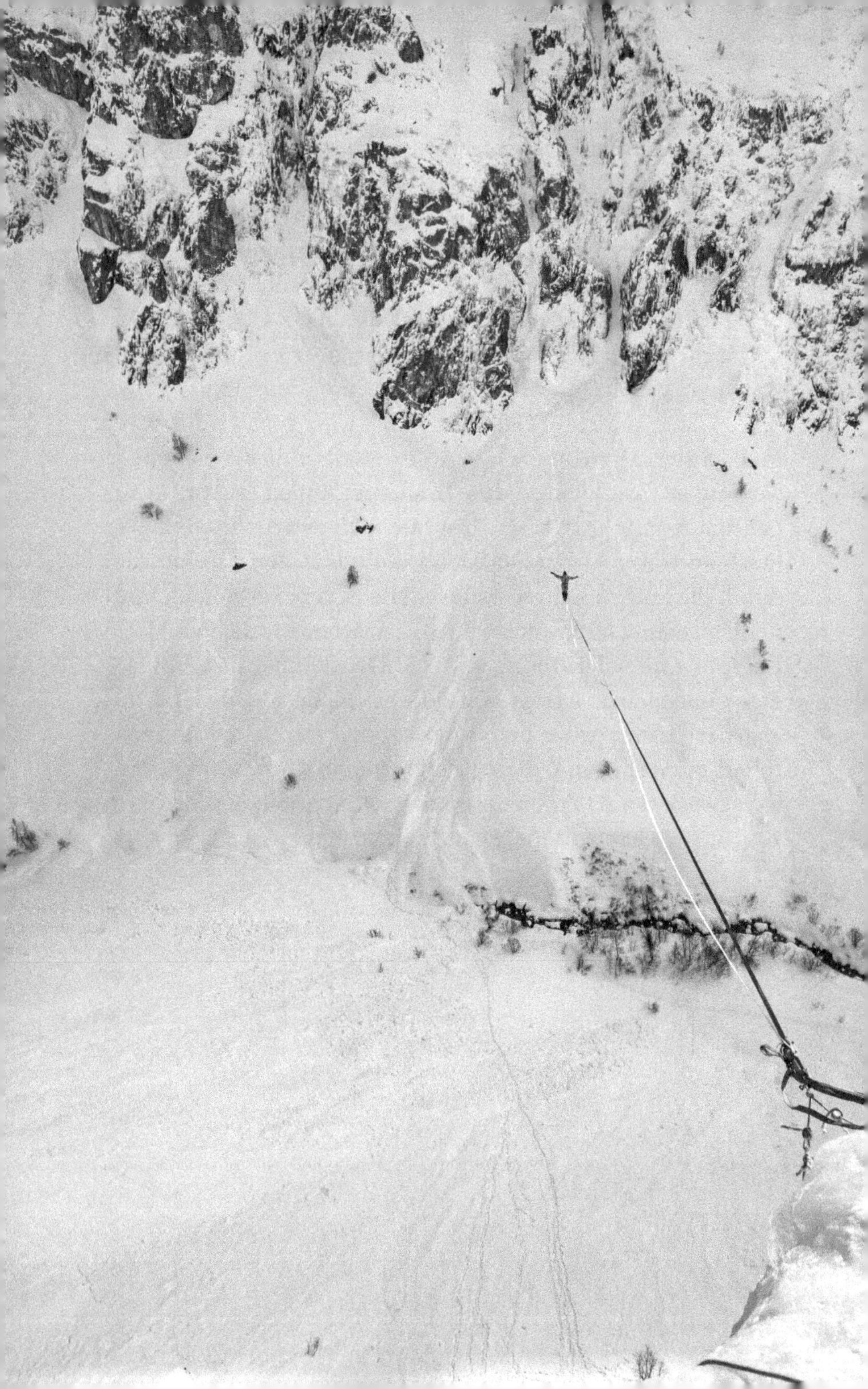

KAPITEL 3

Just Trust: Warum es sich lohnt, dem Leben zu vertrauen

Solange ich denken kann, gehe ich mit diesem Urvertrauen durchs Leben, dass die Welt mich unterstützt auf dem Weg, den ich gehen will. Dieses Weltbild wurde wohl schon in der Kindheit angelegt und bis heute konnte ich es mir bewahren. Wenn ich mein Bestes gebe, stehen die Chancen gut, dass die Dinge sich auch so entwickeln, wie ich es mir wünsche. Sicher gehört auch ein Quäntchen Glück dazu, genau wie die Erfahrung, im Leben keine unüberwindlichen Hürden meistern zu müssen. Den festen Glauben, dass es nach jedem Tief auch wieder aufwärtsgeht, hatte ich immer. Aber natürlich nur, wenn man seine Arbeit macht. Ich kann nicht zu Hause sitzen und darauf warten, dass sich die Dinge von selbst verändern, ich muss meinen Teil dazu beitragen. Wenn ich dem Leben mit Misstrauen begegne, dann wird es auch auf mich zurückstrahlen. Doch wenn ich Vertrauen schenke, dann wird es auch wieder zurückgeschenkt. Dieses Prinzip, dem ich als Kind und Teenager intuitiv folgte, weil meine Eltern es mir jeden Tag vorlebten, lebe ich heute ganz bewusst, ich nutze es für mich, um positive Glaubenssätze zu formen – und zwar für alle Aspekte meines Lebens.

Wenn ich etwa eine lange Line begehe und das letzte Drittel erreiche, was für viele Highliner und Highlinerinnen ein besonders kritischer Bereich und sehr druckbehaftet ist, vertraue ich darauf, dass ich einfach nicht falle. Zweifel lasse ich gar nicht erst aufkeimen. Mit jedem erfolgreichen Erlebnis wächst das Vertrauen in die eigenen Fähigkeiten. Schritt für Schritt. Und mit diesem gesteigerten Selbstvertrauen gehe ich an die neuen Herausforderungen anders heran. Wenn ich mitten auf der Line stehe und eine Windböe kommt, dann sage ich mir, *nein, du schubst mich nicht runter.* Um mit diesem Druck umgehen zu können, muss jeder für sich eine Strategie entwickeln und meine war und ist es, mir zu sagen, dass ich in dem letzten Bereich grundsätzlich nicht scheitere, diese Überzeugung, dass es schlicht nicht passieren wird, in mir selbst zu begründen. Das übe ich ganz gezielt im Training auf einer Line, die ich gut laufen kann. Ich versetze mich mental in die Situation eines Rekordversuchs, manifestiere bewusst den gleichen Druck wie kurz vor dem Ziel – und überwinde ihn, erlebe den Erfolg. Immer wieder. Wenn die Initialzündung einmal passiert ist und man eine positive Prägung mitbekommen hat, dann wird unser Vertrauen immer wieder aufs Neue belohnt werden.

Es gibt Menschen, die alles, was sie anfassen, sofort beherrschen, denen scheinbar alles gelingt. Zu denen gehörte ich leider nie. Flo, einer meiner besten Freunde aus Jugendtagen, der sich damals im Garten als Erster auf die Line traute, ist genau so ein Naturtalent. Viele Sportarten habe ich zusammen mit ihm begonnen und er war jedes Mal auf Anhieb und um Längen besser, stärker oder geschickter. Ich bin jemand, der für vieles, was er tut, eingangs kein herausragendes Talent mitgebracht hat – auch fürs Balancieren nicht. Es war meine Hartnäckigkeit, die mich dorthin brachte, wohin ich wollte. Das war schon immer so. Ich beiße mich fest und bleibe dran, bis ich es kann, egal, wie wenig vielversprechend die Ausgangslage auch sein mag. Wenn ich etwas wirklich machen will, dann bin ich überzeugt davon, dass ich es auch umsetzen werde. Manchmal kann es allerdings lange dauern, bis sich der Erfolg einstellt. Entscheidend ist nur die Frage: Will ich es wirklich fest genug und bin ich bereit, etwas dafür zu investieren? Das Wissen, mich auf mich selbst verlassen zu können, mich selbst nie zu enttäuschen, lässt mich mit einer großen Sicherheit und Zuversicht durchs Leben gehen. Ich schöpfe meine Motivation daraus, hart zu kämpfen und kontinuierlich Arbeit in Dinge zu stecken, die ich für mich erobern will. Ich bin es gewohnt, dass Erfolg etwas kostet und ich bin bereit, diesen Weg durch alle Höhen und Tiefen zu gehen. Für jene, denen alles zufliegt, muss es viel schwieriger sein, weiterzumachen, wenn sie doch mal an Grenzen stoßen. Sie neigen schneller dazu aufzugeben, wenn es anstrengend wird.

Hatten Flo und ich gemeinsam etwas begonnen, startete er erst mal durch, doch nach einiger Zeit begann ich aufzuholen und bei bestimmten Dingen, wie eben der Slackline, zahlte sich meine Hartnäckigkeit aus. Gerade weil für mich zu Beginn jeder Schritt ein großer Kampf war, konnte ich mich über jeden kleinen Fortschritt freuen, jeden Erfolg wertschätzen. Bei all meinen Projekten entsteht der Wert der Sache häufig dadurch, was ich dafür tun muss. Je härter der Weg, desto erinnerungswürdiger das Erlebnis. Wenn ich mit dem Hubschrauber auf den Mount Everest fliegen würde, um dort meine Highline zu machen, dann wäre das vielleicht medial eine große Sache, aber für mich persönlich wäre es keine echte Leistung, weil ich im Grunde nichts dafür getan habe. Den Erfolg spüre ich erst, wenn ich jeden einzelnen Schritt nach oben selbst gegangen bin. Dieser Antrieb hat seinen Ursprung in dem festen Glauben, dass ich meine Ziele immer erreiche, auch wenn ich sie mir vielleicht härter erkämpfen muss als andere. Dass dieses Vertrauen in mich selbst erschüttert wurde, habe ich nie wirklich erlebt. Ich war es gewohnt, die Kontrolle über die Dinge zu haben, nicht der Passagier, sondern derjenige, der das Ruder übernimmt.

Was uns Sicherheit gibt, ist nicht nur die Gewissheit, sich immer auf sich selbst verlassen zu können, es geht auch um die Menschen, die an unserer Seite stehen und um die Welt, die uns umgibt. Wie groß mein Vertrauen tatsächlich war, sollte im Januar 2018 auf eine harte Probe gestellt werden. Nach über zehn Jahren auf der Slackline kannte ich mich mit verrückt klingenden Plänen sehr gut aus. Doch als mir Filmemacher Pierre Chauffour von seiner Idee erzählte, eine Highline zwischen zwei eingefrorenen Wasserfällen spannen zu wollen, reagierte ich erst mal nicht euphorisch, sondern ziemlich entsetzt. »Aber nicht nur im Eis verankert, oder?«, fragte ich ungläubig, obwohl sein triumphierender Gesichtsausdruck längst die Antwort verriet – genau das war sein Plan. Zu diesem Zeitpunkt hatte ich schon an den ungewöhnlichsten Orten meine Highlines gespannt. Kein Abenteuer war mir je zu groß gewesen, aber diese Idee grenzte an Wahnsinn. Eine über 400 Meter lange Line wollte er in mehr als 170 Metern Höhe ausschließlich an gefrorenem Wasser befestigen. Das klang selbst für mich vollkommen irrsinnig, fast schon lebensmüde. Warum ich mich entgegen aller Vernunft einen Monat später auf den Weg ins französische Grenoble machte, um genau diesen Plan in die Tat umzusetzen, kann ich nur schwer erklären. In jedem Fall war die Neugier größer als meine Bedenken. Ausgelöscht waren sie jedoch nicht. Mit allen erdenklichen Gesteinsformen, ihren Eigenschaften und ihrer Verlässlichkeit in puncto Verankerung kannte ich mich inzwischen bestens aus, mit der Materie Eis jedoch gar nicht. Ich wusste lediglich, wie leicht es schmolz und wie unheilvoll es manchmal knackte, wenn man mit den Schlittschuhen darüberfuhr. Lieber nicht zu viel darüber nachdenken!

Eine gesunde Portion Wahnsinn

Gemeinsam mit Pierre, seinem Filmemacher-Kollegen Julien Ferrandez, Basejumper und Highliner Pablo Signoret und einer Mischung aus Abenteuerlust und einem flauen Gefühl im Magen zogen wir an einem wolkenverhangenen Morgen los in das verschneite Tal, an dessen Ende die gefrorenen Wasserfälle auf uns warteten, die uns vor ganz unbekannte Herausforderungen stellen sollten. Hier, an den Ausläufern des Hochgebirges, war außer uns keine Menschenseele unterwegs, kein einziges Haus weit und breit, vollkommene Einsamkeit. Es war so leise, dass man die Stille fast hören konnte. Nur der Schnee knirschte unter unseren steigeisenfesten Bergschuhen. Alles weiß. In dieses Tal hineinzulaufen, war krass, zu wissen, dass der Boden von mehreren Metern Schnee bedeckt war, weil von den Felswänden bereits riesige Lawinen abgegangen waren und die Senke aufgeschüttet hatten. Dort, wo die Schneemassen ins Tal gerutscht waren, formten sich gigantische Lawinenkegel. Die Gewalt der Natur war unmittelbar präsent – beeindruckend und auch ein bisschen angsteinflößend. Eine Umgebung, in der man sich als Mensch seltsam deplatziert vorkommt, und die einem bewusst macht, dass man hier für längere Zeit gar nicht überlebensfähig wäre.

Am zweiten Tag stießen Lucas Laporte, Nicolas Rebert und Theo Rafael zu uns, um uns beim Aufbau zu unterstützen. Alle drei hatten mit dem Eisklettern weit mehr Erfahrung als ich und Pablo. Wir waren dafür die erfahrensten Slackliner im Team. Über 250 Kilogramm Gepäck schleppten wir gemeinsam zum Fuß der Eisfälle. Seile, das Equipment zum Eisklettern, die Slackline-Ausrüstung, Schlafsäcke und Isomatten, gefriergetrocknete Nahrung. Außerdem Schaufeln und Spitzhacken. Die brauchten wir, um unsere Unterkunft für die kommenden Tage zu bauen. Ein Iglu! Oder, genauer gesagt, eine Schneehöhle, die wir mühsam in den Ausläufer einer Lawine gruben.

Die Kälte war heftig, ließ unsere Wimpern gefrieren und die Haut im Gesicht schmerzen. Doch sie war Segen und Fluch zugleich. Wir hatten genau diese Eisfälle ausgesucht, weil sie sich in einem nach Norden verlaufenden Talkessel befanden, wo im Winter kaum Sonne hinkommt. Denn wenn sich das Eis phasenweise erwärmt, bilden sich Spannungen und hängende Eisstrukturen können dann spontan kollabieren. Wir mussten daher eine Jahreszeit auswählen, zu der beide Seiten fast dauerhaft im Schatten liegen. Tagsüber waren es minus fünfzehn Grad Lufttemperatur, in der Nacht deutlich darunter. Nur im Zelt hätten wir die Nächte wohl kaum einigermaßen erholsam überstanden. Also begannen wir, uns eine Schneehöhle zu graben. Wie beim Bergbau hackten, kratzten und schaufelten wir in den extrem kompakten Schnee eines alten Lawinenkegels einen Tunnel, den wir peu à peu aushöhlten. Ein Lüftungsloch sollte für die Zirkulation sorgen. Es dauerte viel länger als erwartet und so mussten wir für die ersten zwei Nächte die weite Strecke zum nächsten Dorf zurücklaufen, um in einer Scheune eines freundlichen Bauern die eiskalte Nacht zu verbringen. Als unser temporäres Zuhause schließlich fertig war, konnten wir kaum glauben, wie gut der Schnee isolierte. In unserer Höhle herrschten null Grad, die sich im Vergleich zur Außentemperatur fast warm anfühlten. Und als wir nachts mit sieben Männern in unseren Schlafsäcken wie die Ölsardinen nebeneinanderlagen, war es tatsächlich einigermaßen warm.

Die Vorbereitungen zogen sich. Während der ersten drei Tage mussten wir zusätzlich zu den Arbeiten an unserer Schneehöhle die Fixseile zur Sicherung beim Auf- und Abstieg an den Eisfällen anbringen, das Slackline-Setup vorbereiten, das wir quer durch das Tal vom einen Eisfall zum Fuße des anderen transportierten, bei dem meterhohen Schnee eine kraftzehrende und langwierige Prozedur. Haben wir in diesen Stunden die wahnwitzige Idee verflucht, dieses Projekt durchzuziehen? Ja, klar! Sehnten wir uns in eine gemütliche Hütte mit heißem Tee und Kaiserschmarrn mit Puderzucker? Jede Sekunde! Haben wir ernsthaft darüber nachgedacht, aufzugeben und den Heimweg anzutreten? Nein, eigentlich nie. Seltsamerweise. Wir wussten einfach, wer sich so ins Zeug legt, der kann für diese Strapazen am Ende nur belohnt werden. Hoffentlich sollten wir mit dieser Annahme Recht behalten!

Als wir den ersten der gefrorenen Wasserfälle erreichten, standen wir wortlos nebeneinander und blickten ehrfurchtsvoll auf diese gigantische Wand aus Eis, betrachteten, wie es mit der Zeit zu fantastischen Formen gewachsen war, klar und durchscheinend an manchen Stellen, trüb an anderen. Luftblasen, Moos und allerlei undefinierbare Pflanzenteile hatte die Natur kunstvoll eingeschlossen und konserviert. Details, die man sonst nie zu Gesicht bekommt, vor allem nicht aus einer so großen Nähe, wie man sie einnimmt, wenn man mit Steigeisen und Pickeln in der Wand hängt und sie nur eine Handbreit vor sich sieht. Es war großartig – wie ein archäologisches Museum direkt vor deinen Augen! Unglaublich beeindruckend. Ich war fasziniert von der Vorstellung, dass im Winter eine Struktur entsteht, die einem erlaubt, überhaupt dort hochzuklettern. So fragil auf der einen, so stark und widerstandsfähig auf der anderen Seite. Nur dieses Eis würde es uns erlauben, an diesem Ort eine Line zu spannen, an dem es sonst gar nicht möglich wäre. Diese Struktur ist so viel vergänglicher als Stein, weil sie, sobald es wieder warm wird, schmilzt und sich auflöst. Die vom stetigen Wasserfluss moosigen und teils brüchigen Felswände wären im Sommer unmöglich zu erklimmen. Nur das Eis, das sich im Winter dort bildet, erlaubt es. Wenn der Frühling Einzug hält, schließt sich das Zeitfenster für das, was man hier Unvergessliches erleben kann.

Der Gedanke, mein ganzes Gewicht auf ein Band zu legen, das nur an gefrorenem Wasser verankert ist, war gleichermaßen aufregend und beängstigend. Diese Spannung zwischen Furcht und Faszination ist beim Beginn von fast jedem Abenteuer spürbar und macht für mich einen besonderen Reiz aus.

Doch die Challenge lag nun erst mal darin, den Eisfall zu erklimmen. Anders als beim Klettern am Fels gibt es an der glatten Eiswand kaum Möglichkeiten, sich festzuhalten. Der Pickel musste mit Schwung und der richtigen Technik hineingeschlagen, die Steigeisen mit den Frontzacken ins Eis getreten werden. Immer ein Pickelschlag und zwei kleine Schritte – so erklärte es mir Pierre. Auf dem Weg nach oben drehten wir in regelmäßigen Abständen Eisschrauben in die gefrorene

Wand, um daran eine Expressschlinge zu hängen, durch die dann das Sicherungsseil läuft. Zu Beginn verließ ich mich komplett auf Pierre, der den Vorstieg übernahm. Ich folgte, so gut es mir gelang, seinen Anweisungen – ein ungewohntes Gefühl. Nichts war vertraut, vieles, was ich gelernt hatte, galt hier nicht. Und ich hatte noch immer mit meinem Kopfkino zu kämpfen. Wenn du deinen Pickel ins Eis schlägst, dann platzen manchmal kleine Eisstücke ab, glitzernde Kristalle splittern in alle Richtungen. Jedes Knirschen nahm ich in übermäßiger Lautstärke wahr, jeden kleinsten Riss inspizierte ich mit Skepsis, denn ich konnte unmöglich einordnen, was so sein durfte und was schon kritisch war. Auch wenn mich die Souveränität der anderen hätte beruhigen können, so verfolgte mich dennoch dieses Horrorszenario im Kopf: wie das Eis, an dem ich hing, jeden Moment in einem großen Brocken herausbrechen und gemeinsam mit mir auf den Boden krachen könnte. Dann würde das Sicherungsseil auch nichts mehr helfen!

Eine Pause zu machen, war in einer senkrechten Eiswand schier unmöglich, und außerdem wurde mir sofort bitterkalt, sobald ich mich nicht mehr bewegte. Die Erleichterung darüber, in einem Stück oben angekommen zu sein, hielt jedoch nicht lange an. Denn dort wartete schon die nächste Challenge: der Aufbau der Line.

Ich hatte in diesem Fall keine andere Wahl, als mein Leben in die Hände meiner Begleiter zu legen. Zumindest in der Theorie wussten sie alle, wie man eine Highline im Eis verankert, auch wenn das noch keiner von uns in der Praxis wirklich versucht hatte. Heutzutage bindet man häufig eine Angelschnur an eine Drohne, um die Verbindung der beiden Anker zu ermöglichen. Manchmal seilt sich aber auch ein Teil des Teams von der einen Seite ab, nimmt ein dünnes Seil mit und klettert auf der anderen Seite der Scharte wieder hinauf. Früher haben wir es auch schon mit Armbrust, Pfeil und Bogen oder Steinschleuder probiert. Auch eine Angelrute funktioniert, denn das Bleigewicht an der Schnur fliegt recht solide bis gut 100 Meter, wenn man die Technik beherrscht. Auf der gegenüberliegenden Seite wird die dünne Schnur dann von einem zweiten Team entgegengenommen, das auch die Line dort verankert.

Inzwischen war ich es gewohnt, Lines auch unter schwierigsten Bedingungen aufzubauen, aber hier musste ich weiter unten ansetzen, was meine Fähigkeiten betraf. Geeignete Eisflächen zu finden, die später unsere Slackline tragen sollten, gestaltete sich schwierig. Meine anfänglichen Zweifel über die Machbarkeit waren bis dahin lediglich auf einem theoretischen Level ausgeräumt worden. Als Pierre mir damals von dem Projekt erzählte, hatte er mich letztendlich damit überzeugt, dass er mir exakt erklärte, wie er sich die Verankerung vorstellte. Wie eine Sanduhr im Eis! Die Methode heißt nach ihrem Erfinder auch Abalakow-Eissanduhr oder kurz Abalakow-Schlinge. Dafür bohrt man mithilfe einer langen Eisschraube zwei schräge Löcher ins Eis, die sich in einem Winkel von 60 Grad treffen. Dann fädelt man ein Seil durch den Eiskanal, nach dem Verknoten der beiden Enden ergibt sich eine Schlinge, die normalerweise zum Abseilen oder als Zwischensicherung beim Eisklettern genutzt wird. Im Vergleich zu Eisschrauben, so erklärte er mir, sei diese Art der Verankerung im Eis weniger anfällig für Druckschmelze und hielte auch bei Dauerbelastung länger stand. Pierre hatte einige Tests gemacht und versucht, mithilfe eines Flaschenzugs und einer Kranwaage zu ermitteln, wie viel Last eine solche

Abalakow-Schlinge aushält. Mit für mich erstaunlichem Ergebnis: Sie hielt mehreren 100 Kilogramm Zuglast Stand, ohne dass das Eis brach oder sich Ermüdungsrisse bildeten. Jedoch war die Festigkeit abhängig von der Güte des Eises und dem Geschick, die richtige Stelle auszuwählen. Das machte unser Unterfangen so heikel. Sechs solcher Schlingen brachten wir am Ende pro Seite an, versuchten, die Last gleichmäßig auf alle Ankerpunkte zu verteilen. So wollten wir möglichst wenig Last auf die einzelnen Punkte und somit auch auf das Eis erzeugen.

Beim Spannen der Slackline waren wir extrem nervös. Alle paar Minuten kontrollierten wir das Eis. Bildete sich da ein Riss? Oder war das Seil schon eingeschmolzen? Als sich die Slackline vom Talboden gehoben hatte und annähernd horizontal in der Luft hing, waren wir relativ optimistisch, dass unser Plan aufgehen würde. Noch schienen alle Schlingen in tadellosem Zustand zu sein. Trotzdem wollten wir nicht zu lange warten. Je länger sie unter Zug standen, desto höher das Risiko, dass das Eis zu schmelzen beginnen würde.

The (n)ice Line

Nachdem ich mich über Funk beim Team auf der anderen Seite davon überzeugt hatte, dass auch dort alles gut aussah und die Slackline fertig verankert war, ging es los. Doch ich startete dieses Mal nicht von einem Felsvorsprung, so wie ich es gewohnt war. In einer senkrechten Eiswand hängend Steigeisen und Bergschuhe auszuziehen, hatte ich mir bei Weitem nicht so kompliziert vorgestellt. Ich tauschte sie gegen leichte Slackline-Schuhe, hängte meinen Kletterhelm zu den am Anker baumelnden Steigeisen. Je mehr ich mich von all den Dingen befreite, die mir in der Eiswand Halt gegeben hatten, desto mehr wuchs das Gefühl der Unsicherheit. Die dicke Daunenjacke blieb ebenfalls am Anker zurück, mir würde in Bewegung auf der Line sonst viel zu warm werden. Mit jedem Teil, das ich für die Begehung ablegte, schien ich mich verletzbarer zu machen. Alles, was mich in dieser kalten Welt überleben ließ, musste ich an der Eiswand zurücklassen. Ohne Bergschuhe und Steigeisen gab es plötzlich keinerlei Festigkeit mehr auf dem Eis. Egal, wo ich Halt finden wollte, rutschte ich einfach weg und war völlig hilflos. Es dauerte eine halbe Ewigkeit, bis ich mich auf die Line ziehen und in die Leash einbinden konnte. Skihose und mehrere Lagen Daune trug ich unter der Hardshell-Jacke, fühlte mich wie ein unbeholfenes Michelin-Männchen. Trotz der dicken Kleidung spürte ich jetzt die beißende Kälte an meinen Füßen und Händen. Doch sie war mein Freund, denn so blieb das Eis, an dem mein Leben hing, stark und stabil. Auf der Line selbst waren die eisigen Temperaturen jedoch weniger hilfreich. Ich fühlte mich steif und unbeweglich. Meine Beine waren nach dem langen Hängen im Gurt kaum mehr durchblutet. Dennoch setzte ich den ersten Fuß aufs Band und stand auf.

Wie sich eine Slackline verhält, wie sie schwingt und sich im Wind bewegt, weiß man erst, wenn man auf ihr steht. Die ersten Schritte sind immer ein Vortasten, ein Versuch, ihre Bewegungsmuster zu verstehen und sie möglichst ruhig zu halten, sein eigenes Gleichgewicht zu justieren, möglichst ohne die Line in Schwingung zu versetzen. Eigentlich hatte ich nicht vor, einen richtigen Versuch zu unternehmen, wollte nur ein paar Schritte gehen, ein Gefühl für die Line aufbauen, um dann zum Anker zurückzukehren. Von dem stundenlangen Aufbau war ich müde und erschöpft. Doch es lief erstaunlich gut. Bevor ich überhaupt ans Umkehren denken konnte, war ich gute 50 Meter gelaufen, fand schnell meinen Rhythmus. Als meine Arme und Schultern zu schmerzen begannen, war ich schon fast bis zur Mitte des Tals gelaufen. Der Fluss, der am Talboden durch den Schnee strömte, lag direkt unter mir. Jetzt umzudrehen machte keinen Sinn. Ich beschloss, alles auf eine Karte zu setzen und weiterzugehen. Wenn nicht jetzt, wann dann?

Leichter Wind kam auf, stabilisierte die Line, intensivierte aber auch die Kälte, tausend kleine Nadelstiche in meinem Gesicht. Gerade hatte ich die Mitte überquert, sah den zweiten Eisfall verheißungsvoll vor mir immer größer werden, da gab die Line unvermittelt nach und ich sackte ein gutes Stück nach unten. Ich hielt die Luft an, spürte meinen Herzschlag schneller werden, kam ins Straucheln, machte rudernde Ausgleichsbewegungen, um meine Balance wiederzufinden. Nicht viel fehlte und ich wäre abgestürzt. Es kostete mich große Mühe, diese abrupte Bewegung auszubalancieren und trotzdem stand ich noch. Sofort ging das Kopfkino los. Das war es jetzt! Einer der Anker musste aus dem Eis gebrochen sein. Wahrscheinlich war gleich der nächste dran, dann würde einer nach dem anderen folgen. Rational betrachtet war es sehr unwahrscheinlich, dass gleich das komplette System kollabieren würde. Aber auf einer 400 Meter langen Slackline, außerhalb von Rufweite, kann einem der objektive Blick schnell verloren gehen. Ich fühlte mich ausgeliefert. In meinem Inneren sah ich förmlich vor mir, wie die Anker aus dem berstenden Eis brachen. Der initiale Impuls war: Panik! Aber mein Tempo zu erhöhen, war keine Option. Nur schwer konnte ich mich zurückhalten, schneller zu laufen. Die Erkenntnis, jetzt bloß nicht fallen zu dürfen, ließ die

Angst davor natürlich enorm anwachsen. Wäre ich gestürzt, hätten noch stärkere Kräfte auf die Anker eingewirkt – und im schlimmsten Fall einen kompletten Absturz in die Tiefe ausgelöst. Tonlos begann ich, mit mir selbst zu sprechen: *Alles, was jetzt zählt, ist, dass du kontrolliert und ohne Sturz zum Ende läufst – so schnell wie möglich runter! Konzentriere dich auf das, was du beeinflussen kannst, mach einfach deinen Job und setze einen Schritt nach dem anderen. Alles andere liegt nicht in deinen Händen. Deine Freunde stehen an den Ankern, sie werden alles tun, damit dir nichts passiert.* Und hier war es wieder, was ich heute als eine der wichtigsten Fähigkeiten betrachte: angesichts übermenschlicher Angst alles andere auszublenden und mich auf das zu fokussieren, was ich steuern kann. Bewusst meine Gedanken zu lenken, um überlegt weitermachen zu können, egal wie furchteinflößend die Lage war.

Jetzt durfte ich mich von meinen Gefühlen nicht überwältigen lassen. Adrenalin kommt beim Slacklining meistens dann ins Spiel, wenn du es so gar nicht brauchen kannst. Am Anfang, wenn du den sicheren Boden verlässt. Du setzt dich auf das Band, du bist aufgeregt, spürst die Situation, in der du ankommst. Du bist jetzt nur noch auf dieser Line, an der so vieles hängt. Im Lauf reguliert sich die Anspannung. Neue Schübe kommen dann, wenn Dinge passieren, mit denen du nicht geplant hast. Ein starker Windstoß. Ein Tritt neben das Band. Ein Abrutschen oder Hängenbleiben. Oder ein heftiger Ruck in der Line – so wie in diesem Moment am Eisfall. Dann kriegst du einen Angst-Flash, den du natürlich nicht gebrauchen kannst, du willst diese Ausschläge so niedrig wie möglich halten.

Fast hatte ich es geschafft. Der Eisfall, an dem ich losgelaufen war, hatte den ganzen Tag über im Schatten gelegen, der vor mir jedoch war einige wenige Stunden am Tag der Sonne ausgesetzt. Seine glitzernde Schönheit ließ das Unbehagen nun wieder in mir aufsteigen. Denn Wärme war gleichbedeutend mit Risiko. Mit jedem Schritt wurde die Line steiler und ich musste mich stärker nach vorn lehnen, um der Neigung entgegenzuwirken. Es wurde rutschig. Der sonst so griffige Gummi unter meinen Schuhen war durch die Kälte starr gefroren und bot nur noch wenig Halt auf dem Band. Der Eisfall war nun so nah, dass ich sehen konnte, wie das Schmelzwasser über das blanke Eis rann. Sehr viel Wasser, wie ich fand. Endlose Minuten vergingen, bis ich am ganzen Körper zitternd den Ankerpunkt der Slackline erreichte. Ich stieß einen Jubelschrei aus, in den meine Freunde am Rand einstimmten und setzte mich langsam auf dem letzten Meter der Line ab. Ich hatte mein Ziel erreicht – in einem Stück! Die anderen waren überrascht, mich so erleichtert zu sehen, als wäre ich knapp dem Tod entronnen. Doch so fühlte es sich für mich auch wirklich an. Aus ihrer Perspektive war im Grunde nichts passiert. In dem Moment, in dem ich haltlos nach unten gesackt war, hatte sich lediglich eine Schlinge, die über Nacht am Eis festgefroren war, wieder gelöst, als Spannung draufkam. Ein winziger Impuls, der sich aber auf der Line für mich sehr stark ausgewirkt hatte.

Auf einem kleinen Plateau stehend, inspizierte ich nun die Ankerpunkte, die seit geraumer Zeit der Sonne ausgesetzt waren. Das Eis war immer noch stabil und die Seile kaum eingeschmolzen. Wirklich warm war es auch in der Sonne nicht. Wir wussten dennoch, dass wir diese Line nicht ewig hängen lassen konnten. Aber noch war das Eis in einem top Zustand. So konnte ich den Rückweg auf der Line wagen, zurück zu meinen Steigeisen und den warmen Schuhen. Jetzt war ich gelöst und entspannt. Die Line lief sich leicht, kein

Druck mehr, keine Todesangst. Trotz der zunehmenden Erschöpfung fand ich Kraft für ein paar Spielereien. Ich setzte mich aufs Band, betrachtete das Tal, legte mich für einen Moment auf den Rücken und schaute in den tiefblauen Himmel. Auch ein Schulterstand war noch drin. Jetzt, da der Druck von mir abgefallen war, konnte ich mich so richtig auf das einlassen, was um mich herum war. Seitlich stellte ich mich auf das Band und überblickte das Tal, dicht eingepackt in eine undurchdringliche weiße Decke. Eine beinahe farblose Umgebung, nur durchbrochen von wenigen schwarzen Flecken, dort, wo der Fels aus dieser Landschaft der Kälte hervorbrach. Es war, als schwebte ich mitten in dieser wilden, unberührten Natur.

Nochmal führte ich mir vor Augen, wo ich mich gerade befand: auf einer 430 Meter langen Line, nur an Wasser aufgehängt, das gefroren ist und in ein paar Monaten nicht mehr da sein wird. Die Dimension dessen, was ich gerade erlebte, wurde mir nochmal neu bewusst. Aber ohne dabei Angst zu spüren. Denn jetzt war es da, was mir auf dem Hinweg fehlte und verhinderte, dass ich den Moment genießen konnte: tiefes Vertrauen darin, dass ich mich in Sicherheit wiegen konnte. Wäre ich den Weg zurück nicht über die Line gegangen, ich hätte mich um diese Erfahrung gebracht, und es wäre nur ein Davonkommen gewesen, eine erfolgreich absolvierte sportliche Herausforderung, ja, aber ohne eine so positive emotionale Beteiligung. Durchströmt von Glücksgefühlen, erreichte ich den Anker, an dem ich vor mehr als einer Stunde meine Reise durch diese unwirkliche Welt begonnen hatte. Ich übergab das Sicherungsseil an Pablo. Auch ihm gelang eine sturzfreie Überquerung und im letzten Tageslicht seilten wir am Eisfall ab. Wir schlossen uns fest in die Arme.

An unserer Schneehöhle war der Rest der Crew bereits damit beschäftigt, Schnee fürs Abendessen zu schmelzen. Es gab zwar nur Instant Mac'n'Cheese, aber es kam einem Festessen gleich, mit dem wir unser Projekt feierten – eine anfänglich wahnsinnige Idee, aus der eine atemberaubende Erinnerung gewachsen ist.

Smells Like Team Spirit

Wenn du ungewöhnliche Dinge tun willst, Neues wagen und Grenzen sprengen möchtest, die du zuvor für unüberwindbar gehalten hast, brauchst du nicht nur Vertrauen in dich und deine eigenen Fähigkeiten, sondern auch in die Menschen, ohne die solche Aktionen gar nicht möglich wären. Nicht immer kennst du die Leute gut, die mit dir in der steilen Felswand hängen oder auf der anderen Seite die Slackline verankern. Aber wenn du es durchziehen willst, musst du deiner Intuition vertrauen, dich auf die Situation einlassen und manchmal auch schlicht hoffen, dass alles gut ausgehen wird. Es bedeutet aber auch, damit umgehen zu können, nie alles unter Kontrolle zu haben. Bei den Eisfällen in Grenoble waren Leute im Team, denen ich sehr große Kompetenz zugemessen habe, erfahrene Bergführer und Eiskletterer. Aber so ist es nicht immer, manchmal sind auch Leute dabei, die noch nicht so erfahren sind oder nur in einem der Bereiche Kenntnisse haben, im Klettern, beim Aufbauen oder beim Begehen einer Slackline. Meine Devise lautet immer: Solange in jedem Aufbau-Team, also auf beiden Seiten der Line, mindestens eine Person dabei ist, die genau weiß, was sie zu tun hat, würde ich die Line laufen. Aber irgendwo muss man eben auch eine Grenze ziehen, denn hundertprozentige Sicherheit gibt es nie. Manchmal schicken wir uns gegenseitig Fotos oder Videos von der jeweils anderen Seite, um zu sehen, wie die Verankerung aufgebaut ist, um offensichtliche Fehler ausschließen, aber ein Stück weit muss ich es ertragen können, dass es nicht komplett in meiner Hand liegt. Jedes Mal stehe ich vor der Wahl: Ist es mir so wichtig, dass ich jede Gefahr dafür in Kauf nehme oder ist das Risiko schlicht zu groß? Wenn die Slackline einmal hängt, müsste ich schon ein verdammt schlechtes Gefühl haben, um sie nicht zu laufen. Ein bisschen Naivität gehört sicher auch dazu. Aber eben auch viel Zuversicht und Optimismus. Man darf nicht zu viel hinterfragen. Theoretisch kann immer alles schiefgehen, jedes noch so unwahrscheinliche Szenario könnte eintreten. Aber ich möchte niemand sein, der die Welt mit Argwohn betrachtet, der überall die Gefahr lauern sieht. Ich gehe weiter mit diesem Glaubenssatz durchs Leben, dass die Welt mich trägt und mir nichts Schlechtes will – ganz im Gegenteil sehe ich immer zuerst die Chance, nicht die Gefahr!

Es sind oft besondere Freundschaften, die wachsen, wenn man sich gemeinsam in Extremsituationen begibt. Sie entstehen, weil man eine gemeinsame Leidenschaft hat, ein gemeinsames Ziel verfolgt. In einer normalen Freundschaft gibt es verschiedene Ebenen, man trifft sich vielleicht auf einen Kaffee und redet in Ruhe, geht zusammen ins Kino, in die Kletterhalle. Auf dem Berg macht man gemeinsam sehr prägende Erfahrungen. Manchmal sieht man sich danach nie wieder. Manchmal entstehen daraus Verbindungen, die über Jahre Bestand haben. Gleichzeitig wissen wir oft viel weniger voneinander, als wir meinen, nur befinden wir uns nicht so oft in Situationen, in denen diese Dinge zum Tragen kommen.

Was mir dabei in den Sinn kommt, ist ein Erlebnis mit einem meiner besten Freunde, den ich seit Jahren kenne und mit dem ich in den Bergen schon eine Menge verrücktes Zeug gemacht habe. Als er sich einmal beim Klettern den Knöchel brach, erlitt er einen epileptischen Anfall und verlor kurzzeitig das Bewusstsein – ausgelöst durch diesen heftigen Schmerzreiz. Erst im Nachhinein erfuhr ich, dass er so etwas schon öfter erlebt hatte. Ich war komplett überrascht und dadurch auch überfordert von der Situation – und er konnte später nicht glauben, dass wir nie darüber gesprochen hatten, war er doch fest davon ausgegangen, dass ich davon wusste. Wenn das in einer anderen Situation passiert wäre, dann wären wir heute beide nicht mehr am Leben. Aber du weißt eben nie alles über den anderen – selbst wenn du auf einer krassen Vertrauensbasis unterwegs bist.

Auch wenn es erst mal darum geht, dass man eine gemeinsame Idee verfolgt, dann öffnen diese extremen Momente, die man teilt und die so wenig mit dem alltäglichen Leben zu tun haben, immer wieder auch Räume für tiefe Gespräche. Man offenbart sich und erzählt Sachen, die man vielleicht sogar dem engsten Freundeskreis nicht erzählen würde. Weil man genau weiß, morgen vertraue ich dem oder der anderen mein Leben an, wenn wir als Seilschaft unterwegs sind. Wir sind buchstäblich verbunden bei dem, was wir tun und das spürt man.

Grundsätzlich muss das Zwischenmenschliche stimmen, damit man überhaupt solche Sachen zusammen macht. Der Vibe muss passen, Vertrauen da sein. Es lässt sich einiges daran ablesen, wie Menschen im Alltäglichen interagieren, um darüber zu entscheiden, ob man sie auf dem Berg an seiner Seite haben möchte, ob sie empathisch und fürsorglich sind. Würde die

Person im Falle des Falles alles dafür tun, dir beizustehen oder erst mal ihre eigene Haut retten? Auch wenn es sich von den Fähigkeiten her super ergänzen würde, Projekte zusammen zu machen, entscheide ich mich heute dagegen, wenn es menschlich nicht funktioniert. Natürlich will ich meine Ziele erreichen, aber ich möchte auch schöne Momente haben, gemeinsamen lachen, sich gegenseitig aufbauen, sich aufeinander verlassen können, einfach ein gutes Gefühl haben.

Früher wollte ich an erster Stelle jemanden finden, der top qualifiziert ist. Mein Ansatz war es, der Schwächste im Team sein zu wollen, um von anderen zu lernen, um mich beständig weiterzuentwickeln und auch um mich auf meine Kernkompetenz konzentrieren zu können. Bei den Eisfällen mag ich der stärkste Slackliner gewesen sein, aber im Eisklettern und bei der Verankerung im Eis kannte ich mich dafür wenig aus. Für mich lag die eigentliche Herausforderung im Erklimmen der Eiswand und darin, die Line an dieser neuen Materie zu befestigen. Ich wollte dafür ein Team um mich herum haben, das in diesen Bereichen deutlich routinierter und erfahrener ist als ich. Auch damit ich mich auf jemanden verlassen kann, denn einer allein kann nicht die komplette Bürde auf seinen Rücken nehmen. In dem Fall passte es auf allen Ebenen, es war eine tolle Crew, wir hatten unglaublich viel Spaß zusammen und alle ergänzten sich perfekt in ihren Fähigkeiten. Heute stelle ich die gemeinsame Erfahrung häufig darüber, nur ans Ziel kommen zu wollen. Wenn ich eine Idee für ein Projekt entwickle und es plane, dann schaue ich mich lieber nach Leuten um, mit denen ich grundsätzlich gerne zusammen bin, als danach, dass sie die besten Fähigkeiten mitbringen. Denn Fähigkeiten kann man gemeinsam entwickeln. Außerdem scheitere ich, ehrlich gesagt, lieber mit Menschen an meiner Seite, mit denen ich eine gute Zeit habe, als mit Menschen Erfolge zu erringen, die mit ganz anderen Werten durch die Welt gehen als ich. Es ist schlicht eine andere Definition davon, was Erfolg für dich persönlich bedeutet.

Mein Freund, die Angst

Als ich meine Freundin Antonia kennenlernte, war schnell klar, dass ich es mit einer echten Abenteurerin zu tun hatte. Schon bei unserem ersten Treffen erzählte sie mir davon, dass sie davon träume, mit dem Motorrad von der eigenen Haustür bis nach China zu fahren. Als ich ihr vom Highlinen berichtete, war ihre erste Frage: »Was muss ich können, damit ich mitkommen kann?« Zuvor hatte sie sich schon ein paar Mal im Slacklinen versucht, ob sie je auf einer Highline laufen würde, daran hatte sie jedoch noch große Zweifel.

Damals war sie schon gern in den Bergen und liebte es, ewig oben am Gipfel zu bleiben, diesen Blick auf die Welt zu genießen und dieses Gefühl in sich aufzunehmen, angekommen zu sein. Als sie mir davon vorschwärmte, hatte sie noch keine Ahnung, wie endlos viel Zeit man tatsächlich am höchsten Punkt des Berges verbringt, wenn man eine Highline aufbauen will. Auch in diesem Punkt ergänzten wir uns gut.

Antonia mag die Berge vor allem im Winter. Ich hingegen hatte zuvor eher versucht, dem Klettern und Highlinen in der kalten Jahreszeit durch weite Reisen zu entkommen. Winter verband ich mit Frieren und anderen Unannehmlichkeiten. Dass die Kälte bis dahin nie mein Element gewesen war und es mich Überwindung kostete, mich darauf einzulassen, wollte ich aber Antonia gegenüber anfangs nicht zugeben und so musste ich für diese ersten gemeinsamen Abenteuer immer wieder meine Komfortzone verlassen. Schon in den ersten Monaten nach unserem Kennenlernen nahm sie mich auf mehrtägige Skidurchquerungen, wie etwa die *Haute Route Graubünden mit*. Das war für mich nicht nur aus sportlicher Sicht eine neue Herausforderung. Ich erlernte damals das Skifahren gerade erst und war nun als Anfänger direkt in alpiner Umgebung mit Antonia unterwegs, die schon seit Kindertagen auf Skiern steht. Nun begann ich auch, die friedliche, weiße Landschaft, die Stille und den Spaß am Skifahren zu entdecken, was eine ganz neue Welt für mich eröffnete. Gemeinsam die Logistik für mehrtägige Outdoorabenteuer zu planen, die Routenfindung, die Weiterbildung zu den winterlichen Gefahren wie Lawinen, das Übernachten im Schlafsack bei Minusgraden mitten im Schnee, all das war ungewohntes Terrain, was ich jedoch als große Bereicherung empfand.

Bald stellte ich fest, dass sie ihre Ziele ebenso ambitioniert verfolgte, wie ich meine. Als ich ihr erklärte, dass es nur einen Weg gab, auf einer Highline den ersten Schritt zu setzen, nämlich, aus dem Sitzen von der Line aufzustehen, sah ich sie immer wieder zu Hause im Garten üben. Als ich einen Monat auf Reisen war, hat sie tatsächlich so lange jeden Tag das Aufstehen trainiert, bis sie es konnte.

Wir lernten beide unglaublich viel voneinander und begannen bald, gemeinsam Pläne für Winter-Highlines zu schmieden. Im Winter sind viele Orte, die im Sommer überlaufen sind, sehr einsam und man erlebt sie auf ganz andere Weise. So zum Beispiel auch die Drei Zinnen in den Sextner Dolomiten. Dort wollte ich schon lange einmal Highlinen und Antonia kam auf die Idee, es in der kalten Jahreszeit zu versuchen, um möglichst ungestört unterwegs zu sein. Außerdem sieht die Landschaft unter einer dicken Schneedecke noch viel schöner aus.

Bei dieser gemeinsamen Tour zeigte sich aber bald noch ein anderer Aspekt. Es ist eine Sache, um sein eigenes Leben zu fürchten, aber eine ganze andere, wenn es um einen geliebten Menschen geht. Wir waren auf dem Weg zur westlichen Zinne, um dort eine Highline zu spannen. Auch die vermeintlich leichten Passagen waren noch mit viel Schnee bedeckt und die Absturzgefahr groß. Beim ständigen Wechsel von Fels, Schnee und Eis waren mir dir Steigeisen irgendwann lästig geworden und so stand ich ohne sie inmitten einer 40 Grad steilen Querung, bei der es Hunderte von Metern hinunter ging. Wir hatten zwar ein Seil zur Sicherung dabei, Steigeisen und Pickel, aber all das war im Rucksack verstaut und ich war zu sehr mit dem Gedanken, möglichst schnell auf den Gipfel zu kommen, beschäftigt, um darüber nachzudenken, das Equipment auch zu benutzen. »Das geht schon!«, war mein Credo. Antonia wollte so nicht weitergehen und bat mich, die Querung vernünftig anzugehen und das mitgebrachte Equipment auch einzusetzen. Ein einziger Ausrutscher wäre fatal gewesen. Absolut unnötig, ein Risiko einzugehen und sehr unbedacht, wenn man doch alles dabei hat.

Nicht nur ich konnte ihr Dinge über meinen Sport beibringen, auch sie lehrte mich, neue Blickwinkel einzunehmen. Wenn man das Highlinen so viele Jahre macht wie ich, verliert man unweigerlich den Bezug zu manchen Dingen. Und vergisst, dass die Angst auch ein wertvoller Begleiter sein kann. Wenn man so hart darum gekämpft hat, sie kleinzuhalten und loszuwerden, dann läuft man auch Gefahr, die warnende Stimme zu übertönen oder komplett wegzuschieben – auch weil man es eben kann. Welcher Vorteil darin liegt, mit einem Menschen in den Bergen unterwegs zu sein, der nicht seit siebzehn Jahren kontinuierlich seine Ängste vor Höhe reduziert hat, habe ich erkannt, als Antonia begann, mich auf einige meiner Projekte zu begleiten. Plötzlich hatte ich jemanden an meiner Seite, der mit gesunder Skepsis in diese Situationen ging und Fragen stellte, die du dir gar nicht mehr stellst, vielleicht auch gar nicht stellen willst. Weil es bedeuten würde, ernsthaft darüber nachdenken zu müssen, ob du wirklich weitergehen solltest.

Ihre Perspektive half mir, mich nicht selbst zu überschätzen und nicht leichtsinnig zu werden. Denn häufig gehe ich mit der Devise »Weniger ist mehr!« an die Packliste. So wenig Zeug wie möglich, das man tragen muss! Aber nichtsdestotrotz brauchst du eben ein Seil, um dich sichern zu können. Wie dünn darf das sein? Wie kurz? Irgendwann ist es aber einfach auch zu wenig, um ausreichend zu sein. Minimales Gepäck mit sich herumtragen zu wollen, bringt dich zwar schnell zum Gipfel, aber irgendwann auch in die Situation, bei der Sicherheit Abstriche zu machen. Brauchen wir die Schlinge wirklich? Diesen Karabiner? Dieses Seil? Das Gedankenspiel kannst du endlos fortsetzen. Bis man irgendwann fast gar nichts mehr dabei hat. Darum war es gut, von außen gespiegelt zu bekommen, dass ich das Limit manchmal unterschreite.

Auch wenn es von außen so erscheinen mag, bin ich niemand, der jeden Tag die Grenzerfahrung sucht – nicht in dem Sinne, dass ich dauernd das Glück herausfordern müsste. Natürlich tue ich trotzdem Dinge, die potenziell fatale Konsequenzen haben könnten, bei denen ich schlicht und ergreifend nicht alles überblicken kann und mein Leben aufs Spiel setze. Meine Intuition ist dann die wichtigste Referenz, wenn es darum geht, wann man aufhören und zurücktreten sollte, weil ich grundsätzlich immer dazu neige, mich weiter zu pushen. Deswegen begreife ich diesen letzten Rest Angst, der noch da ist, diesen gesunden Respekt, als etwas Essenzielles, das man nie verlieren sollte.

Auf der Line selbst sind solche Emotionen allerdings hinderlich, weil ich nicht mehr in einer Situation bin, in der ich eine echte Entscheidung treffen kann. Ich bin mittendrin, und mittendrin hilft es nichts, sich zu überlegen, ob ich überhaupt hier sein sollte. Dann geht es darum, Emotionen in Aktion zu kanalisieren. Im Vorfeld sind sie jedoch wichtige Berater, um die Situation einzuschätzen. Wenn man abends in seinem Bett liegt und sich Gedanken darüber macht, was am nächsten Tag passieren könnte, dann bekommt man eine gute Vorstellung davon, ob man das Risiko wirklich eingehen will. Wenn man alle Szenarien durchdacht hat, sich bei jeder nur erdenklichen Situation seine persönliche Strategie überlegt hat und jeden möglichen Ausgang visualisiert, dann kann man entscheiden. Sich zu etwas zu zwingen, das sich nicht gut anfühlt, ist selten eine gute Idee. Deswegen höre ich auf mein Bauchgefühl, wenn es mir sagt, dass ich etwas wirklich nicht tun sollte. Besonders die Ängste verraten uns viel darüber, was der eigene Wille oder die Rationalität lieber ausblenden würden, wenn die Augen aufs Ziel gerichtet sind.

Gemeinsam wachsen

Als Antonia das Team die ersten Male daran erinnerte, dass wir uns beim Aufbauen der Highline sichern sollen, vor allem, wenn wir direkt an der Kante beschäftigt waren, führte es auch mal zu Widerstand. Ich hatte mich längst daran gewöhnt, es nicht zu tun, weil es mich in meiner Bewegungsfreiheit einschränkte. Es geht schneller ohne, ich war es gewohnt und sah die Gefahr schlicht nicht mehr. Aber natürlich ist das genau der Bereich, wo kleinste Fehler große Konsequenzen haben können, weil man sich zu sehr in Sicherheit wiegt.

Andersherum gab es in Antonias Vergangenheit genug Dinge, bei denen ich nicht verstehen konnte, wie man so etwas machen kann. Mit Anfang 20 alleine durch Mittelamerika trampen? Ernsthaft? Aber an *der* Stelle ist ihre Risikobewertung eben eine andere als meine. Jeder sieht die Welt mit anderen Augen, abhängig von seinen persönlichen Erfahrungen, Vorstellungen und Fähigkeiten. Sie hat die Umgebung wahrgenommen, auf sich aufgepasst und für sie war es okay. Für mich wiederum sind Steilwand und Slackline gewohntes Terrain. Deshalb fällt die Risikobewertung für mich oft positiv aus, auch wenn sie das für jemand anderen nicht tut. Situationen werden demnach völlig unterschiedlich bewertet – und darüber muss man sprechen, wenn man gemeinsam unterwegs ist.

Gerade mit schweren Rucksäcken klettern wir oft ohne Sicherung, weil es deutlich schneller geht, wenn alle parallel klettern können. Es muss nicht erst einer vorgehen, der gesichert wird, bis dann der andere nachkommt. Ist man erst mal losgeklettert, gibt es oft aber kein Zurück mehr. Seither gab es nicht nur eine Situation, in der ich am Ende erleichtert war, auf Antonias Wunsch, vorsichtiger zu sein, Rücksicht genommen zu haben. Unsere Bequemlichkeit hätte uns so manches Mal in brenzlige Situationen gebracht, weil unsere Einschätzung des tatsächlichen Schwierigkeitsgrades dann doch weniger realistisch und überlegt war, als wir angenommen hatten.

Die gemeinsamen Erfahrungen haben dazu geführt, dass wir uns innerhalb kurzer Zeit intensiv kennenlernen konnten.

Weil man den anderen nicht nur im Alltag erlebt, sondern auch in Momenten, die überfordernd sein können, die einen an Grenzen bringen, physisch und mental. In denen es unmöglich ist weiterzugehen. Man lernt, offen über Dinge zu sprechen, sie auszudiskutieren. Weil man am Berg schlicht gezwungen ist, einen Kompromiss zu finden. Allein zurückzulaufen ist meist keine Option. Was nicht heißt, dass man am Schluss derselben Meinung sein muss, aber es bedeutet zumindest, dass beide eine Lösung suchen müssen, wie der Weg gemeinsam gegangen werden kann. Ein wichtiges Learning. Genauso wie zu akzeptieren, dass Umdrehen immer eine Möglichkeit ist, dass das Ziel nicht zwingend erreicht werden muss. Den Gedanken überhaupt zuzulassen, war für mich lange nicht leicht. Aber manchmal spielen die Bedingungen so sehr gegen dich, dass Umkehren die einzig sinnvolle Entscheidung ist. Und es war sicher nicht jedes Mal Antonia, die zuerst die Hand hob, weil sie ihre persönliche Grenze überschritten hatte. Wenn es darum geht, Kälte oder Unbequemlichkeit auszuhalten, ist sie viel leidensfähiger und resistenter als ich. In Sachen Zielstrebigkeit schenken wir uns beide wohl nichts.

Nachdem wir gemeinsam über den Stüdlgrat auf den Großglockner geklettert waren, kam sie mit der Idee um die Ecke, wir könnten doch zusammen die *Seven Summits* besteigen, die höchsten Gipfel der sieben Alpenländer. Wir beide waren noch nie in den Alpen auf einem Viertausender gewesen. Aber war das nicht ein Grund, der mehr dafürsprach als dagegen? Es klang verrückt genug, um meine Begeisterung zu wecken. Für mich, der ich noch keine konkrete Vorstellung davon hatte, wie anspruchsvoll einige dieser Gipfel waren, stand gleich fest, dass wir nicht einfach nur hoch- und wieder hinuntersteigen würden, denn das wäre die reinste Verschwendung gewesen.

Natürlich würden wir auch noch ein paar Lines da oben spannen. An jedem Gipfel eine. So eine Idee anzugehen, gemeinsam mit einem Menschen, der dir wirklich nahesteht, war ein spannender Prozess. Es lag eine besondere Challenge darin, da wir uns nicht vollständig auf die Erfahrung und das Wissen des jeweils anderen verlassen konnten, weil wir beide vieles auch erst gemeinsam erlernen mussten.

2021 konnten wir dieses verrückte Projekt endlich realisieren. Mont Blanc in Frankreich. Dufourspitze in der Schweiz. Gran Paradiso in Italien. Großglockner in Österreich. Zugspitze in Deutschland. Triglav in Slowenien. Vorder Grauspitz in Liechtenstein. Innerhalb eines Jahres wollten wir alle schaffen, sieben Slacklines am Gipfel laufen. Jedes Mal in unterschiedlicher Besetzung. Aber immer mit Leuten, die vom gleichen Feuer und von der gleichen Leidenschaft angetrieben wurden. Dank meines Sponsors *Columbia* konnte uns Valentin Rapp als Filmemacher auf dieses Abenteuer begleiten und all unsere Erlebnisse in dem Film *7 Summits of the Alps* festhalten.

Es waren zum Teil anspruchsvolle und technisch schwierige Aufstiege dabei. Eine riesige Herausforderung – vor allem für Antonia, die häufig mit dabei war, aber nur neben ihrem Studium und Job dafür hatte trainieren können. Wenn sie auf ein Projekt mitkommen will, dann hängt sie sich extrem rein, um dieses Ziel zu erreichen. Bedeutet es, eine 400-Meter-Felswand hochkommen zu müssen, dann übt sie so lange, bis sie eine realistische Chance hat, es zu schaffen. Zudem war es ihre große Ambition, neben dem Erklimmen der Gipfel auch noch mindestens eine der Highlines selbst zu laufen. Inzwischen kannte ich sie gut genug, um zu wissen, dass nichts und niemand sie davon abbringen konnte. Außer vielleicht das Wetter. Am Großglockner und am Gran Paradiso waren die Bedingungen so schlecht, dass es für Antonia und den Rest des Teams unmöglich war, die Highlines ernsthaft zu probieren. Auch ich musste all meine in den letzten 15 Jahren erworbenen Fähigkeiten aufbieten, um diese Lines zu überqueren. Die Dufourspitze war der erste Berg, auf dem es auch für Antonia machbar schien. Eine knapp 30 Meter lange Line auf einem 4600 Meter hohen Gipfel, nachdem sie sich zehn Stunden auf den Berg gekämpft hatte. Die höchste Highline Europas obendrein! Tatsächlich hat sie es geschafft, die Line erfolgreich zu laufen. Stolzer hätte ich nicht sein können. Und sie wohl auch nicht. Ihren Gesichtsausdruck der Freude werde ich auf jeden Fall nie vergessen.

Jede der sieben Touren war besonders. Ich erinnere mich daran, in den Schlafsack gekuschelt an einem Gipfelkreuz zu sitzen und in die Wolkenberge zu blicken. An heftigen Wind, strahlende Sonne, an Zweifel und Erschöpfung, an unbändige Freude. An gigantische Gletscher, die mir den Atem raubten. An ein eiskaltes Bad in einem türkis schimmernden Bergsee. Unvergessliche Erlebnisse. Wir mögen im Team alle verschiedene Visionen oder persönliche Ziele gehabt haben, aber am Ende standen wir alle gemeinsam auf dem Gipfel und lebten in diesem Moment denselben Traum.

Icefalls-Highline:
https://lmy.de/ieJcA

7 SUMMITS
https://lmy.de/xrwBH

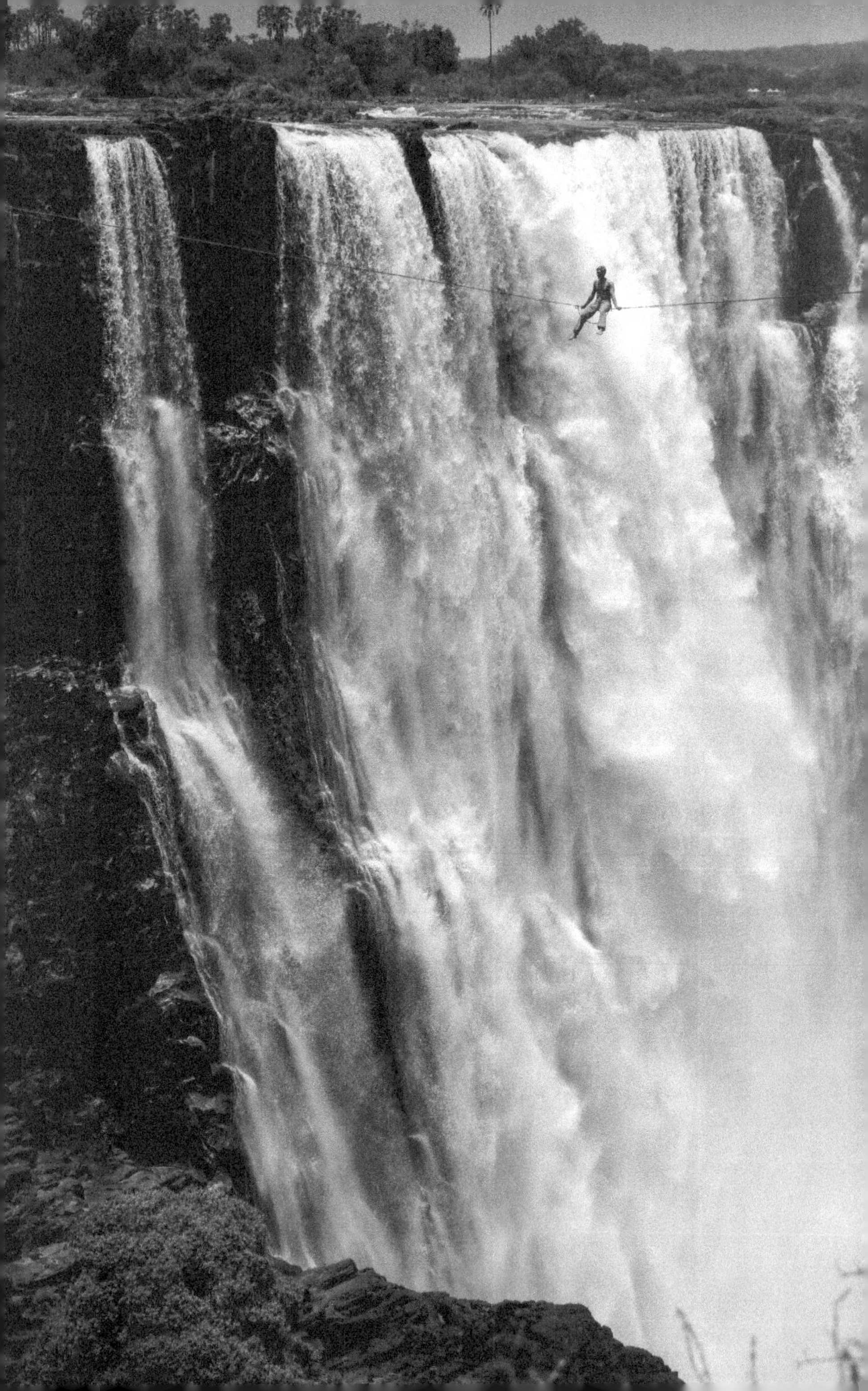

KAPITEL 4

Der Weg zum großen Traum: Wer nur das Ziel vor Augen hat, übersieht das Wesentliche

Wenn ich darüber nachdenke, wo ich meine nächste Line aufbauen möchte, dann stelle ich mir oft eine Postkarte vor. Ein perfektes Motiv. Einen Platz, so überwältigend schön, dass man denkt, es könne ihn eigentlich nicht wirklich geben. Weil er nicht aus dieser Welt zu sein scheint. Genau dort will ich meine Line spannen und durch das Bild auf der Postkarte laufen, an einem magischen Ort, an dem nur noch dieses schmale Band fehlt. Ich mag die Idee, Orte und Menschen dadurch zu verbinden, wie durch eine Brücke, die vielleicht sogar Dialoge zu eröffnen vermag und für mich den Weg in eine neue Dimension eröffnet.

Auf meinem Weg als Slackliner habe ich inzwischen fast die ganze Welt bereist. Orte gewaltiger Schönheit gesehen. Meine Lines habe ich vor so fantastischen Kulissen spannen dürfen, dass es mir manchmal fast den Atem verschlug. Ich bin mittlerweile die längsten Highlines der Welt gelaufen, höher als ich jemals zu träumen gewagt hätte und manchmal unter schwierigsten Wetterbedingungen. Und doch gibt es sie, die eine, die ich jedes Mal nenne, wenn mich jemand fragt, welche für mich die schönste war. Die Victoria Falls in Simbabwe, im Jahr 2014. Bis heute erfüllt mich dieses warme Gefühl, wenn ich an das Abenteuer denke, das ich dort erleben durfte. Mehr als alle anderen, egal ob davor oder danach, hat diese Line in mir diese starke Emotion ausgelöst, einen echten Erfolg erfahren zu haben. Auf allen Ebenen. Nicht, weil alles rundgelaufen wäre. Denn das ist es nicht. Im Gegenteil. Es ging sogar einiges schief. Es gab krasse Herausforderungen, Dinge, mit denen ich nicht gerechnet hatte und die angsteinflößend waren. Aber am Ende stand dieser perfekte Augenblick, der vielleicht nur ein Wimpernschlag meines Lebens gewesen sein mag, aber mich nachhaltig erfüllt hat und es bis heute tut. Denn was ich dort erfahren durfte, trage ich noch immer in mir. Es bleibt, auch wenn einige Jahre seither vergangen sind und ich so viele andere Abenteuer erlebt habe. Wir haben diese Highline *Nyami Nyami* genannt, nach dem Gott des Sambesi-Flusses oder dem Sambesi-Schlangengeist, einer der wichtigsten Gottheiten des Volkes der Tonga, das mehrheitlich auf der Nordseite des Sambesi in Sambia, aber auch auf der Südseite des Flusses in Simbabwe lebt. Die beiden Ufer, die durch den Fluss getrennt sind, haben wir durch unsere Line verbunden. Die Erlebnisse dort werde ich nie vergessen.

Zwei Jahre lang hatte ich darauf hingearbeitet, mir hier einen Traum zu erfüllen. Eine lange Zeit, in der sich erst einmal herauskristallisieren musste, ob er jemals Realität werden könnte. So lange blieb er der Sehnsuchtsort in meinem Kopf. Dieses Stück wilde Natur, wo dieser gigantische Wasserfall fast unentwegt Gischt in die Luft schnaubt wie ein Drache aus seinen Nüstern. Alles inmitten dieser für mich völlig unbekannten afrikanischen Landschaft. Ich sah es schon vor mir, das

Bild, auf dem ich durch genau diese Gischtwolke laufe, mitten durch den Regenbogen. Er ist fester Bestandteil des grandiosen Schauspiels, das die Natur hier jeden Tag aufführt, an dem die Sonne scheint. Fast immer ist er da.

Es war mein Kumpel Reinhard Kleindl, der mal wieder nach neuen Spots recherchiert hatte und mir damals, im Jahr 2012, vollkommen euphorisch davon berichtete, er hätte den perfekten Platz gefunden. *Den* Platz schlechthin. 100 Meter Höhe, Platz für eine 100 Meter lange Line, und dann noch am breitesten Wasserfall der Welt. Mehr ging nicht!

Wenn ich länger darüber nachdenke, dann hat diese Idee ihren Ursprung noch viel früher. Vielleicht sogar schon bei Philippe Petit und seiner Nacht-und-Nebel-Aktion zwischen den Türmen des World Trade Center. Er ist unter den Drahtseilartisten derjenige, mit dem ich mich am meisten identifizieren kann. Denn seine Aktionen decken sich mit der Herangehensweise im Slacklining. Ein bisschen *outside of Society*. Man muss sich nicht immer an alle Regeln halten, wenn man eine Idee verfolgt. Denn dann kann nichts Neues entstehen. Mit derselben Begeisterung, mit der ich mich mit Philippes illegalem Drahtseilakt in New York beschäftigte, hatte ich alles über die Überquerungen der Niagarafälle auf Stahlseilen aufgesogen. Schon im 19. Jahrhundert war es dem Franzosen Charles Blondin erstmalig gelungen, ein 340 Meter langes, rund acht Zentimeter starkes Hanfseil in 50 Metern Höhe über die Schlucht zu spannen. Die Premiere der Überquerung war am 30. Juni 1859 vor rund 25 000 Menschen. Zuschauer, die auf seinen Absturz gewettet hatten, sollen sogar an den Spannseilen gezerrt haben. Mit jeder Aufführung wurde die Sache spektakulärer: Er lief mit verbundenen Augen in einem übergestülpten Sack, eine Schubkarre rollend, auf Stelzen, auf halber Strecke sitzend und Wein trinkend. Monatelang wiederholte er seinen Lauf, immer mit noch kreativeren Ideen. Schließlich trug er sogar seinen Manager huckepack über den Niagara. Ausgerechnet da riss ein Haltetau. Nur mit größter Not konnte Blondin ihn heil ans andere Ufer bringen. Der »Große Blondin«, wie er genannt wurde, war seither der bestbezahlte Artist seiner Zeit.

Im Jahr 2012, rund 150 Jahre später, gab es einen neuen Rekord an den Niagarafällen. Der Akrobat Nik Wallenda war der Erste, der sich auf einem Stahlseil über die Horseshoe Falls wagte, den gefährlichsten Punkt des Naturspektakels an der Grenze zwischen den USA und Kanada. Nik, der in der Akrobatenfamilie *Flying Wallendas* groß geworden war, legte die 550 Meter lange Strecke in 25 Minuten zurück. Der Fernsehsender ABC übertrug live, bestand aber darauf, dass er einen Sicherungsgurt trug. »Niemals in meiner ganzen Laufbahn habe ich so etwas benutzt«[6], kommentierte er bedauernd. Als ihn bei seiner Ankunft auf der kanadischen Seite Grenzbeamte nach dem Grund seiner Einreise fragten, antwortete er: »Ich will Menschen in aller Welt inspirieren. Folgt euren Träumen und gebt niemals auf!«[7]

Im Fernsehen mitzuverfolgen, wie er über die donnernden Wassermassen spazierte, inspirierte uns. Denn wir wussten: Die Victoriafälle waren noch nie überquert worden, weder auf einem Drahtseil noch auf einer Slackline. Noch nicht. Es ist etwas Großartiges, im Slacklining Plätze erobern zu können, die selbst auf dem Drahtseil noch nicht erschlossen worden sind. Wir selbst wollten diejenigen sein, die diese außergewöhnliche Geschichte schreiben würden. Reini und ich. Wie krass wäre das, bitte? Jedes Mal, wenn wir in dem Grazer Altbau, in dem mein Kumpel wohnte, bei vielen Tassen Kaffee darüber sprachen, uns immer mehr in diese Idee verliebten, schien es uns jedoch fast eine Nummer zu groß für uns zu sein – aber vielleicht gerade deshalb genau richtig? Viele der Dinge, die wir bereits erreicht hatten, waren uns zunächst utopisch vorgekommen, war es nicht eben dieser Reiz des Unmöglichen, der mich zu Beginn auf der Line nicht loslassen wollte? Damals lag eine 100-Meter-Highline noch knapp unter Weltrekord. Das war auch für uns eine Länge, die wir bisher nicht vollständig geschafft hatten. Trotzdem bekamen wir den Gedanken nicht mehr aus dem Kopf, dieses Postkartenmotiv, das die tosenden Wasserfälle zeigt, mit der gespannten Highline – und uns in der Mitte. Und irgendwann stand fest: Wir müssen es versuchen!

Krass war allerdings nicht nur die Vorstellung der Begehung, sondern vor allem erst mal die Planung, die daran hing. Es dauerte mehrere Monate, die Behörden vor Ort von dem Projekt zu überzeugen und alle notwendigen Genehmigungen zu erhalten. Schließlich gehören die Wasserfälle zum Weltnaturerbe der *United Nations Educational, Scientific and Cultural Organization* (UNESCO). Es war eine bürokratische Odyssee, ein Haufen von Genehmigungen und Dokumenten war nötig, Korrespondenz mit der Botschaft von Simbabwe in Frankfurt am Main, Gespräche mit der UNESCO, der Kontakt zum lokalen Tourismusamt in Simbabwe. Doch nach und nach setzte sich das Puzzle zusammen, und mit *Adidas* hatten wir bald sogar einen Sponsor mit im Boot, der uns bei all diesen Hürden tatkräftig unterstützte. Die größte Schwierigkeit bestand aber darin, den richtigen Zeitpunkt für eine Begehung zu bestimmen. Die Menge an Wasser im Sambesi variiert über das Jahr hinweg sehr stark. So sind die Victoria-Wasserfälle im November manchmal fast vollständig ausgetrocknet, im Mai wiederum lassen die tosenden Wassermassen eine 300 Meter hohe Gischtwolke entstehen, die die Wasserfälle fast komplett verdeckt. Wann also war der Wasserstand niedrig genug, um eine Highline möglich zu machen, aber gleichzeitig noch hoch genug, um eine spektakuläre Szenerie zu erleben?

Große Sorgen machte uns auch die Malaria-Prophylaxe, die in dieser Region dringend empfohlen wurde, womit wir aber dennoch lange haderten. Denn wir hatten von anderen Slacklinern gehört, dass sie sich negativ auf die Balance auswirken würde, ebenso wie auf die Konzentration, und viele berichteten, dass sie sich danach ziemlich benebelt gefühlt hätten. All das konnten wir in großer Höhe natürlich gar nicht gebrauchen. Was sollten wir also tun? Uns dem Risiko einer Infektion aussetzen oder das Projekt gefährden? Eine schwierige Abwägung, die wir bis zur Ankunft in Afrika aufschoben, dort aber dann sehr schnell trafen. Als wir schon bei der ersten Autofahrt panisch um uns schlugen, weil überall Mücken herumflogen, war klar, dass wir die Medikamente nehmen mussten – auch auf die Gefahr hin, einen Nachteil auf der Line zu haben.

Angekommen am Ort des Geschehens, standen wir ehrfurchtsvoll vor dieser gigantischen Kulisse und konnten es nicht fassen, dass wir tatsächlich hier waren, dieses Naturspektakel nun vor uns sahen. Die Kraft des Wassers, das unentwegt nach unten donnerte, war so gewaltig, dass alles zu vibrieren schien, die umstehenden Pflanzen und Bäume sich im Luftzug wiegten. »Holy Shit!«, war alles, was ich sagen konnte. Doch wirklich auskosten konnten wir diesen Augenblick nicht. Die nächste Herausforderung wartete schon auf uns: Wie sollten wir die Line auf die andere Seite der Schlucht bekommen? Normalerweise hätten wir sie per Angelschnur, die an einer Drohne befestigt wird, auf die andere Seite transportiert, um die Verbindung herzustellen. Doch es hieß, bei

Dreharbeiten seien hier bereits einige davon versenkt worden. Also schossen wir ein an einer Angelschnur befestigtes Bleigewicht mit einer Wurfbeutelschleuder, die eigentlich für die Baumpflege benutzt wird, über die Schlucht. Beim dritten Versuch und unter großem Jubel gelang es Reini tatsächlich, damit die andere Seite zu erreichen.

Die Euphorie hielt nicht lange. Denn unser Guide, der uns mit einem Boot auf die andere Seite bringen sollte, entsprach auf den ersten Eindruck nicht dem Bild eines Menschen, dem ich spontan mein Leben anvertrauen würde. Mit schwarzer Sonnenbrille, verschlissenem Superman-T-Shirt und wiegendem Schritt kam er auf uns zu. »Hi, I'm Tom. I'm the only one doing this cruise«, war seine kurze Vorstellung. Sympathisch war er ja, aber auch der typische Draufgänger. Sein altes einmotoriges Boot sollte uns nun den Fluss hinunter bis zu der Stelle bringen, wo wir unsere Line spannen wollten. Das Wasser war nicht sehr tief. Da der Boden verschiedene Schichten aufweist, hieß es, die tieferen Furchen nachzufahren, um nicht auf Grund zu laufen. Ein einziges Zickzack, manchmal mussten wir sogar den Motor aus dem Wasser heben, um die Schraube nicht zu beschädigen. Tom schien genau zu wissen, wo er langfahren musste, auch wenn es für uns überall gleich aussah. Doch die beste Stelle, um den Fluss komplett zu überqueren und zu Livingston Island, einer Insel am Rand der Wasserfälle, zu gelangen, befand sich ausgerechnet 50 Meter von dort entfernt, wo die Wassermassen tosend in die Tiefe stürzten. Ein ohrenbetäubender Lärm herrschte, die hoch aufsteigende Gischt trieb zu uns herüber und erwischte uns wie ein Regenschauer. *Wenn jetzt der Motor streikt, werden wir wie eine Nussschale in den Abgrund getrieben!* Kaum hatte ich das gedacht, begann der Motor zu stottern und ging mit einem gluckernden Seufzer einfach aus. Ein Blick zu Reini, der mich mit verzweifeltem Ausdruck ansah. »No Problem«, kommentierte unser Guide Tom gelassen das Desaster, »Wir können immer noch schwimmen!« Im Ernst? Ich schaute auf das wellige Wasser, das in hoher Geschwindigkeit Richtung Kante trieb, die Strömung musste extrem stark sein. Kräftig zog er am Starterseil des Außenbordmotors. Doch der blieb stumm. Noch ein Versuch, noch einer, noch einer, während die schäumende Gischt in unseren Ohren rauschte. Die Zeit arbeitete gegen uns, weit waren wir nicht mehr von dem Punkt entfernt, an dem es über 100 Meter in die Tiefe ging. Jede Sekunde ohne das beruhigende Brummen des Motors fühlte sich an wie eine Ewigkeit. Abwechselnd schaute ich auf die Hände unseres Guides, die sich am Motor abarbeiteten, dann wieder auf die tosenden Wasserfälle vor uns, denen wir uns unaufhaltsam näherten. Es dröhnte dermaßen laut in meinen Ohren, dass ich mir erst nicht sicher war, ob ich das stockende Geräusch wirklich wahrgenommen hatte. Tatsächlich, der Motor sprang wieder an! Ein ganzes Stück waren wir abgedriftet, kriegten aber noch so gerade die Kurve. Sei alles nur Spaß gewesen, sagte unser Guide, als wir mit weichen Knien auf der Insel ankamen. Ich glaubte ihm kein Wort.

Wir brauchten eine ganze Weile, um diesen Schockmoment abzuschütteln. Dann ging es ins Gestrüpp, um das Bleigewicht mit der Angelschnur zu finden. Es dauerte enorm lang, obwohl wir es extra mit einem Tape in Pink markiert hatten. Und als wir es schließlich entdeckten, entfuhr uns ein Freudenschrei, als hätten wir mitten ins Schwarze getroffen. Wahrscheinlich war es aber auch die Erleichterung darüber, nicht mit dem Boot abgestürzt zu sein, der wir nun lautstark Luft machten. Der Aufbau verlief ohne weitere Zwischenfälle. Da wir besonders an so einem außergewöhnlichen Ort wie diesem möglichst keine Spuren hinterlassen wollten, setzten wir keine Bohrhaken, sondern entschieden uns, die Line an zwei Bäumen zu befestigen – genau wie bei unseren anfänglichen Versuchen damals im Garten.

Auf Wolke Sieben

Als die Line gespannt war, stand für mich fest, dass ich sie auf jeden Fall beim ersten Mal schaffen wollte – vor allem deshalb, weil ich nie wieder diesen Höllenritt in dem Motorboot durchstehen wollte, den ich vielleicht nicht nochmal überleben würde. Ich war immer ein positiv denkender Mensch, aber unnötig herausfordern wollte ich das Glück nun auch wieder nicht. Zuvor war ich zuversichtlich gewesen, dass es mir auf jeden Fall gelingen würde, diese Line auf Anhieb zu schaffen, aber mit den Nebenwirkungen der Malaria-Prophylaxe, dem ständigen Sprühregen und der enormen Lautstärke an den Wasserfällen kamen Faktoren hinzu, die ich unterschätzt hatte. Während der zweijährigen Planung hatten wir trainiert, längere Lines sicher zu laufen, 120 Meter bekamen wir gut hin – eigentlich. Aber unter diesen Bedingungen mit dem gewaltigen Druck der langen Planungszeit und des großen Traums im Nacken schien nun alles doch noch einmal aufregend zu werden.

Per Münzwurf losten wir aus, wer als Erster seinen Fuß auf die Highline setzen durfte. Und Reini gewann. Doch die ungewohnten Umstände machten es ihm schwer, ich sah, wie er zu kämpfen hatte. Die Gischt schien ihm die Sicht zu erschweren, manchmal stand er einfach nur auf der Line und versuchte, die Balance zu gewinnen. Mehrfach stürzte er fluchend ab. Irgendwann gab er auf. Ein bisschen ratlos lief er mit hängenden Schultern auf mich zu. »Warum ist das so krass schwer?«

Jetzt war ich dran. Und der Druck, der auf mir lastete, noch größer. Denn ich setzte mich in dem Wissen auf die Line, dass sie extrem herausfordernd war und mein Freund, ein erfahrener und irrsinnig guter Slackliner, gerade an ihr gescheitert war. Ich versuchte, die Traube von Menschen auszublenden, die sich am Aussichtspunkt sammelte und stetig größer wurde.

Die Kraft des Wasserfalls so zu spüren, das Tosen nicht nur zu hören, sondern mit jeder Zelle des Körpers wahrzunehmen, ist großartig – einerseits. Aber wenn du viele Stunden dort verbringst, die du für den Aufbau brauchst, dann schlägt dir dieses Donnern irgendwann auf die Psyche. Der gleichbleibende Lärmpegel, der dir permanent bewusst macht, wie einschüchternd diese Umgebung ist, wie tief es runtergeht und wie dramatisch dieses Setting ist, setzte mir zu. Jetzt, da ich auf der Line saß, inmitten der Gischt und noch unmittelbarer dem Donnern der Wassermassen ausgesetzt, wurde mir erst so richtig bewusst, wie aufwühlend dieser Lärm für mich war.

Umso dankbarer war ich, dass ich meinen iPod mit auf die Line genommen hatte. Zu der Zeit war ich es gewöhnt, beim Laufen Musik zu hören, um mich abzulenken und mich damit wie in meinen eigenen kleinen Raum zurückziehen zu können, um mir zu suggerieren, dass ich in einer entspannten, normalen Umgebung bin. Mein guter Freund Julian hörte zu Beginn seiner Highline-Karriere oft Gospel und sang laut mit, mein Kollege und Freund Friedi Kühne schwört auf Psytrance. Ich entschied mich für Pretty Lights. Elektronische Beats, geschichtete Samples aus Funk, Soul, Jazz und Hip-Hop, melodische Elemente. Das war mein Soundtrack für diese außergewöhnliche Highline. Dadurch wollte ich ein bisschen Leichtigkeit erzeugen für diesen druckbehafteten Lauf. Denn mit der Musik hatte mein Kopf etwas, womit er sich beschäftigen kann, anstatt sich negative Szenarien auszumalen. Gerade hier hatte es eine besondere Bedeutung für mich, denn ich schuf mir dadurch ein wenig Vertrautes in dieser fremden Umgebung. Und ich war wahnsinnig froh, den Wasserfall durch die Musik wenigstens ein bisschen ausblenden zu können, das Gefühl der Bedrohung dadurch kleiner werden zu lassen. Musik hat mir lange Zeit geholfen, den Rhythmus vorzugeben, meine Stimmung, meine Emotionen zu beeinflussen, mir einzureden, dass alles entspannt und cool ist. Denn beim Highlinen geht es immer auch um die Kunst, ein wenig Selbstbetrug zu praktizieren, um gelassener zu sein.

Bevor ich überhaupt aufgestanden war, erwischte mich der Sprühnebel wie eine kalte Dusche. Ich war klitschnass. So komplett durchnässt, fühlte ich mich verwundbarer. Die Gischtwolken klatschten mir mit jeder Windböe ins Gesicht. Trotz der Sonnenbrille waren meine Augen bald voller Wasser, auf den Gläsern sammelten sich Tropfen und erschwerten mir die Sicht. Faktoren, die ich vorher unmöglich hätte testen können. Ich wurde in diese Situation geworfen und musste nun einen Weg finden, damit zurecht zu kommen. Es war nicht nur eine 100 Meter lange, 100 Meter hohe Highline, die damals noch herausfordernd war, neben mir stürzte auch noch dieser gigantische Wasserfall in die Tiefe, erinnerte mich daran, wie klein und schutzlos ich war.

Doch es kam noch etwas ganz anderes hinzu: Für das Projekt hatte mein Sponsor tief in die Tasche greifen müssen, es sollte von einem Kamerateam begleitet werden. Ich wusste, welche Summen im Raum standen und dass in der ganzen Welt darüber berichtet werden sollte. Man unterschätzt, wie viel Stress man sich selbst macht, die Begehung zu schaffen, wenn man all diese Dinge im Kopf hat – vor allem bei so einer langen Line und so schwierig einzuschätzenden Bedingungen, die sich ständig verändern. Es war nicht leicht, selbstbewusst an die Sache ranzugehen. Wissend, dass dieser Moment auch noch mit der Welt geteilt werden sollte. Vorher hatte ich mir darüber keine Gedanken gemacht, da ging es nur darum, irgendwie diesen Traum zu realisieren. Überhaupt erst einmal an den Punkt zu gelangen, diese Line unserer Träume gespannt zu bekommen. Jetzt spürte ich den Druck, der auf mir lastete. Hier war ich vielleicht zum ersten Mal mit einer neuen Form der Furcht beschäftigt. Die Gischtwolken und das Donnern waren das eine. Größer war jedoch die Angst davor, dass sie mich scheitern lassen würden. Dass ich die Erwartungen, die in mich gesetzt wurden, enttäuschen könnte.

Auf einmal hatte ich alle möglichen ablenkenden Gedanken in meinem Kopf. Zwei Jahre hatte ich die Idee der Highline an den Viktoriafällen mit mir herumgetragen. Erst war es nicht mehr als eine Spinnerei gewesen. Dann hatten wir monatelang geplant und um Genehmigungen gekämpft, wie die Wahnsinnigen trainiert. Und jetzt war ich wirklich in Afrika, stand auf dieser Line und am Schluss hing alles nur an mir und an meinen Fähigkeiten. Ein krasses Gefühl. Aber gleichzeitig ein großartiger Moment, in dem ich realisierte, dass ich es dennoch kontrollieren kann. *Das ist jetzt wichtig, das zählt jetzt wirklich. Aber ich habe auch eine echte Chance. Ich kann das, wenn ich mich jetzt zusammenreiße!*

Der Sprühnebel, der von unten hochkam, durchtränkte die Line und machte sie schwer und rutschig. Es war kaum möglich, sich angesichts der Naturgewalt um mich herum visuell zu orientieren, ich fühlte einen leichten Schwindel, alles schien zu verschwimmen. Doch als ich mich langsam an das sprühende Wasser und die nasse Haut gewöhnt hatte und zu den kraftvollen Beats und atmosphärischen Klängen von Pretty Lights meine Schritte setzte, hatte ich zum ersten Mal wirklich das Gefühl, dass es vielleicht dennoch funktionieren könnte. Da war viel Erleichterung da. Natürlich registrierte ich das einschüchternde Setting, das Gefühl, von Gischt und Wind zur Seite getrieben zu werden, den Sog des Wasserfalls. Aber trotzdem gelang es mir, fokussiert zu bleiben und mich nicht dadurch ablenken oder sogar überwältigen zu lassen. Um auf der nassen Slackline Halt zu finden, setzte ich langsam und bedacht meine Schritte, gewann allmählich die Orientierung zurück. Da waren nur die Line und ich, sonst nichts mehr, ich tauchte in mich selbst ab, lief wie in einem Tunnel, ohne den Blick ein einziges Mal von dem Band vor meinen Augen zu lenken. Nichts anderes zählte jetzt. Und als ich es einmal geschafft hatte, ohne Sturz rüberzukommen, kam die Freude. Jetzt erst nahm ich die fast unwirkliche Schönheit dieses Ortes wahr.

Ja, für mich ist es bis heute die schönste Highline der Welt. Vom Erleben, aber auch von der Optik. Du hast diesen riesigen Wasserfall, diese afrikanische Landschaft mit den majestätischen Baobabbäumen und der üppigen Vegetation, diesen gewaltigen Canyon unter dir. Die Felsen scheinen von der Gischt poliert, das Spiel von Licht und Schatten hat etwas Mystisches, denn der feine Nebel bedeckt alles mit einem Schleier. Ein Ort, an dem die Kraft der Natur unmittelbar präsent ist. Die Victoriafälle sind auch als *Der Rauch, der donnert* bekannt, ein majestätischer Vorhang aus Wasser, der sich über 1,7 Kilometer Breite erstreckt. Wenn die Wassermassen des

Sambesi mit ungeheurer Kraft in die Schlucht stürzen, scheint der Boden leicht zu beben. Nun warf die Sonne ihre Strahlen auf den aufsteigenden Nebel und schuf einen schillernden Regenbogen, der die Fälle umrahmte. Aber da war noch einer, einer, der exklusiv für mich zu strahlen schien. Denn als ich auf der Slackline stand und runterschaute, formte sich innerhalb dieses Canyons ein geschlossener kreisrunder Regenbogen. So etwas hatte ich noch nie zuvor gesehen.

Natürlich ist es schwer, Vergleiche zu ziehen. Eine Line über einem Wasserfall inmitten der Natur hat eine andere Magie als eine zwischen zwei Wolkenkratzern in der Großstadt. Aber von der reinen Schönheit kam dieses Setting an den Victoria-Wasserfällen meinem Idealbild besonders nah. Es war spektakulär. So viele Highlights in einem Bild, wie gemalt. Die Slackline erlaubte mir, mitten in dieser Postkarte zu stehen und auf diesen kreisrunden Regenbogen zu blicken, den sonst so niemand zu sehen bekommt. Und ich dachte: Das erlebe nur ich! Am Rand standen 100 Touristen und teilten einen Blickwinkel, aber dieser hier war nur für mich bestimmt.

Auf dem Rückweg zum anderen Ufer legte ich mich rücklings auf die Line, ließ mir genüsslich die feinen Tropfen ins Gesicht rieseln. Die Begehung war geglückt, der Film war im Kasten, die Welt hatte ihre News. Und ich konnte diesen einzigartigen Moment genießen, der wahrscheinlich nie wiederkommt.

Mitzufiebern, als dann mein Freund Reini seinen zweiten Anlauf wagte, war fast noch nervenaufreibender als meine eigene Begehung. Ich wusste, welche Erwartungshaltung sich über die Jahre bei ihm aufgebaut hatte. Genau wie bei mir. Als er bei den ersten Versuchen scheiterte, krampfte sich in mir alles zusammen, ich konnte kaum zusehen. Zu Beginn sah es nicht allzu vielversprechend aus, und ich dachte: *Um Gottes willen, wenn er das jetzt nicht läuft, wie soll das werden? Was machen wir, wenn er es nicht schafft?* Ich hätte mich nicht richtig freuen können für das, was mir geglückt war, wenn es ihm nicht gelungen wäre. Eine Gefühlsachterbahn. Als er endlich richtig ins Laufen gekommen ist und sich erfolgreich bis zum Ende durchgekämpft hat, waren wir beide überglücklich – ich wahrscheinlich noch mehr als er.

Oftmals ist dieses Glücksgefühl nach einem großen Erfolg erstaunlich flüchtig. Doch dieses Mal war es anders. Ein Moment, in dem ich das Gefühl hatte, nachhaltig zufrieden zu sein, mit mir selbst, der Welt und dem, was wir hier in Afrika erleben durften. Noch Tage später liefen wir beide mit einem Lächeln durch die Gegend, das einfach nicht aus unseren Gesichtern weichen wollte. Manch einer, der uns über den Weg lief, hat sich sicher gefragt, was das für verstrahlte Typen sind, die nur auf Wolke Sieben durch die Gegend schweben.

Zu dem Zeitpunkt war unsere Überquerung der Victoria Falls schon über die Medien veröffentlicht, die News ging durch die Nachrichten. BBC, CNN, NTV, der Spiegel – alle berichteten darüber. Es war surreal, zu sehen, wie unsere Idee binnen weniger Stunden die ganze Welt eroberte. Und da wir die Berichte jeden Tag mitverfolgten, hielt das Gefühl der Freude nicht nur weiter an, sondern schien sogar noch größer zu werden. Wir hatten etwas geschafft, wovon die Leute noch lange sprechen würden, nicht nur in Simbabwe, sondern auf der ganzen Welt. Das Bewusstsein, diese Line gelaufen zu haben, verflüchtigte sich nicht mit dem nächsten Tag. Uns war klar, dass wir so etwas vielleicht nie wieder erleben würden. Da es wahrscheinlich auch so schnell niemand anderes tun wird, blieb es eine einzigartige Erfahrung.

Hello, Africa!

Was wir danach auf unserer Reise durch Simbabwe erleben durften, war ebenfalls unvergleichlich. Erfahrungen, die wir nie gemacht hätten, wären wir nicht mit der Mission aufgebrochen, dort eine Highline zu überqueren. Es ging zum Hwange Nationalpark, dem größten Wildreservat in Simbabwe. Dort spannten wir unsere Slackline zwischen zwei abgestorbenen Bäumen direkt vor unserer Lodge, ich hielt das Gewehr des Rangers, als er an Reinis Hand seine ersten Schritte darauf probierte. Mit dem Jeep unseres Rangers unterwegs zu sein, war gigantisch. Nie zuvor hatte ich Büffel, Löwen oder Affen in freier Wildbahn gesehen. Die Hauptattraktion des Parks sind jedoch die vielen Afrikanischen Elefanten, die in ihren Familienverbänden durch die weite Savanne streifen. Mit einem Bestand von über 45 000 Exemplaren wird Hwange auch »Elefanten-Paradies« genannt. Wir waren also ziemlich sicher, dass wir hier welchen begegnen würden.

Als wir aus der Ferne schließlich einen Bullen mit mächtigen Stoßzähnen erblickten, sprangen wir vom Jeep, schlichen möglichst geräuschlos durch den weichen Sand hinter unserem Ranger her. Ich fühlte mich wie ein Pfadfinder. Wir duckten uns ins Dickicht, vertrauten unserem Guide, der uns versicherte, der Dickhäuter würde uns nicht wahrnehmen, da der Wind uns entgegenblies. Zehn Meter von ihm entfernt gingen wir in die Knie, hielten den Atem an, wir waren so nah dran, dass wir die Furchen in seiner dicken Haut erkennen konnten. Leider blieben wir nicht lange unbemerkt. Majestätisch richtete er sich vor uns auf, drehte seinen mächtigen Leib in unsere Richtung, seine riesigen Ohren fächerten sich drohend auf, er schüttelte den Kopf, hob seinen Rüssel. Ein tiefes Trompeten, er stampfte, warf dabei Staub und kleine Steine auf. Selten habe ich mich so klein gefühlt! Wir waren in den Lebensraum dieses wilden Tieres eingedrungen und in diesem Moment nicht willkommen. »Oh Shit«, hörte ich Reini sagen, hatte direkt einen Exit-Plan im Kopf: schnell zu dem Baum auf der rechten Seite, bis ganz nach oben klettern und hoffen, dass der Elefant in seiner Wut keine so große Kraft entwickelt, um ihn umzureißen! Unser Guide jedoch blieb ganz ruhig, klopfte mit einer leeren Patronenhülse gegen sein Gewehr. Diese Elefanten sind auf dieses Geräusch konditioniert, wie ich später erfuhr. Es wirkt abschreckend, weil sie checken, was es bedeutet. Tragischerweise. Denn Wilderei ist leider nach wie vor ein riesiges Problem – selbst innerhalb des Nationalparks. Der Elefant machte kehrt und wir flüchteten uns zurück in den Jeep.

Eigentlich verrückt, dass die extremsten Adrenalin-Momente oftmals abseits der Highline passieren. Das, was mir drumherum begegnet, ist oft deutlich bedrohlicher und furchteinflößender als die Slackline. Die Balance auf dem dünnen Band ist schließlich mein Metier, etwas, das ich gut kenne – selbst wenn die Umstände ungewohnt sind. So finden die Momente, in denen mir der Angstschweiß ausbricht, nicht selten auf festem Boden statt.

Als ich vor all den Jahren mit dem Slacklinen begann, war es nicht unbedingt mein Plan, dadurch große Reisen zu machen und die Welt zu entdecken. Mit diesem Geschenk, all diese Erlebnisse zu haben, diese Orte kennenzulernen und spannende Leute zu treffen, hatte ich nie gerechnet. Ich sah immer nur die nächste Line, die ich bezwingen wollte, den sportlichen Erfolg. Wenn ich sie auf einem Fünftausender spannen wollte, musste ich eben nach Südamerika oder nach Indien, denn so einen hohen Gipfel gibt es in den Alpen nicht.

Das Ziel war dann zunächst nur dieser Berg, diese Idee, diese Postkarte – und ich war bereit, jeden noch so langen Weg dafür in Kauf zu nehmen. Die Umgebung zu erkunden, stand lange nicht im Fokus, oft sah ich nicht einmal viel davon, denn ich investierte meine gesamte Zeit in das Projekt, für das ich gekommen war. Nie war es so gewesen, dass ich zuerst von einem Land geträumt hatte und den Trip dorthin dann mit einer Highline verbunden hätte, sondern immer umgekehrt. Erst kam die Idee von der Line, dann der Ort. Mit jeder Reise habe ich ein bisschen mehr verstanden, wie gewinnbringend und erfüllend diese Erfahrung sein kann, ferne Länder zu bereisen, fremde Kulturen kennenzulernen, in einer völlig ungewohnten Umgebung zu sein. Viele Reisen waren für mich ein Ausbruch aus meiner Komfortzone, es gab Momente wie den im Motorboot an den Viktoriafällen, die mich mehr an meine Grenzen gebracht haben als jede Highline. Sie überstiegen meinen Erfahrungshorizont, setzten mich einer neuen und teils gefährlichen Situation aus, nach der ich nicht unbedingt gesucht hatte. Wenn ich heute darüber nachdenke, was Erfolg für mich bedeutet, so machen diese Erlebnisse doch einen erheblichen Teil davon aus. All das, was ich abseits der Line erlebe, ist ungeheuer bereichernd für mein Leben. Und ich bin dankbar dafür, all diese Erfahrungen machen zu dürfen. Sie sind wie ein Geschenk, das nie auf meiner Wunschliste stand, aber das ich umso mehr schätze, weil es überraschend und unverhofft kam.

Besonders in Simbabwe konnte ich durch den Kontakt mit den Menschen viel Neues dazulernen, mich durch sie intensiv mit der Geschichte des Landes auseinandersetzen. 1855 wurden die Viktoriafälle von David Livingstone, einem schottischen Missionar und Afrikaforscher entdeckt. Sich damit zu beschäftigen, heißt auch, sich mit der Kolonialzeit zu beschäftigen, in der die Einheimischen von den Kolonialmächten brutal unterdrückt und ausgebeutet wurden. Und genau am Ort des Geschehens in die Historie einzutauchen, hatte eine ganz andere Kraft als zu Hause im Wohnzimmer Bücher darüber zu lesen. Denn ich konnte die Ereignisse mit den persönlichen Geschichten und Gesichtern der Menschen verknüpfen, die Orte selbst besichtigen und die immer noch vorhandenen Spuren der Kolonialzeit sehen. Aber vor allem auch die Kultur Simbabwes intensiv erleben.

Neben unserer Safari-Tour hatten wir die Chance, eine Schule zu besuchen, um einen Einblick in das Leben und die Kultur Simbabwes zu bekommen. Die Ngamo Primary School liegt am Rande des Hwange-Nationalparks. Ungefähr 300 Schülerinnen und Schüler aus den umliegenden Dörfern besuchen sie. Wie die meisten, die in abgelegenen Gegenden in der Nähe geschützter Parks liegen, sind auch diese Dörfer von großer Armut betroffen. Bereits im Alter von vier Jahren laufen sie oft mehrere Kilometer von und zur Schule. Viele Kinder können sie nur dank Spenden besuchen.

Bei einem Rundgang konnten wir mehr über die Projekte erfahren, die an der Schule durchgeführt werden und einen enormen Mehrwert für die Lebensqualität der Schülerschaft darstellen. So sorgen die Solarpumpe und die Vorratstanks dafür, dass die Schule mit sauberem Wasser versorgt wird. In der Küche kochen die Eltern jeden Tag eine Mahlzeit für die Schulkinder, mit Gemüse aus dem Schulgarten. Die Schule mag nicht so perfekt ausgestattet gewesen sein wie unsere in Europa, aber was mich extrem beeindruckt hat, war die Begeisterung, mit der die Kinder dort zum Unterricht gehen und mit welchem Stolz sie uns den Ort zeigten, an dem sie lernen dürfen. Sie trommelten für uns, luden uns ein, auf dem Pausenhof mit ihnen zu tanzen.

Als wir ihnen vom Grund unserer Afrikareise erzählten, hörten sie uns gebannt zu, niemand war abgelenkt, schaute gelangweilt durch die Gegend oder redete dazwischen. Die Kinder waren gefesselt und lauschten mit weit geöffneten Augen unseren Erzählungen. Natürlich wollten wir ihnen auch eine kleine Einführung in den Sport geben, der uns zu ihnen geführt hatte. Zwischen zwei großen Kameldornbäumen auf dem Schulhof spannten wir mit ihnen zusammen die Slackline. Ein Spektakel und ein Riesentumult. Jeder wollte es als Erster probieren. Wir erklärten ihnen die Technik und ließen sie dann an der Hand über die Line spazieren. Selten habe ich Menschen erlebt, die so begierig sind, eine neue Erfahrung zu machen. Ganz anders als viele unserer Kinder, die so übersättigt sind an Reizen, dass man sie animieren muss, etwas Neues zu probieren und sich einzulassen. Diese Offenheit, mit der die Jungen und Mädchen auf uns zugingen, war überwältigend. Eine so energiegeladene und positiv emotionale Stimmung, die mir sehr lebendig in Erinnerung geblieben ist. Natürlich haben wir den Kindern die Slackline als Geschenk dagelassen, und der Gedanke daran, dass sie weiterhin mit dieser leuchtenden Freude, die ich in ihren Augen gesehen habe, damit ihre Pausen verbringen, erfüllt mich bis heute.

Als Tourist hätte ich wohl nie diese Schule besucht, wäre nie mit den Menschen so eng in Kontakt gekommen. Das, was diese Brücke geschlagen und die Verbindung geschaffen hat, war die Slackline. Weil sie der Grund war, dorthin zu reisen und in der Schule von unserem Projekt zu erzählen. Aber auch, weil sie uns erlaubt hat, diese Erfahrungen zu machen und etwas Bleibendes zu hinterlassen. Weil wir die Freude und

Leidenschaft, die wir dafür haben, den Kindern weitergeben durften. Aber wir nahmen mindestens ebenso viel mit zurück. Zu erleben, wie es den Kindern dort geht, wie sie aufwachsen, wie sie fühlen und denken, das sind Erfahrungen, die viel elementarer sind als der initiale Anstoß, warum wir die Reise angetreten haben. Unabhängig von der Line, die wir gemacht haben, unabhängig von dem Traum oder der Idee, der uns nach Afrika kommen ließ, habe ich verstanden, wie viel mehr es an diesen Orten zu entdecken gibt, sie zu genießen und Dinge zu erleben, an denen man selbst wahnsinnig wächst. Und das alles nur, weil man diese Postkarte der Viktoriafälle vor sich gesehen hat und den Traum entwickelt hat, genau dort einmal quer durch das Bild zu balancieren.

Wenn ich heute an einen unbekannten Ort reise, um eine Highline zu spannen, dann weiß ich, dass alles, was ich drumherum erlebe, mindestens ebenso wertvoll ist wie die Begehung selbst. Was aber nicht bedeutet, dass ich von einem touristischen Highlight zum nächsten ziehe. Viel lieber lerne ich ein Land mit den Menschen kennen, die dort zu Hause sind. Schon immer habe ich Wert darauf gelegt, mit Locals unterwegs zu sein. Oft durfte ich auch bei ihnen übernachten und sie haben mir begeistert ihre Heimat gezeigt. Das mache ich nach wie vor super gern, weil ich damit einen Einblick bekomme, der einem als Tourist verwehrt bleibt. Ich erfahre, womit die Leute in diesem Land eigentlich ihre Zeit verbringen, welche Orte sie selbst besuchen, was sie an ihrem Land wirklich schätzen und auch mit welchen Sorgen und Nöten sie konfrontiert sind. Als Teil der internationalen Slackline Community fühlt man sich schnell überall zu Hause und lernt auch das normale Leben vor Ort kennen. Das habe ich sehr zu schätzen gelernt. Natürlich gucke ich auch ab und zu nach touristisch interessanten Orten, wenn es darum geht, einen guten Spot zum Slacklinen zu finden. Denn viele bekannte und viel besuchte Orte sind nun einmal herausragend schön. Aber die tief greifenden Erlebnisse finden oft ganz woanders statt.

Raus in die Welt

Reisen in ferne Länder hatten wir als Familie früher nie gemacht, es musste alles mit dem Auto erreichbar sein. Wir haben nicht ständig neue Orte entdeckt, sondern fuhren in den Ferien meist dorthin, wo wir uns auskannten. Manchmal denke ich, vielleicht lebe ich heute bewusst oder unbewusst ein bisschen die Träume meiner freiheitsliebenden Mutter, die bestimmt auch gern die Welt entdeckt hätte. Doch so kann sie es heute durch meine Augen tun, durch die Bilder, die ich ihr zeige, durch die Geschichten, die ich mitbringe. Denn in dem Setting, in dem wir gelebt haben, gab es für sie nicht viele Möglichkeiten, sich auszuleben.

Bis mein Bruder 20 war, hat meine Mutter im Grunde Vollzeit dafür gearbeitet, dass er weiterkommt. Ihren eigenen Beruf als Krankenpflegerin konnte sie nicht mehr ausüben, sie war rund um die Uhr für Matthias da. Heute lebt er in einem Wohnheim, nicht zu weit weg von meinen Eltern, inklusives Wohnen mit Förderstätte, er arbeitet in einer Werkstatt für Menschen mit Behinderungen. Zuvor hatte sie ihr Leben vollständig auf ihn und seine Bedürfnisse ausgerichtet. Eine absolute Lebensaufgabe, die sie nur sehr schwer ein Stück weit wieder abgeben konnte. Für mich ist es wahnsinnig bewundernswert, wie sehr man sich für einen anderen Menschen einsetzen kann, sein eigenes Leben, Ideen und Träume vom

Tisch zu räumen, um sich ganz und gar darauf zu fokussieren, dass dein Kind seinen Platz im Leben findet.

Seit wir nicht mehr zusammenleben, ist die Beziehung zu meinem Bruder nicht mehr ganz so eng. Gut möglich, dass ich durch meine Reisen, die mir das Slacklining heute ermöglicht, unbewusst auch etwas Distanz zwischen uns bringen wollte, weil es auf Dauer viel Kraft kostet, so nah dran zu sein. Weil es manchmal deprimierend ist, zu sehen, dass vieles eben auch nicht möglich ist, worauf man gehofft hatte; dass Grenzen da sind. Bis ich mit dem Eintritt in die Teenagerzeit meinem Vater sein Arbeitszimmer abgeluchst habe, teilten Matthias und ich uns ein Zimmer, schliefen im Stockbett, er unten, ich oben. Wir waren einander sehr nah. Und ich musste mich auch mit schweren Themen beschäftigen. Irgendwann brauchte ich Abstand, um mein eigenes Leben unbeschwerter leben zu können.

Meine Eltern waren im Alltag so sehr gefordert, die Dinge irgendwie am Laufen zu halten, dass sie vielleicht auch satt waren von Abenteuern. Mit meinem Bruder waren genug Herausforderungen da. Darüber, die Welt zu entdecken, haben sie nie wirklich nachgedacht – vielleicht nur mal im Stillen davon geträumt.

Dadurch, dass sie mich frei gelassen haben in meinen Entscheidungen, haben sie mich darin bestärkt, meinen Weg zu gehen und mir meine Träume zu holen. Mir ist heute mehr denn je bewusst, wie stark sie auch dazu beigetragen haben, dass ich meine wahre Leidenschaft finden konnte, ohne mich von Sicherheitsgedanken einsperren zu lassen. »Was würdet ihr gerne tun, wenn Geld keine Rolle spielen würde? Wie würdet ihr euer Leben wirklich verbringen wollen?« Der britische Religionsphilosoph Alan Watts war bekannt dafür, seinen Studierenden diese Frage zu stellen. Er wollte damit ihre wahre

Leidenschaft aus ihnen herauskitzeln. Hatte er das geschafft, empfahl er ihnen, genau das zu tun und sich erst mal keine Gedanken über Finanzielles zu machen. Das mag für viele zu sehr vereinfacht klingen. Aber auch wenn nicht alle den Mut oder die Möglichkeiten haben, komplett auszubrechen und ihrer Leidenschaft zu folgen, so macht es uns doch etwas Essenzielles deutlich: Es ist nicht das Geld, nach dem wir streben, es ist ein glückliches Leben. Geld kann helfen, das zu erreichen, aber es kann uns auch vom Weg unseres Herzens abbringen. Ich persönlich habe immer Menschen bewundert, die das tun, wofür sie brennen. Die ihrer Passion folgen und alle Konsequenzen dafür in Kauf nehmen. Wie oft hört man Leute darüber sprechen, was sie gern tun würden! Meistens kommt direkt im Anschluss eine Litanei darüber, was sie davon abhält. Viele würden sich gerne in der Kunst oder der Musik verwirklichen, Ranger oder Rangerin in einem Nationalpark in Südafrika werden, einem traditionellen Handwerk nachgehen oder den Sport zum Beruf machen, entscheiden sich dann aber doch für das Studium mit sicheren Jobaussichten oder die Ausbildung mit Festanstellung. Sind sie damit voll und ganz zufrieden? Wunderbar! Wird die Entscheidung aber durch Druck von außen beeinflusst, davon, was die Gesellschaft vorgibt oder die Familie erwartet und gegen die wahren inneren Überzeugungen getroffen, wird es sie auf Dauer wohl kaum erfüllen. Oft resignieren die Leute an einem Punkt und machen ihren Nine-to-five-Job, haben aber innerlich gekündigt und kein wirkliches Interesse an dem, was den größten Teil ihrer Lebenszeit beansprucht. Unkonventionelle Wege zu gehen, ist heute leichter denn je und trotzdem tun es immer noch die wenigsten. Dieses Buch soll darum auch ein Plädoyer sein, seine Träume zu verwirklichen, anstatt sein

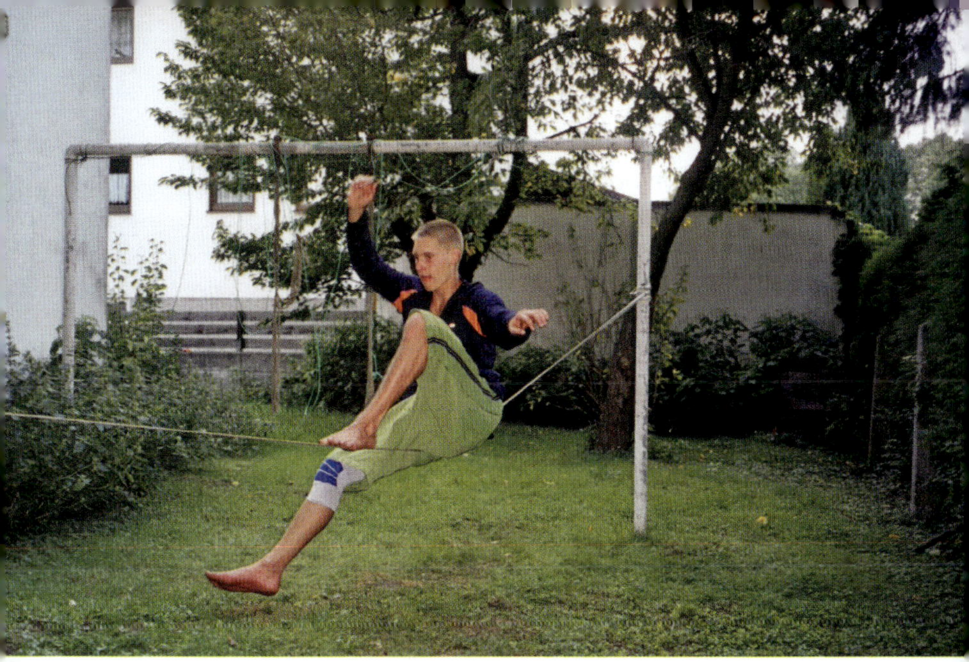

Erste Slackline im Garten der Nachbarin, 2006

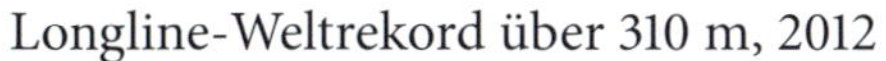

Longline-Weltrekord über 310 m, 2012

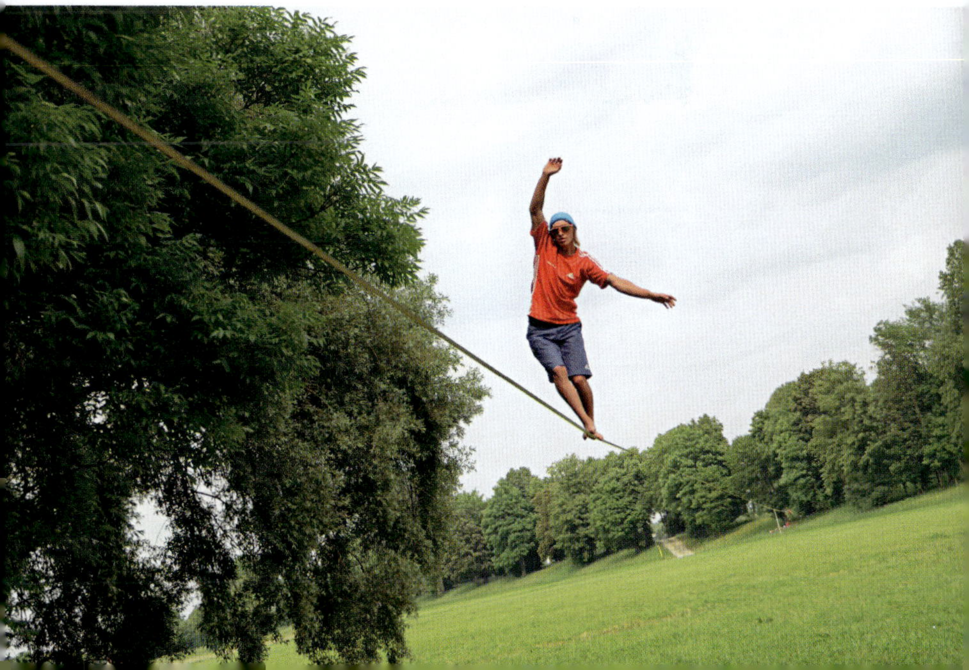

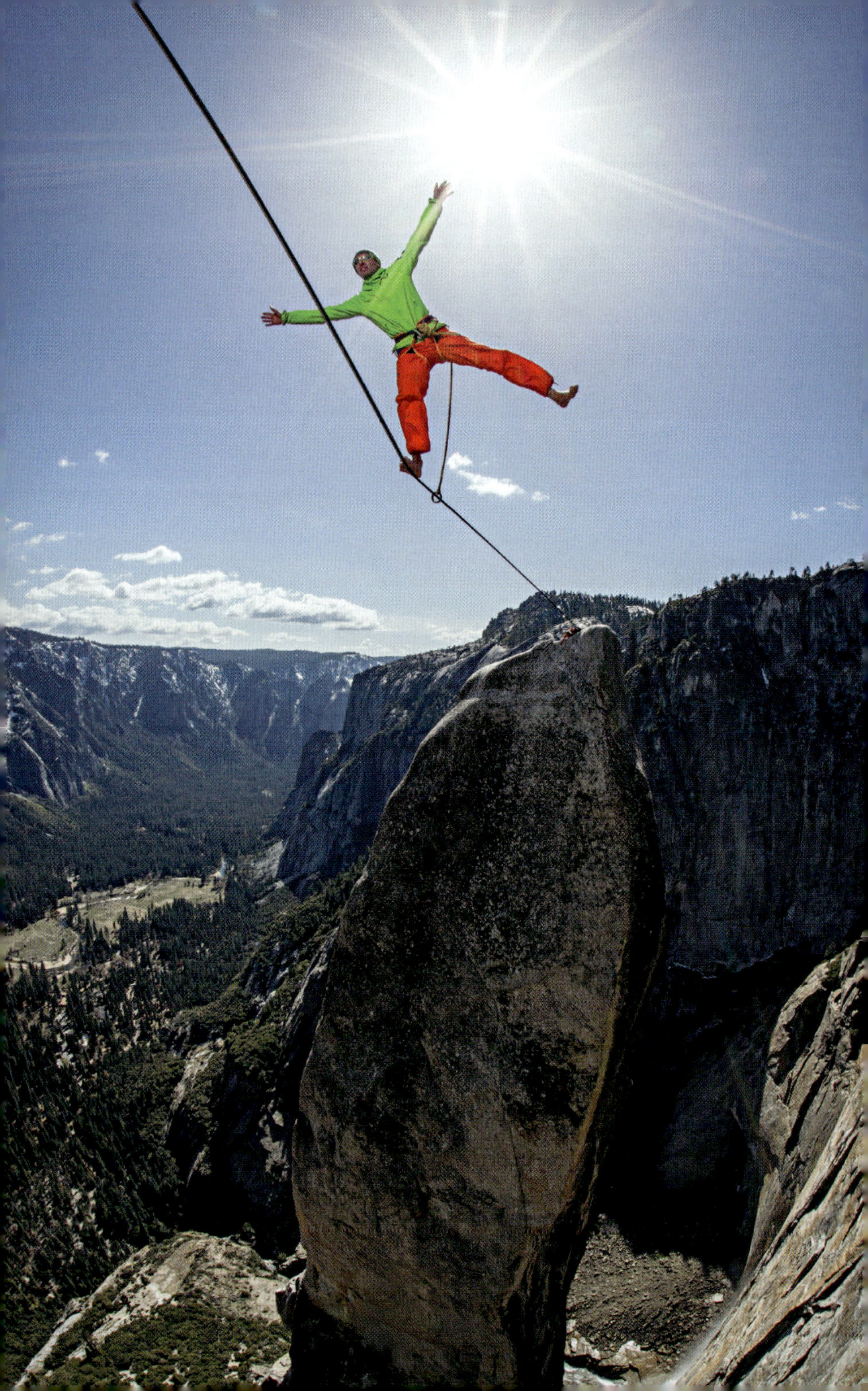

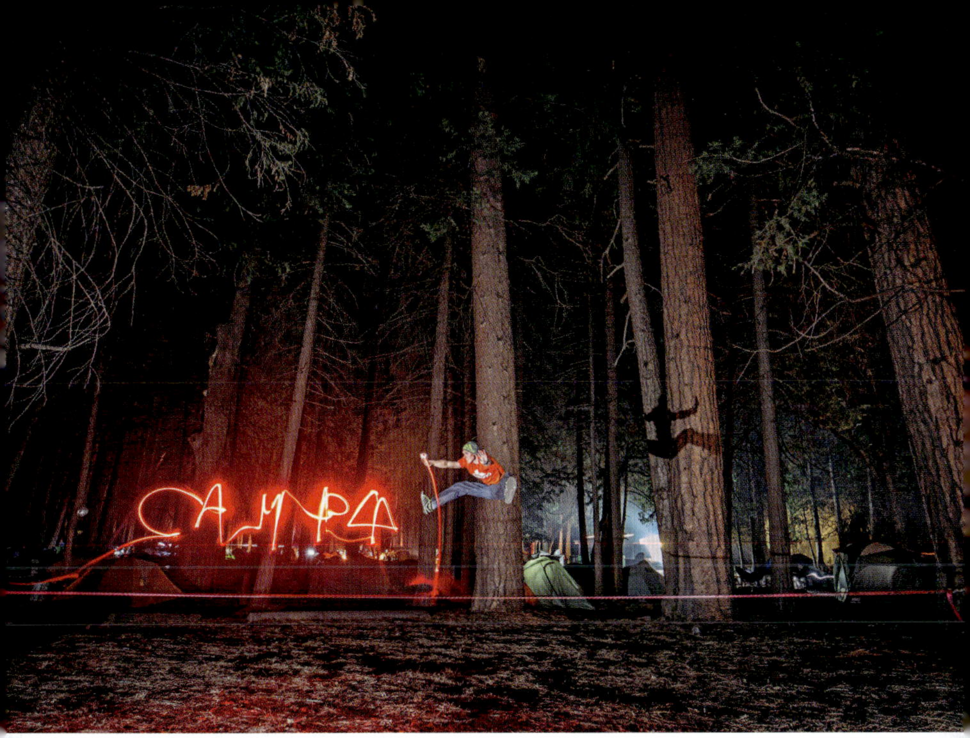

Yosemite Valley 2015 mit Reinhard Kleindl & Scott Balcom

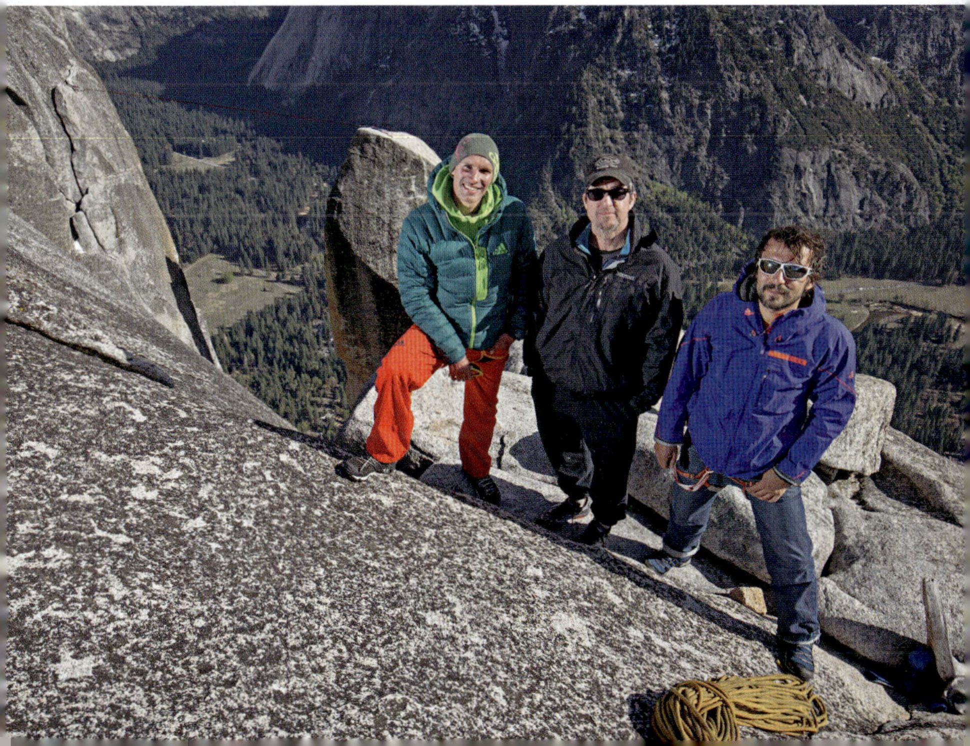

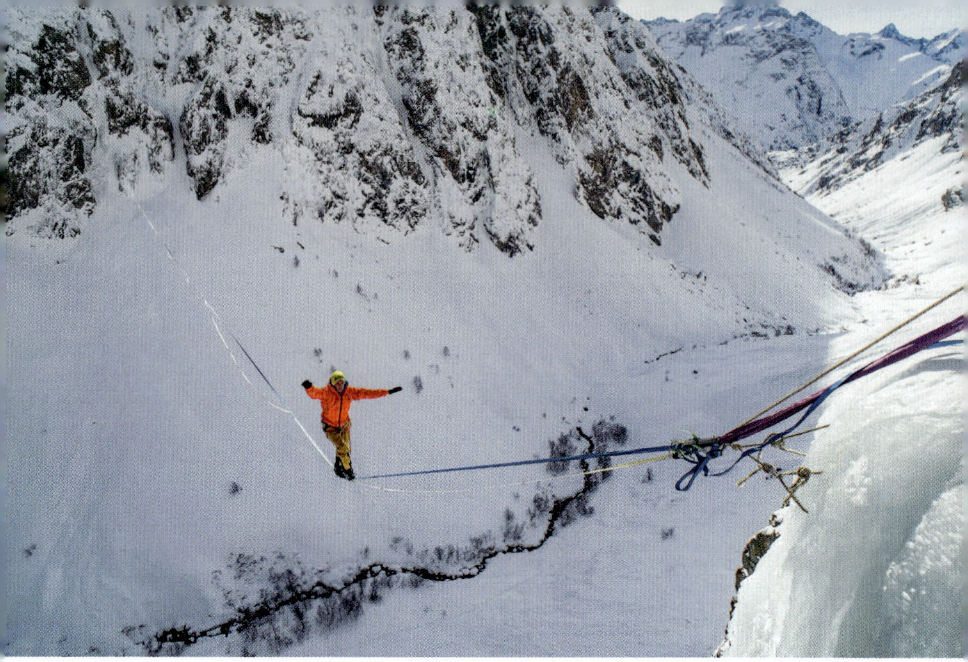

Die letzten Schritte auf der 430 m langen Ice-Line

150 kg Ausrüstung für das ICE-Fall-Projekt, 2018

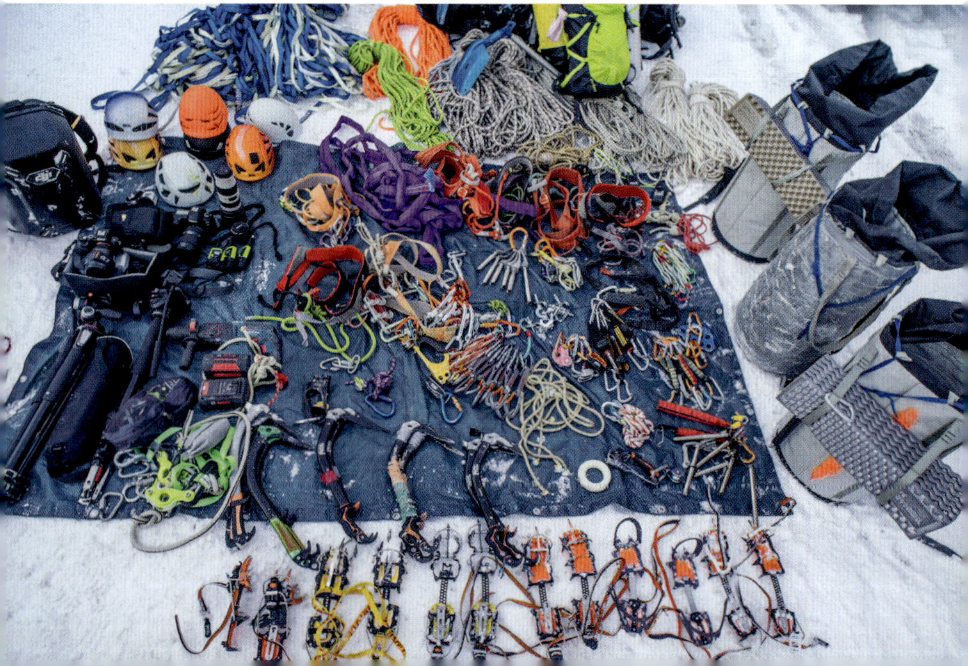

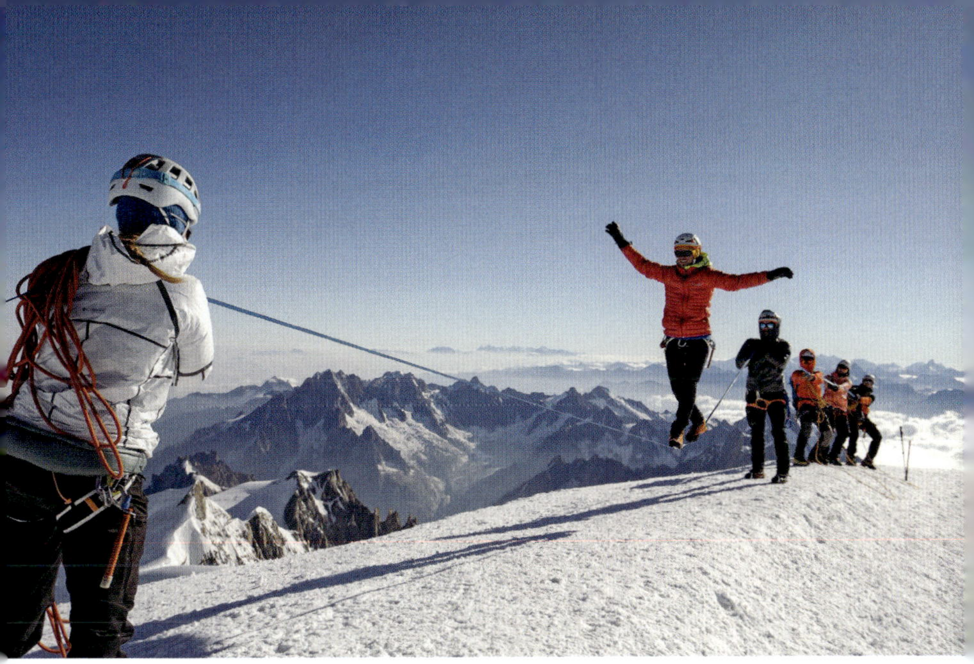

Human-powered Slackline am Gipfel des Mont Blanc

Highline am Gran Paradiso für das 7-Summits-Projekt, 2021

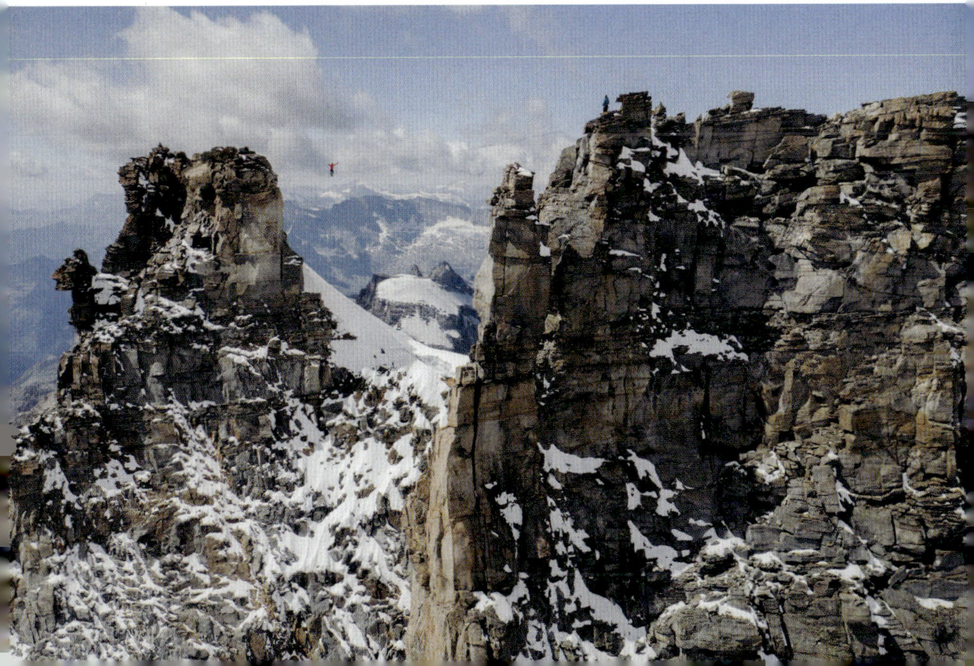

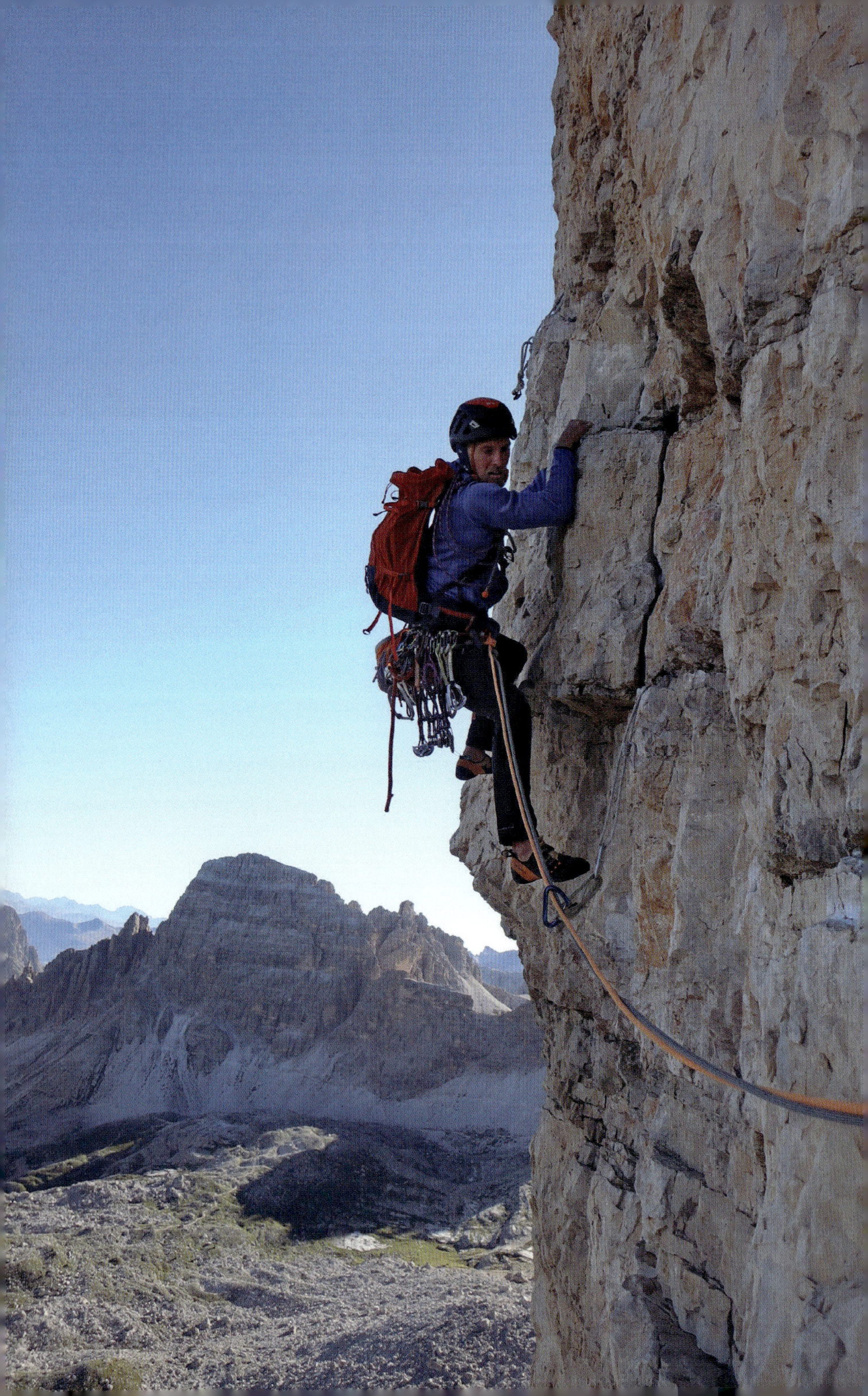

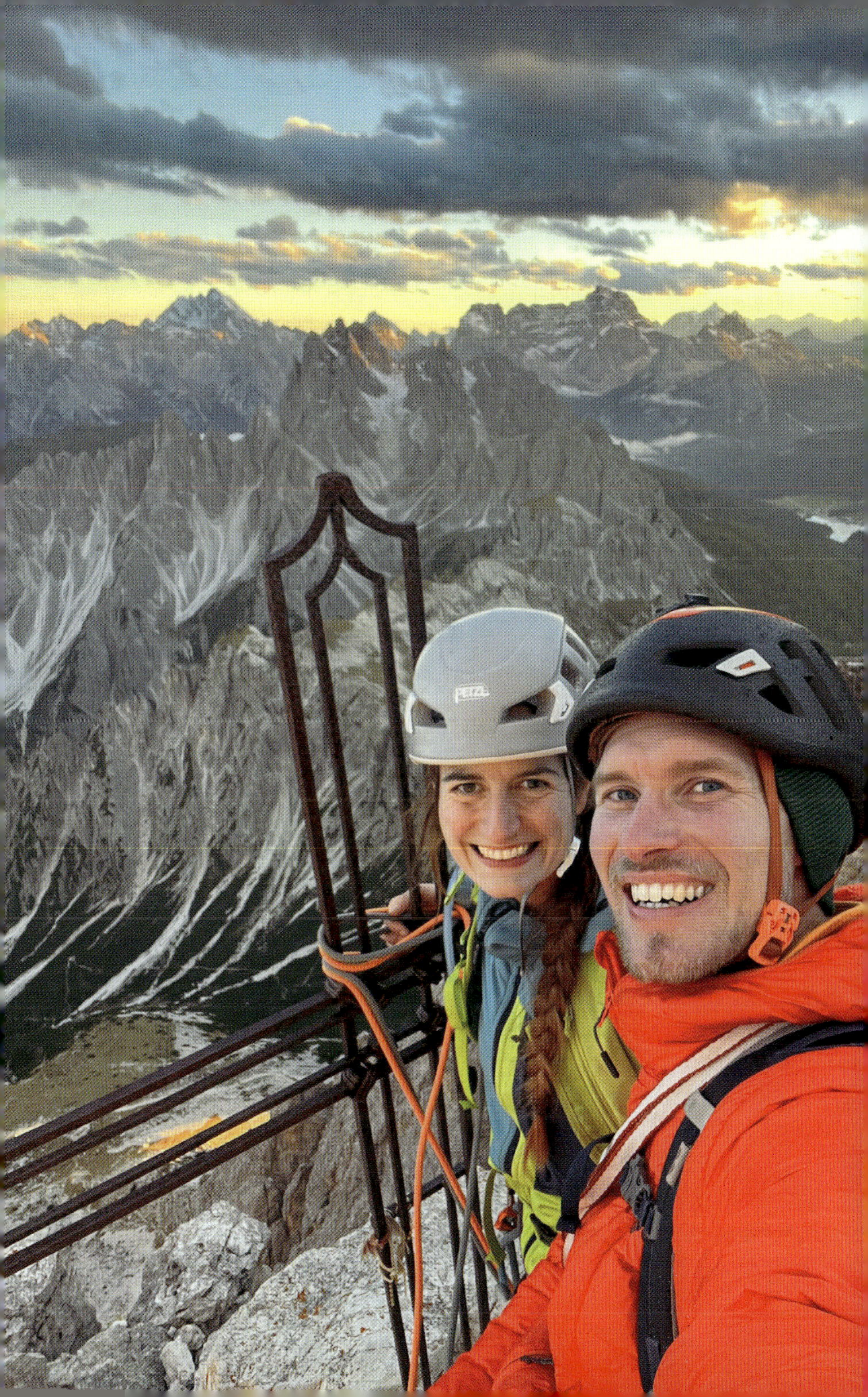
PETZL

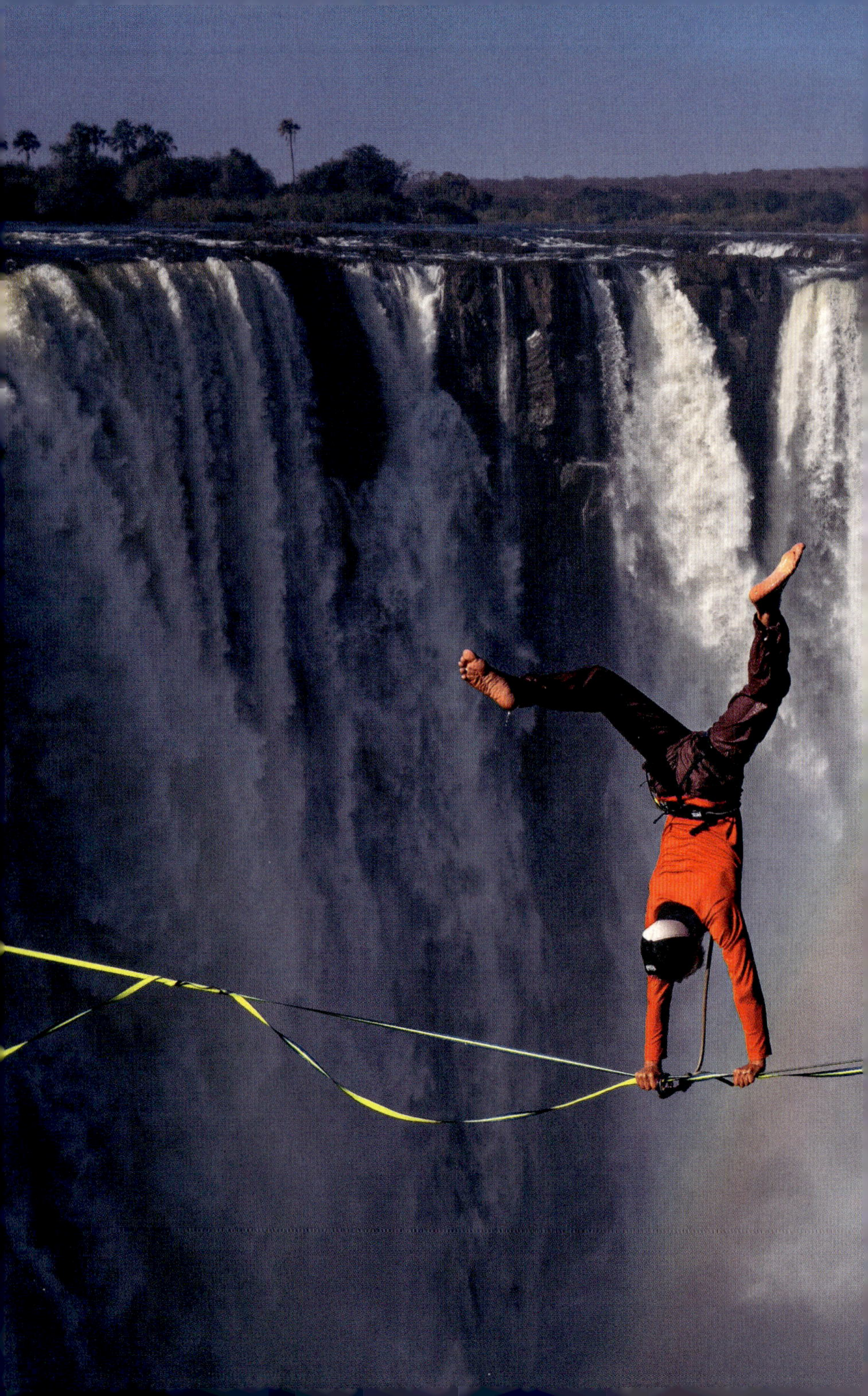

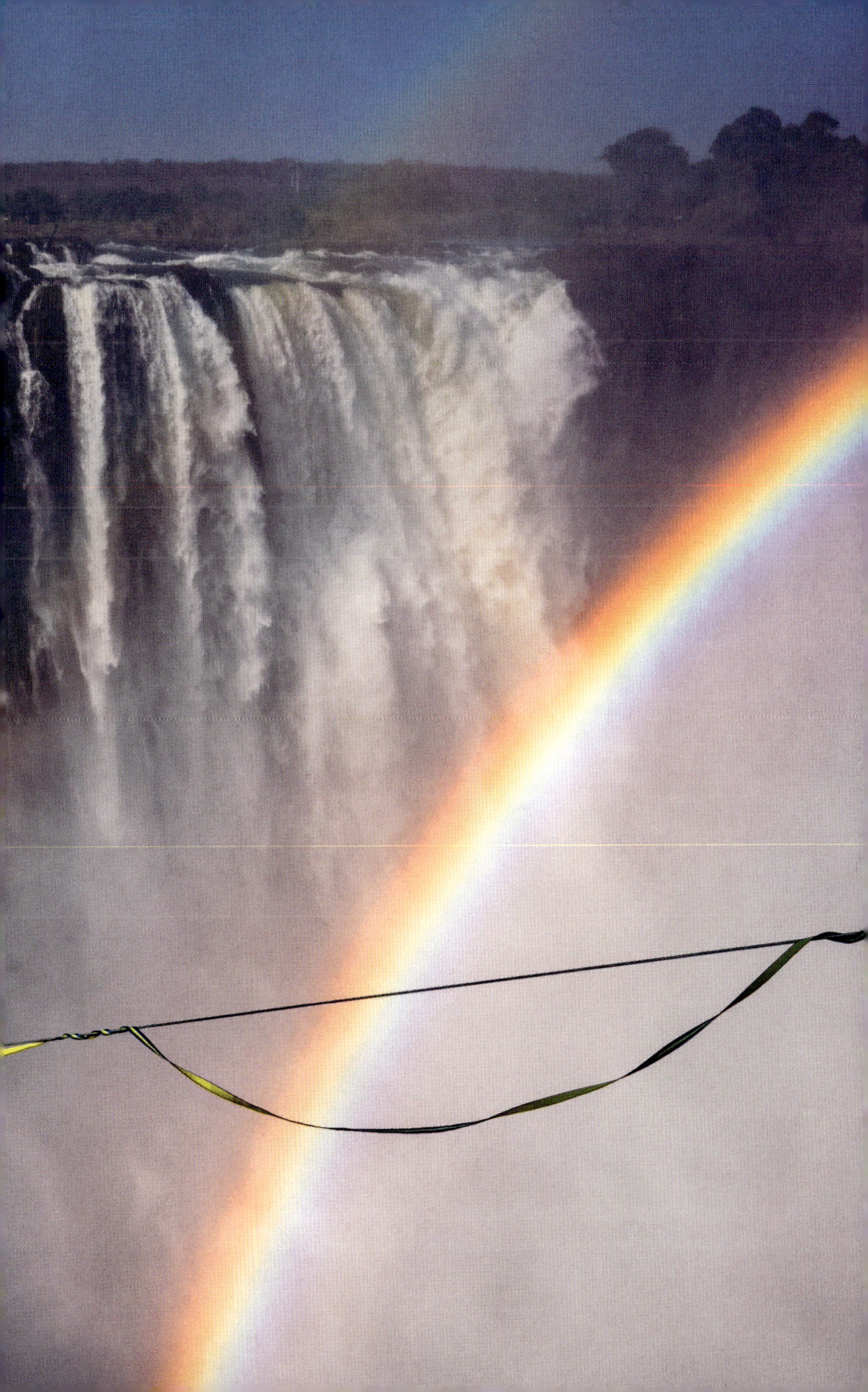

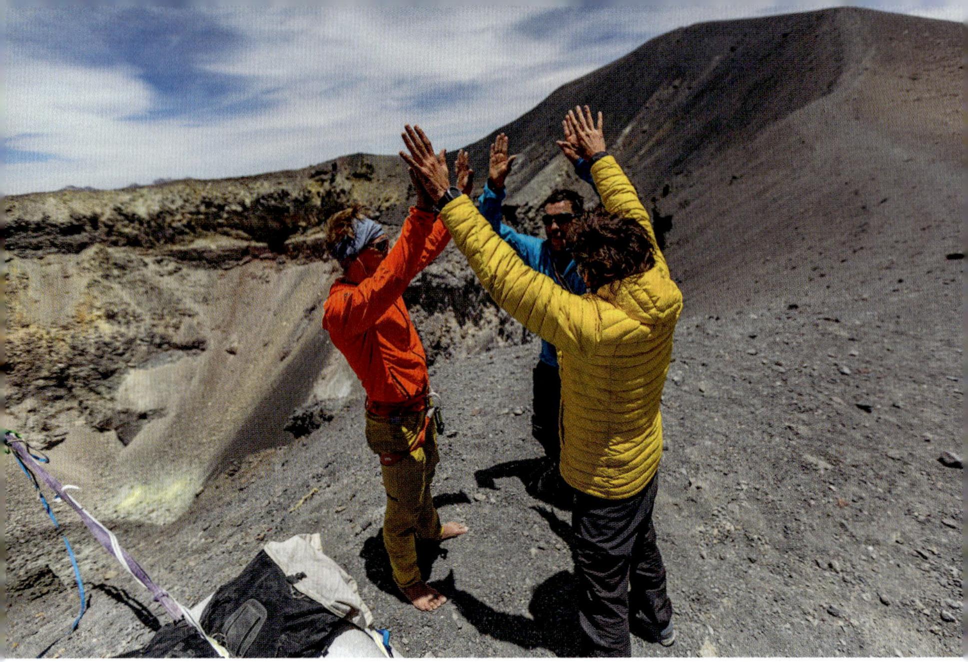

Sieger-Highfive mit Marianno Breccia & Julver Eguiluz

Auf der höchsten Highline der Welt
durch den Krater des Vulkans Misti in Peru, 2017

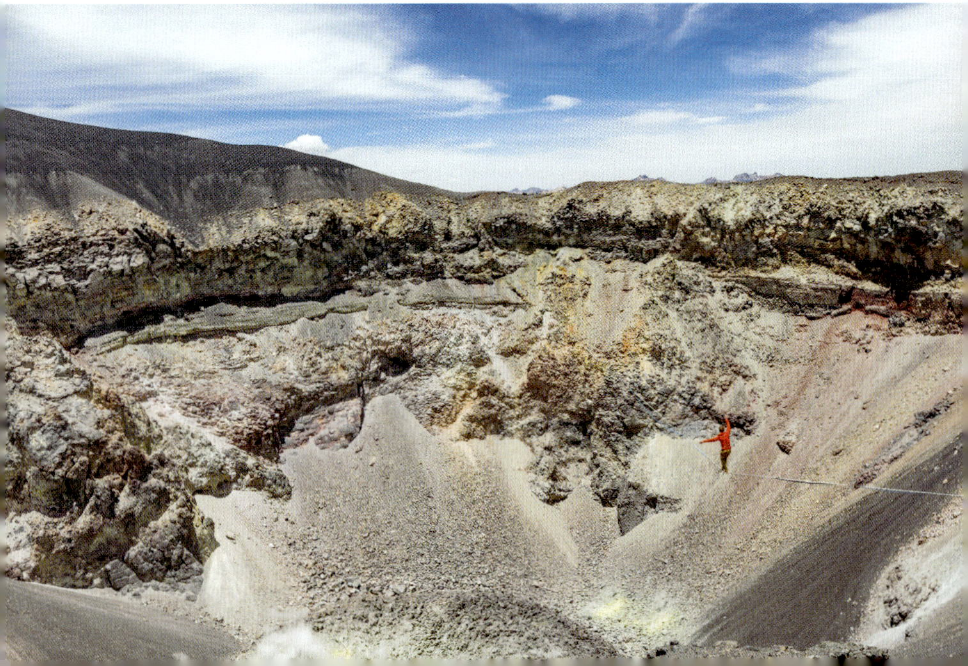

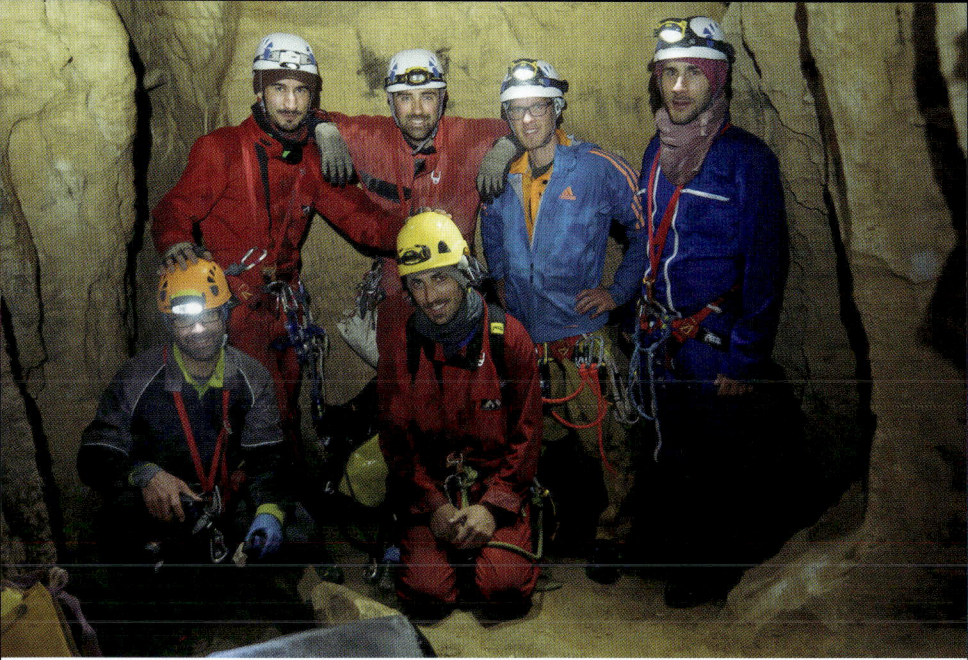

Das Deepline Team, eine Crew aus Highlinern & Höhlenforschern

Die tiefste Highline der Welt 500 m unter der Erde
in der Gouffre Berger in Frankreich, 2016

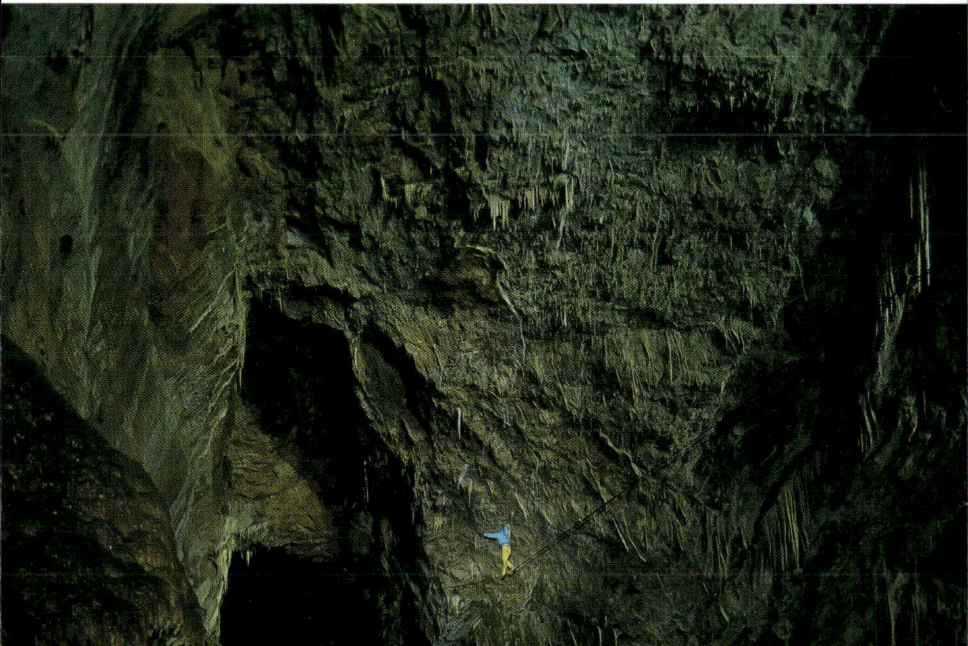

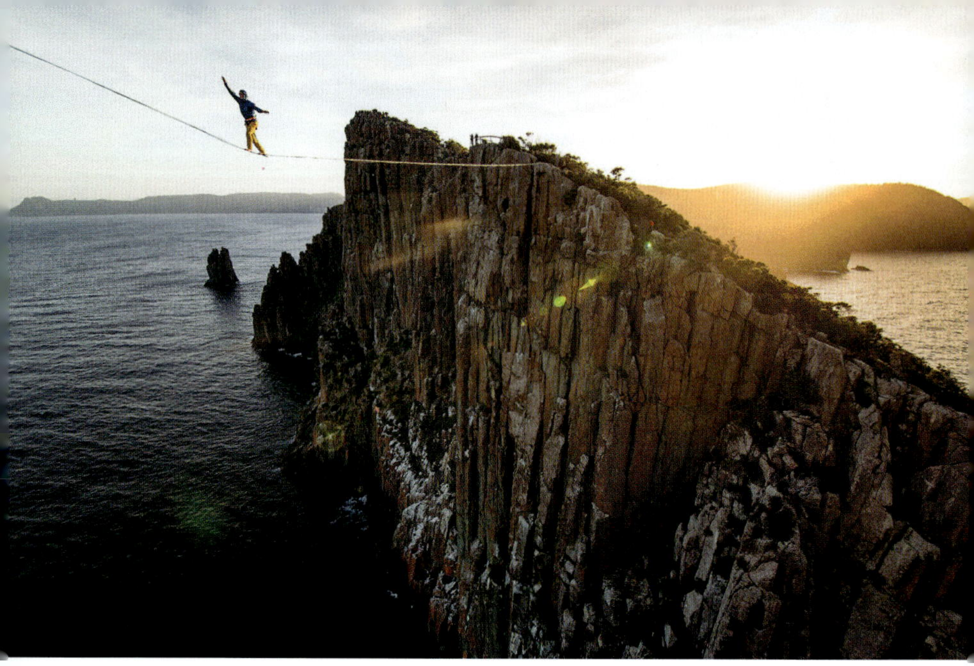

Sonnenuntergang auf der Highline am Candelstick in Tasmanien

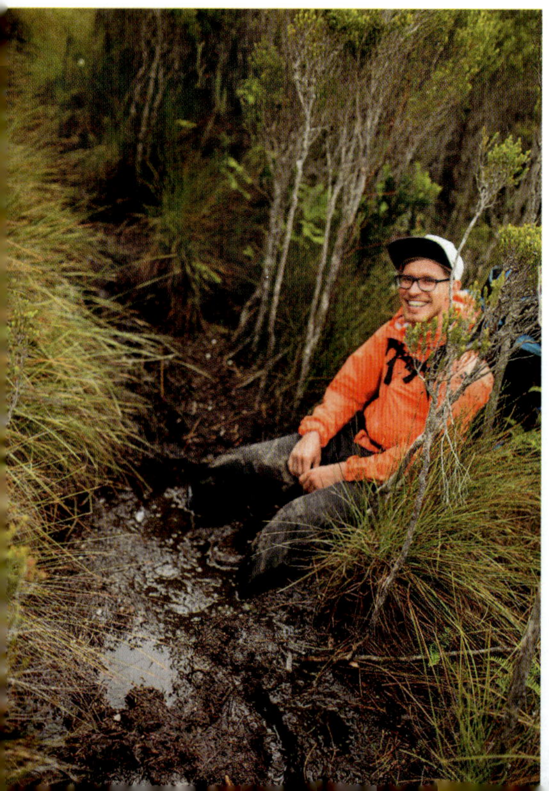

Auf dem Weg zum Federation Peak im Sumpf stecken geblieben, Tasmanien, 2017

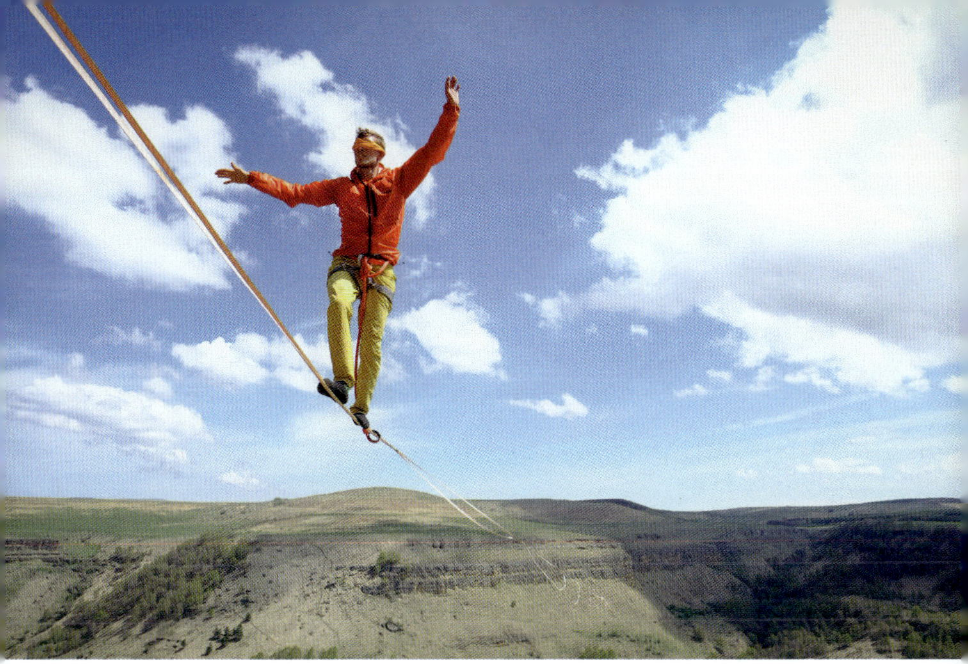

Der Weltrekordlauf mit Augenbinde
auf der 1 km langen Highline in Russland

Jaan Roose, Lukas Irmler und Friedi Kühne am Lagerfeuer während des
dritten russischen Highline Meetings, Kislowodsk, 2019

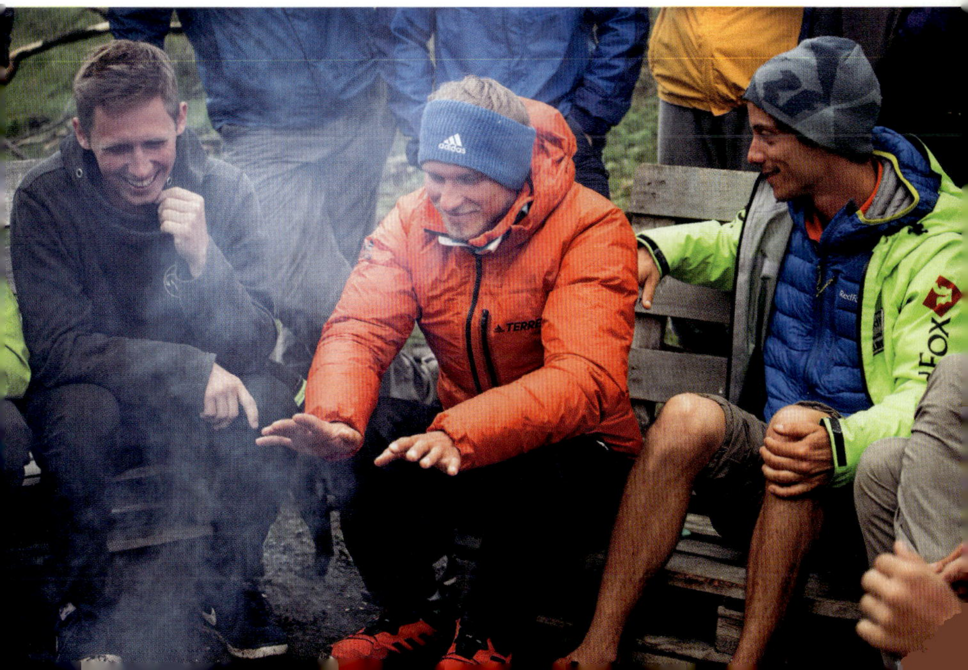

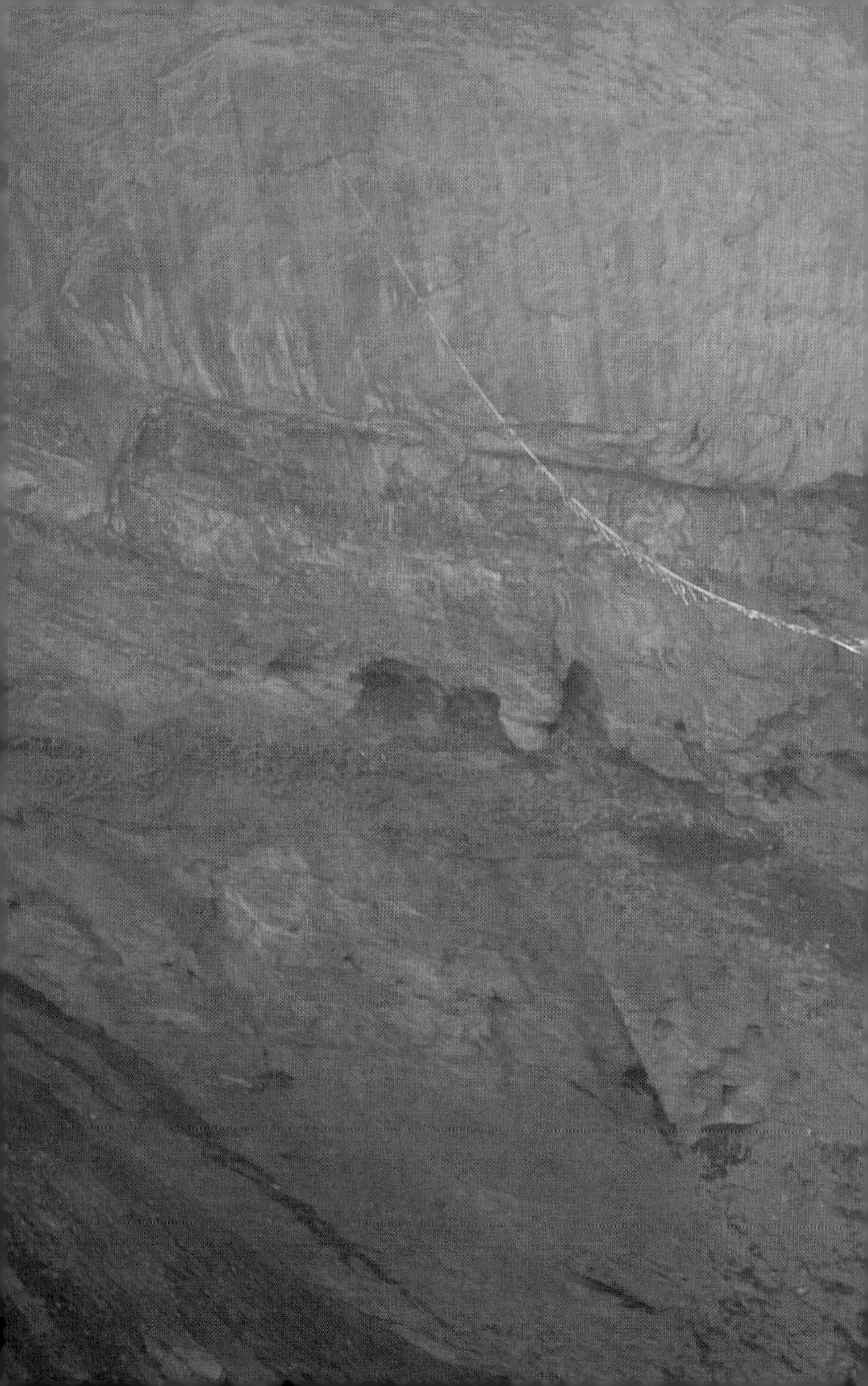

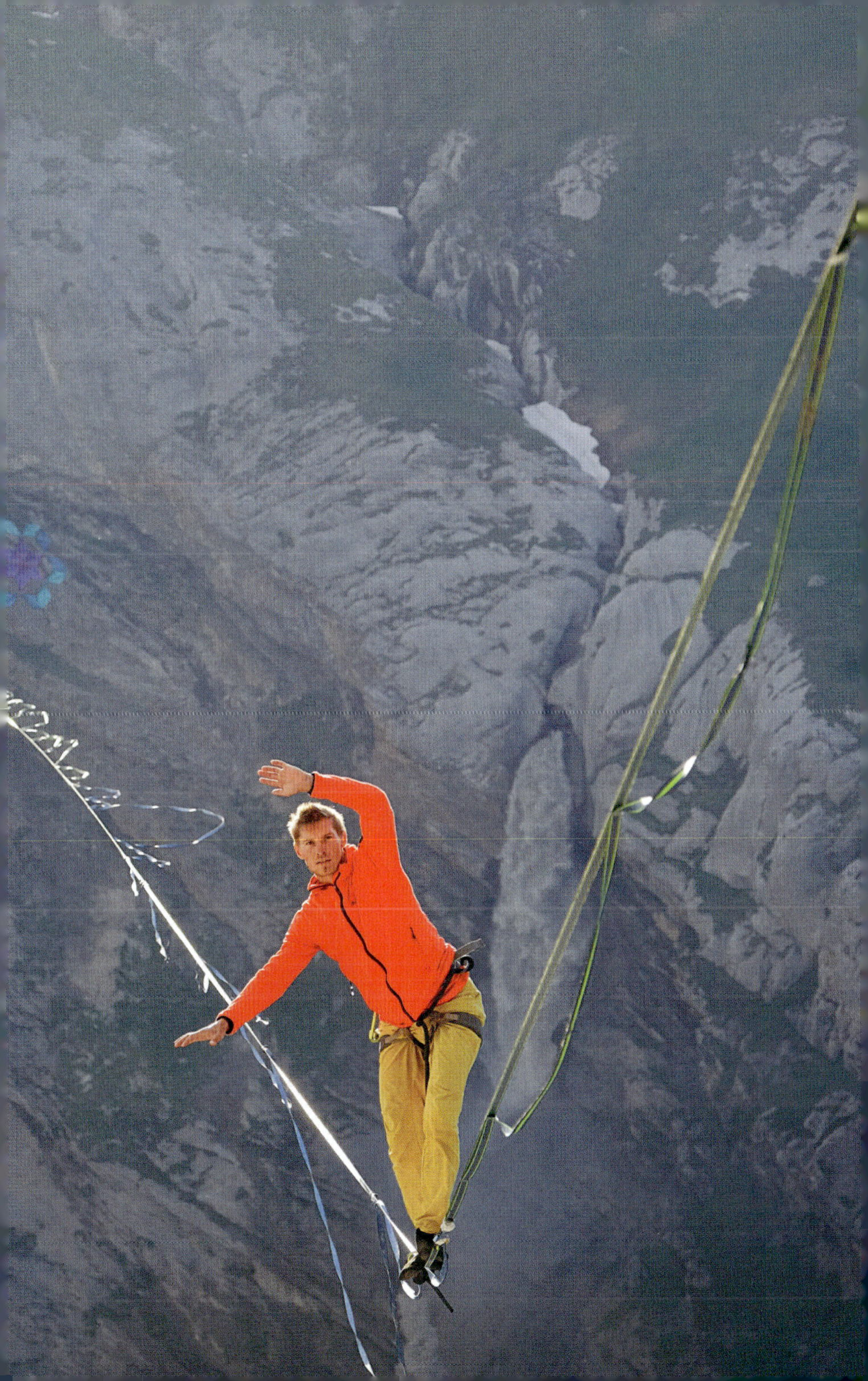

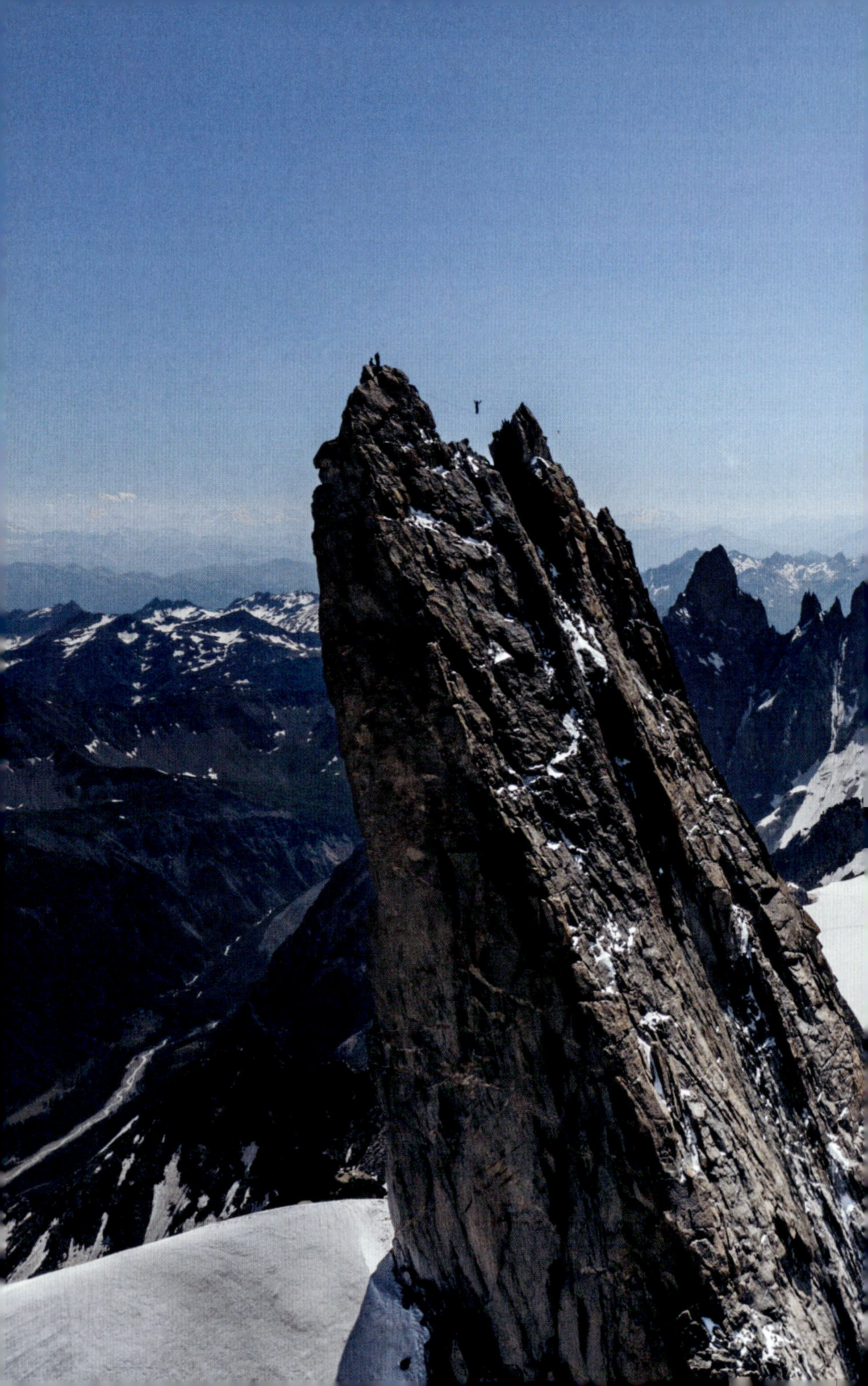

Leben lang nur von dem Tag zu träumen, an dem man das tun wird, was man eigentlich will.

Aber was ist es überhaupt, das uns erfüllt? Vielen fällt es heutzutage schwer, zu benennen, was sie wirklich gern tun würden. Wir haben scheinbar grenzenlose Möglichkeiten. Gerade meiner Generation wurde die gesamte Kindheit über suggeriert, dass wir alles haben könnten, wenn wir nur wollten. Alles erreichen zu können und alle Chancen zu haben, heißt aber noch lange nicht, dass es einfach ist, mit dieser Flut an Optionen umzugehen. Der Druck, sich in diesem Dschungel an Möglichkeiten zurechtzufinden, ist hoch. Die Ansprüche an den Job, den Partner oder die Partnerin und die eigenen Leistungen sind scheinbar unerfüllbar. Wie darin die eigenen Bedürfnisse von den Erwartungen anderer unterscheiden? Etwas theoretisch zu können und etwas tatsächlich zu tun, ist häufig ein weitaus größerer Unterschied, als wir denken. Am Ende zählt nur das, was wir verwirklicht, was wir erlebt und erreicht haben, nicht das, was wir alles hätten tun können. Sich für etwas zu entscheiden, bedeutet eben auch, sich gegen viele Möglichkeiten zu entscheiden. Nur wenn wir uns über unsere Wünsche und Träume bewusst sind, können wir unseren Weg auch einschlagen. Mit großem Mut loszugehen, ist, so denke ich, das Beste, was wir tun können.

Victoria Falls
https://lmy.de/ZQcxS

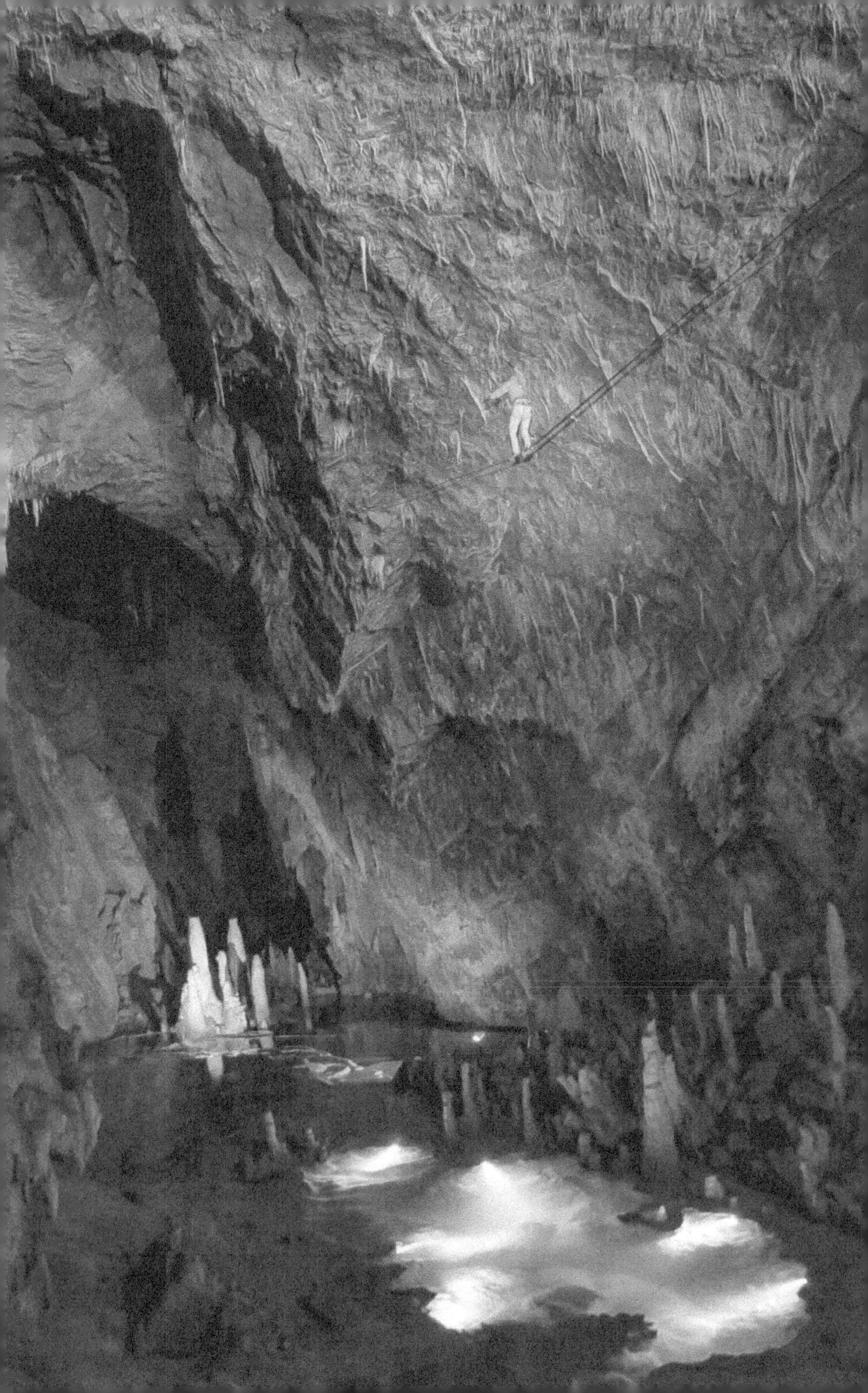

KAPITEL 5

Kreative Neuorientierung: Die prägendsten Erfahrungen machen wir fern von aller Sicherheit

Oft heißt es, wer außergewöhnliche Erfahrungen machen will, müsse seine Komfortzone verlassen. Das ist richtig. Erst mal müssen wir aus ihr heraustreten, hinein in ungewohntes Terrain, das uns vielleicht Angst macht. Aber was bringen uns diese Erlebnisse, wenn wir uns dauerhaft in diesem Bereich unwohl fühlen? Das Ziel am Ende sollte sein, seine Komfortzone immer weiter zu vergrößern, um diese Erfahrungen auch als Genuss empfinden zu können.

Natürlich ist es dafür entscheidend, 100 Prozent zu geben, sich zu überwinden und sich seinen Ängsten zu stellen. Aber ebenso wichtig ist es, anders zu denken und eigene Wege zu beschreiten, als bekannte Wege schneller oder besser als andere zu meistern. Das Slacklinen selbst ist bereits eine äußerst kreative Lösung, einen Abgrund zu überbrücken. Ein spannender Weg, sich mit seinen Ängsten auseinanderzusetzen, und für mich persönlich eine Motivation, einen Lebensweg einzuschlagen, der mich fern von aller Sicherheit Neuland betreten lässt. Wer immer nur nach oben strebt, erreicht sicher einiges, verpasst aber auch viel. Zielstrebigkeit und Offenheit für vollkommen Neues harmonieren nicht immer gut miteinander, daher versuche ich niemals, beides zu verbinden, aber trotzdem die Balance zwischen diesen verschiedenen Motivationen zu finden und sowohl das eine als auch das andere zuzulassen.

Jahrelang hatte ich mit der Angst gekämpft, unkontrolliert zu fallen. Komplett überwinden konnte ich sie nie. Ungebremst in die Sicherung zu stürzen, blieb ein Schockerlebnis, das mich jedes Mal durchschüttelte. Ein ewiges Ringen zwischen dem rationalen Verständnis, dass man gesichert ist und einem nichts passieren wird, und der übergroßen Angst und scheinbaren Gewissheit, in den Abgrund zu stürzen. Ich vermied solche Stürze, wann immer möglich. Passierte es doch einmal, dass ich die Line im Fallen nicht greifen konnte, blieb mir das Herz kurz stehen und ich fand mich nach einem Pendelsturz dann mit rasendem Puls an der anderthalb Meter langen Leash hängend wieder. Ich versuchte, die unvermeidliche Rotation zu stoppen, bevor mir schlecht wurde und kletterte schnellstmöglich wieder empor.

Wenn ich nach dem Training abends im Bett lag, grübelte ich oft darüber, wie ich besser damit umgehen könnte. Gab es vielleicht irgendeinen Weg, dieses negative Gefühl, dieses unangenehme Erlebnis, in etwas zu verwandeln, das positiv konnotiert war oder vielleicht sogar Spaß machte? Wäre es nicht fantastisch, diesen Sturz zu kontrollieren, die Angst zu überwinden und mit voller Absicht in die Leash zu springen? Zugegeben, es war schwer vorstellbar. Aber ich versuchte, mich gedanklich in diese Situation zu begeben, und mir vor Augen zu führen, wie es wäre, wenn ich mich seitlich auf die Slackline stellen und bewusst in die Tiefe stürzen würde. Und das, was ich sonst mit aller Kraft vermeiden wollte, bewusst herbeiführen würde. Meine Gedanken haben diese verrückte Idee weitergesponnen. Könnte ich den Pendelsturz nicht sogar aktiv nutzen, um auf einer Kreisbahn um die Slackline zu fliegen und am Ende wieder im Stehen zu landen wie Superman? Verrückt und einfach großartig, so stellte ich es mir vor. Die Idee hatte sich bald in mir festgesetzt und wurde zu einem Traum, den ich unbedingt verwirklichen wollte. Damit war ich jedoch nicht der Einzige. Selbst Scott Balcom, der als erster Slackliner erfolgreich die Highline am Lost Arrow Spire überquert hatte, berichtete mir, dass er Ende der Achtzigerjahre eine ähnliche Idee hatte, diese aber aus Angst vor einem selbst provozierten Materialversagen mit dramatischen Konsequenzen niemals in die Tat umgesetzt hatte. Balcom war ein Pionier des Sports und zu seiner aktiven Zeit war wenig über die auftretenden Kräfte bei Stürzen bekannt. Das Unwissen schürte die Angst, und das Kopfkino erledigte den Rest, um eine so abgefahrene Idee schnell wieder zu verwerfen. Viele andere Slackliner erzählten mir später von ähnlichen Vorhaben. Die Idee, den befürchteten Sturz in einen Trick zu verwandeln, schien naheliegend und war doch so furchteinflößend, dass es die wenigsten wirklich versuchten. Die, die es wagten, kamen recht schnell zu der Einsicht, dass es aussichtslos war.

Doch ein Traum muss getestet, adaptiert und geduldig weiter ausgemalt werden, wenn er jemals Gestalt annehmen soll. Und ich war entschlossen, ihn zu verwirklichen. Im Jahr 2009 versuchte ich zum ersten Mal einen absichtlichen Sprung in die Sicherung. Es kostete mich Überwindung, aber ich merkte schnell, dass kontrolliert zu fallen etwas anderes war, als wenn es ungeplant geschah. Ähnlich wie beim Klettersport überwindet man die Angst vor Abstürzen nur dadurch, diese Stürze mit kalkulierbarem Risiko zu üben. Beim

Klettern wird das beim sogenannten »Sturztraining« inzwischen als Standardelement für die Kletterausbildung gemacht. Auch beim Slacklinen haben mir die wiederholten Sprünge in das Sicherungsseil geholfen, die Angst zu verringern und vor allem mehr Vertrauen in das Material aufzubauen. Allerdings musste ich bei meinen ersten Versuchen sehr schnell einsehen, dass die Idee eines Pendelsprungs mit anschließender Landung unmöglich war. Ich sprang kraftvoll ab, verlor aber dann komplett die Kontrolle. Von einer Umrundung mit Siegerpose auf der Line am Ende und dem Superman-Soundtrack im Ohr war ich sehr weit weg. Der Pendelflug endete meist schnell, und ich konnte die Slackline nicht mal mit den Händen erreichen, geschweige denn so hoch schwingen, dass an eine Landung auf den Füßen zu denken gewesen wäre.

Mein bester Freund Berni, damals mitten im Physikstudium, nahm mir dann endgültig die Hoffnung. Er erklärte mir anschaulich, dass mein Vorhaben rein physikalisch nicht möglich sei. Wie ein Pendel, das man an einem gewissen Punkt loslässt und das nie wieder den Ausgangspunkt erreicht, verhielt es sich auch mit dem menschlichen Körper. In der Luft sowie am Befestigungspunkt geht Energie verloren, was es unmöglich macht, den Ausgangspunkt auf der Slackline wieder zu erreichen. Das klang einleuchtend. Die kläglichen Resultate meiner Versuche schienen dies ebenfalls zu bestätigen. So hatte ich Abstand von der Idee genommen, sie sogar fast vergessen, bis ich vier Jahre später ein Video eines amerikanischen Kollegen sah, der diesen unmöglichen Trick versuchte. Auch ihm gelang es nicht annähernd, auf die Höhe zurückzukehren, aber meine Motivation war dadurch wieder entfacht. Ich beschloss, es erneut zu probieren – den Gesetzen der Physik zum Trotz.

Zu dieser Zeit lebte ich in Marseille und hatte einen gut erreichbaren Highline-Platz, mit einer etwa 20 Meter langen, nicht allzu hohen Highline, die ich ziemlich perfekt für mein Vorhaben fand. Der Moment war gekommen, wieder mit voller Absicht in die Tiefe zu springen. Ich drehte mich seitlich, blickte auf den kleinen Fluss am Grund der Schlucht, ging in die Knie, holte Schwung und sprang. Adrenalin überflutete mich wie bei einem Bungeesprung, dann war es auch schon wieder vorbei und ich hing im Sicherungsseil unter der Line und drehte mich wild im Kreis. Als ich es weiter probierte, begriff ich, dass ich wohl erst dann eine Chance hatte, den Flug tatsächlich zu steuern, wenn ich es schaffte, meine körperliche Reaktion auf den Sturz zu bremsen und einen klaren Kopf zu behalten. Ich begann, vor dem Sprung ganz bewusst einzuatmen und beim Absprung kontinuierlich auszuatmen. Dadurch schien der Flug, wie meine Atmung, verlangsamt und für mich bewusster erlebbar zu werden. Ich zwang mich, die Augen offen zu halten und mich trotz der chaotisch vorbeirasenden Welt auf meine Körperposition zu fokussieren. Aber dennoch schien ich nie genug Schwung zu haben, um wieder auf die Höhe der Line zurückkehren zu können.

In meiner Vorstellung funktionierte der Trick jedoch jedes Mal. Fast unentwegt ging mir dieses Szenario durch den Kopf. Ohne mich je bewusst mit der Technik des Visualisierens beschäftigt zu haben, tat ich jedoch genau das, ich stellte mir in konkreten Bildern meine Wünsche und Ziele vor. Heute weiß ich: Unser Gehirn erkennt den Unterschied zwischen einer sehr genauen Vorstellung und der Realität im Grunde gar nicht. Wenn ich mir eine Situation immer wieder ausmale, denkt mein Gehirn, ich hätte es tatsächlich erlebt, es hält sie für real – mit genau dem Ausgang, den ich gern hätte.

So fällt es leichter, seine Visionen und Träume selbstbewusst in die Tat umzusetzen. »The path to success is to take massive, determined action«[8], lautet das Motto von Persönlichkeitstrainer Anthony Robbins, in dem ich mich stark wiederfinde. Für mich bedeutete es, alles hineinzulegen, was ich zu geben hatte und es so heftig zu versuchen, bis es funktionieren würde. Drei Tage lang trainierte ich wie ein Besessener. Mehr als 300 mal probierte ich es. Über 300 Sprünge in die Tiefe. Es waren so harte Crashs dabei, dass mein Körper mit blauen Flecken übersäht war und meine damalige Freundin mich fragte, ob ich in eine Schlägerei geraten wäre. Tatsächlich kämpfte ich aber nur gegen mich selbst – und gegen die Gesetze der Physik.

So oft war ich gescheitert, dass ich mich erst mal von all diesen Niederschlägen erholen musste. Für eine Woche nahm ich physisch Abstand von meinem Projekt, aber gedanklich konnte ich es nicht. Es ließ mich nicht los, ich grübelte unentwegt, wie ich den Schwung vergrößern könnte, um doch irgendwie die Umrundung zu schaffen. Und irgendwann kam mir der Einfall, im Flug an der Leash zu ziehen, um den Schwung zu verstärken und mich daran hoch zu hebeln. Beseelt von dieser Idee, stieg ich am nächsten Tag wieder auf die Line, sprang, fasste die Leash, merkte, wie ich dadurch Fahrt aufnahm – und wusste gleich: Das war der Weg, um mein Ziel zu erreichen! Natürlich klappte es nicht sofort, aber ich kam schon beim ersten Mal viel höher und nach ein paar Tagen intensiven Trainings gelang mir das Unglaubliche: Ich landete nach meinem kleinen Rundflug mit beiden Füßen auf der Line und blieb dieses Mal stehen. Als ich dort oben angekommen war und versuchte, aus dieser dynamischen Bewegung heraus wieder ins stabile Gleichgewicht zu kommen, konnte ich es nicht fassen, was gerade passiert war. Es war unbegreiflich. Wenn man so etwas Schwieriges geschafft hat, allen Widrigkeiten zum Trotz, dann stellt sich erst mal eine große Ungläubigkeit ein: Warum um alles in der Welt hat das jetzt geklappt? Dass ich die Grenzen der Realität gesprengt hatte und es tatsächlich funktionierte, war nichts anderes als eine kleine Sensation. Ein modernes Märchen und *Science-Fiction* zusammen.

Schon bevor ich mich erstmalig daran versucht hatte, trug dieser scheinbar unmögliche Trick den Namen *Luke Skywalker* – in Anspielung auf die legendäre Lichtschwerter-Kampfszene in *Star Wars: Episode V – Das Imperium schlägt zurück.* Darin stürzt Luke von der Brücke des Raumschiffs in den Abgrund, scheinbar zum Tode verurteilt, doch dann gelingt ihm, an nur einer Hand hängend, ein unglaubliches Comeback, um Darth Vader zu töten. Eigentlich eine Sache der Unmöglichkeit, die ihm aber dennoch glückte. Nachdem ich den Trick als Erster geschafft hatte, ist *Luke Skywalker* nicht nur der Name des Tricks geblieben, sondern auch zu meinem Spitznamen geworden.

Was mich in der Zeit nach diesem Erfolg mit großem Erstaunen erfüllt hat: Als ich ein Video des geglückten Tricks auf *YouTube* stellte, dauerte es nur eine Woche, bis er zwei anderen Slacklinern auf der Welt ebenfalls gelang. In einem knappen Dutzend Clips von überall rund um den Globus sah man in der darauffolgenden Zeit Slackliner durch die Luft fliegen und auf den Füßen wieder auf der Line landen. Etwas, woran vorher kaum jemand wirklich geglaubt hatte, an dem jahrelang viele gescheitert waren, schien auf einmal möglich geworden zu sein. Was mir eindrucksvoll zeigte: Wir können vom Erfolg der anderen lernen, wir sollten unsere Strategien teilen, Ziele zu erreichen, uns bei anderen Inspiration holen, uns mitreißen lassen von dem, was sie geschafft haben! Aber hier ging es sicher nicht nur darum, sich die technischen Details abzugucken, sondern auch darum, an etwas zu glauben. Wenn alle sagen, vergiss es, das wird nichts, ist es viel schwieriger, gegen den Widerstand anzuarbeiten als mit dem Vertrauen darin, dass es – zumindest theoretisch – funktionieren kann. Wenn wir überzeugt davon sind, dass etwas realisierbar ist, dann geben wir nicht so schnell auf. Wenn wir jemanden kennen, der es bereits geschafft hat, dann denken wir uns: »Das kann ich auch!« Für mich ein wichtiges Learning.

Neue Räume

Seit ich mir bewiesen habe, dass ich für mich selbst definieren kann, was unmöglich ist und was nicht, lasse ich mich noch weniger abschrecken, wenn mir jemand einreden will, dass etwas nicht geht. Vielmehr triggert ein solcher Satz heutzutage meinen Ehrgeiz und spornt mich an, das Gegenteil zu beweisen. Wenn ich mir eine Sache in den Kopf gesetzt habe, dann kriege ich sie nicht mehr raus, bis ich sie gemacht habe. Jedes bewältigte Ziel zeigt mir nur, dass das Ende noch nicht erreicht ist und ich mir ein größeres, noch ferneres Ziel suchen darf auf meiner hoffentlich niemals endenden Reise. Lange war es mein großer Traum, die längste Highline der Welt zu laufen. Als mir das mit einer fast zwei Kilometer langen Slackline 2019 in Kanada gelang, war es ein unglaubliches Hochgefühl. Den Rekord ein zweites Mal zu brechen, war jedoch bei Weitem nicht mehr so spektakulär für mich selbst, obwohl die Line um ein Vielfaches ausgesetzter und krasser war. Nur die

Distanz zu erhöhen, war mir nicht genug, es musste mehr als nur diese Zahl sein. Es ging mir darum, Neuland zu betreten und Grenzen zu sprengen, mich großen Herausforderungen zu stellen und natürlich auch darum, am Ende einen Erfolg feiern zu können. Nach Projekten, in die ich viel Arbeit investiere, um zum Ziel zu kommen, kann ich für Wochen und Monate zufrieden sein. Aber dennoch formt sich meist in genau dieser Zeit schon eine neue Idee.

Im Jahr 2013 hatte ich einen weiteren großen Traum wahr gemacht – mit der erfolgreichen Begehung einer Highline in 5222 Metern Höhe auf dem Yanapaccha, der zur peruanischen Gebirgskette Cordillera Blanca zählt. Zu dem Zeitpunkt war es die höchste Highline der Welt. Zusammen mit einem Team gelang es mir, eine 25 Meter lange Line über der mehr als 1000 Meter hohen Nordwand zu spannen. Ein gigantisches Gefühl. Trotzdem wusste ich schon damals, dass dies nur der Beginn einer noch größeren Reise ist. Das Bergsteigen, die große Höhe, der Sauerstoffmangel und die Kälte waren hart, aber die Slackline fiel mir dank der überschaubaren Länge leicht. Ich wusste sofort, dass noch etwas ganz anderes auf mich wartete, das mich komplett an meine Grenzen bringen würde.

Drei Jahre waren vergangen, seit ich auf dem Gipfel des Yanapaccha meinen ersten Höhenweltrekord gefeiert hatte. Darauf ausruhen konnte ich mich nicht, es entspricht schlicht nicht meiner Mentalität. Doch ich begann mich zu fragen, ob es immer nur schneller, weiter und höher gehen müsste. Oder ob mir nicht etwas völlig anderes einfallen würde. Nicht auf einen Berg hinauf, sondern vielleicht in den Berg hinein? Eine Deepline! Ich wollte einen einzigartigen Platz suchen, um die tiefste Line der Welt zu spannen. Anstatt auf die höchsten

Gipfel der Erde zu klettern, wollte ich tief unter die Erdoberfläche vordringen und dort über meine Slackline laufen. Eine faszinierende und mir gänzlich unbekannte Welt entdecken, mich einer neuen Herausforderung stellen und einen Tiefenrekord aufstellen.

Von meinen französischen Slackliner-Freunden wusste ich, dass sie bereits in 100 Metern Tiefe versucht hatten, eine Line zu spannen. Mich begeisterte die Idee, in einem geschlossenen, verborgenen Raum unter der Erdoberfläche zu balancieren – und natürlich der Gedanke, das Ganze noch zu steigern, noch tiefer hinabzusteigen, als meine Freunde es bisher getan hatten. Mir fehlte zu dem Zeitpunkt allerdings eine konkrete Vorstellung davon, wie tief manche Höhlen tatsächlich reichen, dass sich unter der Erde gigantische Welten auftun, echte Paralleluniversen voller mystischer Schönheit. Als mir Guillaume Barrande, den ich vom Klettern und Highlinen kannte, von der Gouffre-Berger-Höhle in den französischen Alpen hoch oben auf dem Vercors-Plateau erzählte, war klar, dass der perfekte Ort gefunden war. Insgesamt ist das Höhlensystem bis zu 1271 Meter tief und 31 Kilometer lang. Genau dort sollte es passieren, nein, musste es passieren. Für Höhlenkletterer ist dieser Ort in der Nähe von Grenoble ungefähr so wie der Mount Everest für Bergsteiger. 1953 bei einer Expedition von Joseph Berger entdeckt, galt sie einige Jahre als die tiefste Höhle der Welt. Seither hatten sich immer neue Abenteurer in den Alpenschlund gewagt, versuchten, Weltrekorde aufzustellen und neue Bereiche zu erkunden – mehrere ließen dort ihr Leben.

Als ich durch meine Recherchen davon erfuhr, was die ersten Höhlenforscher hier geleistet hatten, war ich tief beeindruckt. Ein Team um Fernand Petzl, Gründer des Outdoorherstellers *Petzl*, der auch unser Projekt unterstützen sollte, war in den Sechzigerjahren in der Gouffre-Berger-Höhle mit der ersten Forschergruppe überhaupt in eine Tiefe von mehr als 1000 Metern vorgedrungen, erkundete dabei nicht nur das einzigartige Terrain, sondern testete auch eigene Abseil- und Aufstiegsgeräte. Ihm zu Ehren haben wir unsere Deepline *Crise de la soixantaine* getauft, was wörtlich übersetzt *Krise der Sechziger* bedeutet.

Wie musste es wohl gewesen sein, nach und nach diesen Ort zu erkunden, immer weiter vorzustoßen in eine Welt, die noch niemand zuvor betreten hatte? Ich versuchte mich hineinzuversetzen in diese Menschen, die zuerst dorthin vorgedrungen sind. Ohne zu wissen, welche Gefahren dort lauerten. Alles Stück für Stück für die Nachwelt erschlossen und kartierten. Dieser Pioniergeist ist es, der mich auch an meinem Sport so reizt, mir immer neue Plätze zu erobern und neue Erfahrungen machen zu dürfen.

Als wir den einen der neun Eingänge im Wald endlich fanden, fragten wir uns, wie er überhaupt entdeckt werden konnte. Wir hatten einen markanten Einstieg mit einer weiten Öffnung erwartet, waren nun überrascht, etwas vorzufinden, das nicht mehr war als ein vielleicht ein Meter großes Loch im Felsen. Wer würde dort ernsthaft hineinsteigen, ohne zu wissen, was sich dahinter verbarg? Zumal es hinter dem Einstieg zuallererst einmal nur senkrecht nach unten geht. Wir hatten uns zumindest im Vorfeld mit dieser Höhle beschäftigt und wussten grob, worauf wir uns einließen. Doch den Wunsch, die Welt in diese neue Richtung zu entdecken, nicht nach oben, sondern nach unten, den konnte ich sehr gut nachempfinden. Und war voller erwartungsvoller Freude, diese fremde Welt zu erforschen.

Aus Expeditionsberichten und Büchern wussten wir, dass die Eingänge wie vertikale Schächte unter die Erde führen – mit einer Durchschnittstiefe von 300 Metern. Von oben kann man in diese riesigen Trichter hineinschauen, deren Felsenwände am Einstieg noch mit üppiger Vegetation bewachsen sind.

Um von der Oberfläche der Erde bis zum tiefsten Punkt der Höhle hinabzusteigen, braucht man zwischen fünfzehn und 40 Stunden. Wir hatten uns vorgenommen, im *Salle des Treize*, gut 500 Meter unter der Erdoberfläche, unsere Highline aufzubauen. Ein rund zehnköpfiges Team war dabei, darunter auch erfahrene Höhlenkletterer, die nicht zum ersten Mal hier waren. Die Hauptgefahr beim Klettern in der Höhle besteht in plötzlichem Hochwasser, das Schächte und Kanäle flutet und schon zahlreichen Forschenden das Leben gekostet hat. Es ist unmöglich, vorauszusagen, welche Teile der unterirdischen Gewölbe zu welchem Zeitpunkt überschwemmt werden. In einem Großteil steht ohnehin immer Wasser, aber wenn es stark regnet, dann steigt es in den verschlungenen Gängen dramatisch an. Da man in der Höhle nicht mitbekommt, was außerhalb vor sich geht und auch kein direkter Kontakt möglich ist, war der Gedanke daran, dass große Mengen Regen niedergehen könnten, ohne dass wir es merken, beängstigend. Wir hatten kein Netz, die Kommunikation nach außen war nicht möglich. Aber retten würde uns das ohnehin nicht, da es viel zu lange dauern würde, bis uns Hilfe erreichen würde. Zu begreifen, dass sich dieses Labyrinth aus Schächten und Tunneln durch Wasser gebildet hat, das den Stein mit der Zeit ausgehöhlt hat, bedeutet natürlich auch, sich bewusst darüber zu sein, welche Kraft dieses Element hat und wie ausgeliefert wir ihm waren.

Black Beauty

Was wir unter der Erde vorfanden, übertraf alle unsere Erwartungen und keine Beschreibung würde diesem Wunderwerk je gerecht werden können. Dass die Natur dieses komplexe System erschaffen hat, ist kaum vorstellbar. Die Schächte, die mäandernden Gänge, die auf offene Säle zuführen. Ein architektonisches Meisterwerk, das mich in seiner Perfektion an einen Bienenstock erinnerte. Es war an vielen Stellen mühsam und schwierig hindurchzukommen. Oftmals kletterten wir in den engen Gängen ohne Boden unter den Füßen, konnten nur an den glatten, feuchten Wänden Halt suchen, wussten nie, wie tief es unter uns runtergeht. Man muss eine spezielle Stemmtechnik beherrschen, die auch »Kaminklettern« genannt wird, um sich durch die schmalen Windungen zu manövrieren. Dabei pressen Kletternde ihre Körper gegen die Wände, ihre Füße suchen sich Felsvorsprünge, um auf ihnen zu balancieren. Teilweise maßen die Spalten nur einen halben Meter, waren so schmal, dass wir nur ohne Gepäck hindurchkamen, unsere Rucksäcke abnehmen und zum Vordermann schieben mussten. Als wir das Ende des ersten Tunnels erreichten, stießen wir auf einen Fluss, der wie ein Wildbach zwischen Schotter und Felsbrocken hindurchfloss. Richtete man den Blick nur auf das Gewässer, hätte es ebenso gut eine Szene irgendwo nachts im Wald sein können, doch schaute man nach oben, dann waren da keine Sterne, sondern Stalaktiten, von der Decke hängende Tropfsteine.

In der Höhle herrschte eine relativ konstante Temperatur, zwischen fünf und zehn Grad, angenehm kühl. Außer ein paar Schnaken am Höhleneingang begegneten wir keinerlei Tieren. Ohnehin gibt es kaum Leben dort, außer ein paar

Flechten – und natürlich den Tropfsteinen – wächst nichts. Ein ziemlich klinischer, neutraler und seltsam geruchsloser Raum.

Mit der Enge hatte ich keine Probleme, auch wenn manchmal so wenig Platz war, dass ich mich zwischen den Felsen hindurchschieben musste. Was mir aber zu der Bedrohung durch das Wasser noch extrem zusetzte, war diese neue Art von Dunkelheit, die ich zuvor nicht kannte. Es war wirklich stockfinster. Viel dunkler als die Nacht. Wenn ich meine Stirnlampe ausschaltete und meine Hand vor mein Gesicht hielt, konnte ich sie nicht mal erahnen. Nur wenige Meter hinter dem Eingang der Höhle war jedes Restlicht verschwunden. Da war nichts mehr, gar nichts mehr. Ein beunruhigendes Gefühl, sich komplett darauf verlassen zu müssen, dass dein Equipment funktioniert, denn ohne Licht hätten wir es niemals wieder zurückgeschafft, vermutlich keine zehn Meter weit. Unser Leben hing an unseren Stirnlampen und an den Ersatzbatterien, die wir zuvor unzählige Male kontrolliert hatten. Natürlich hatte jeder mindestens eine Ersatzlampe dabei. Die totale Finsternis bedeutet eben auch vollkommene Orientierungslosigkeit. Jedes Gefühl für Zeit und Raum löst sich auf. Eine besondere Form von Ausgesetztheit, furchteinflößend und faszinierend zugleich. Wir befanden uns in einem fremden Kosmos, einer Welt, in der wir als Menschen nur mit unserer Ausstattung überlebensfähig und entsprechend ausgeliefert waren. In gewisser Weise war ich es bereits gewohnt, in lebensfeindlichem Gebiet unterwegs zu sein, aber das war ein neues Level an Abgeschiedenheit.

Ziemlich bald wurde uns klar, dass wir unser Ziel, den *Salle des Treize*, nicht an einem Tag schaffen würden, nicht mit dem ganzen Material, das wir nach unten bringen mussten – von

Slackline-Equipment über Kletter- und Ankerseile bis hin zu einem Dutzend akkubetriebenen Baustrahlern, um den Raum für die Begehung auszuleuchten. Doch das änderte nichts daran, dass wir an unserem Ziel festhielten. Genau in dem großen Saal, einen halben Kilometer unter der Erde, sollte die Line gespannt werden. Lange hatten wir die Topografie und Karten der Höhle studiert – es gab einfach keinen besseren Platz!

Wir deponierten unser Material am Fluss, machten uns auf, um denselben mühsamen Weg wieder nach oben zu steigen. Doch dort, wo wir uns vor ein paar Stunden abgeseilt hatten, stürzte auf einmal ein Wasserfall hinunter. Draußen war es offenbar zu unerwarteten Regenfällen gekommen, wodurch sich hier unten in kürzester Zeit Sturzbäche gebildet hatten. Einen anderen Aufstieg gab es jedoch nicht. Wir hatten keine andere Wahl, als mitten durch diesen Wasserfall an den Seilen wieder hochzuklettern, wenn wir nicht stundenlang unten ausharren wollten. Zwar trugen wir wasserabweisende Caving-Anzüge oder *Gore-Tex*-Bekleidung, doch wenn man permanent wie unter einer Dusche steht und es unaufhörlich über die Öffnung am Kragen reinfließt, dann ist man in kürzester Zeit bis auf die Unterhose durchnässt und fühlt sich hundeelend. Inmitten von diesem engen Schacht zu stecken, während das Wasser über uns lief, war nichts anderes als furchtbar. Wir kannten die Geschichten von Kletterern, die am Seil hängend zu Tode gekommen waren – unterkühlt oder ertrunken. Es war eine reale Angst, hier sterben zu können …

Nach der anfänglichen Begeisterung waren wir erst mal zurück auf dem harten Boden der Tatsachen gelandet. Bis zum Fluss in 250 Metern Tiefe hatten wir fünf Stunden gebraucht, zurück nach oben noch länger, wir waren den ganzen Tag unterwegs gewesen. Das alles kostete unfassbar viel

Energie, nicht nur körperlich, sondern auch mental. So entschieden wir, uns in zwei Teams aufzuteilen und abwechselnd in die Höhle zu gehen, eins würde sich erholen und neue Kraft schöpfen, während das andere weiteres Material runterbringen und weiter in die Höhle vordringen sollte.

In den Zelten zu sitzen, die wir am Höhleneingang im Wald aufgestellt hatten, und zu warten, Mikado zu spielen und Bücher zu lesen, wissend, dass unsere Freunde da unten in der Tiefe sind, war schwer auszuhalten. Denn wir alle wussten, dass jede kleinste Verletzung in dieser Tiefe ein großes Problem darstellt. Wenn du dir das Handgelenk brichst, kommst du aus eigener Kraft nicht mehr hoch, dann musst du aus der Höhle geborgen werden. Doch die Bergwacht anzurufen und per Hubschrauber evakuiert zu werden, ist hier nicht möglich. Wie dramatisch so eine Rettung unter diesen Begebenheiten ablaufen kann, sollten wir drei Jahre später erfahren, als ein junger Forscher dort unterwegs war. Er hatte sich von seiner Gruppe entfernt und nicht wieder zurückgefunden. Zwei Tage nach seinem Verschwinden fanden Einsatzkräfte den Mann in einem Stollen in dem verwinkelten Höhlensystem – er steckte fest und konnte wegen einer Verletzung am Knöchel nicht mehr laufen. Erst einen Tag später gelang es dem Rettungsteam, ihn aus 650 Metern Tiefe zu bergen, 200 Einsatzkräfte waren daran beteiligt.

Doch auch bevor wir zu unserer Tour aufbrachen, hatten wir bereits von Höhlenkletterern gehört, die verunglückt waren und tagelang auf ihre Bergung warten mussten. Wir agierten also in dem Bewusstsein, dass uns auf keinen Fall etwas passieren darf. In diesem Wissen bewegst du dich langsamer, vorsichtiger, kontrollierst alles mehrfach. Denn wenn du dich verletzt, hast du ein Riesenproblem. Du hast immer vor Augen, endlose Stunden in der stockfinsteren Höhle auf Hilfe zu warten. Ein absoluter Albtraum! Trotzdem durftest du nicht anfangen, dich in die Vorstellung reinzusteigern, dass du dich unter einer 500 Meter dicken Gesteinsschicht bewegst, die beständig weiter ausgehöhlt wird – und womöglich irgendwann einstürzen könnte. Wir waren angespannt, die Konsequenzen und die Bedrohungslage saßen uns im Nacken und trotzdem war die Umgebung, die wir entdeckten, unglaublich faszinierend.

Ein Sommelier unter der Erde

Als sich nach sieben Stunden Klettern der *Salle des Treize* vor uns aufbaute, vergaßen wir sofort alle Horrorszenarien. Mit den Baustrahlern, die wir in den vergangenen Tagen mühsam in die Tiefe geschleppt hatten, leuchteten wir ihn komplett aus. Und staunten über die gewaltige Schönheit, die sich mit jeder neuen Lichtquelle mehr entfaltete. Ein Raum, so majestätisch wie ein riesiges Kirchenschiff. Der Boden war teilweise von Wasser bedeckt. Zapfen aus Kalkstein wachsen von der Decke, Sinter in fast künstlerischen Formen, entstanden durch mineralische Ablagerungen, überzieht die Wände. Bis zu zehn Meter hohe Stalagmiten recken sich vom Boden aus der Decke entgegen, wie von Anhängern moderner Kunst aus Bauschaum geformt. Eine unterirdische Höhle, aber überirdisch schön, sie erinnerte mich an eine Szenerie aus *Science-Fiction*-Filmen.

Das eine Ende der Highline banden wir um einen Stalagmiten von sechs Metern Umfang. Mit einer Höhe von fünfzehn Metern sah das Ding so verrückt aus, dass es direkt aus einem *Alien*-Film entsprungen sein könnte. Ein großartiges Wunder der Natur, das man nicht für möglich hält, bis man es mit eigenen Augen sieht.

Wir spannten die Line in etwa 30 Metern Höhe, über 80 Meter führte sie quer durch den *Salle des Treize*. Dass es so schwer sein würde, in dieser Umgebung die Balance zu finden und die Kontrolle zu gewinnen, damit hatte ich nicht gerechnet, dachte, der herausfordernde Teil läge nach dem anspruchsvollen Klettern hinter mir und jetzt käme nur noch die Kür. Doch beim Balancieren braucht man eine visuelle Referenz, die hier fehlte. Die Decke sah genauso aus wie der Boden. Wo war oben, wo unten, wo rechts, wo links? Eine Orientierung an optischen Markern war kaum möglich, es gab keinen Felsvorsprung unter mir, keine Bergspitze in der Ferne, keine Horizontlinie, keine greifbare Symmetrie. Zudem war die Slackline durch die Feuchtigkeit schwer geworden und ich konnte erst mal keinen Schritt darauf laufen. Die Angst, mich hier unten zu verletzen, ließ meinen Körper verkrampfen und mich übervorsichtig werden. Keine zehn Schritte konnte ich am Stück laufen, setzte mich immer wieder ab, wenn ich die Balance zu verlieren drohte.

So würde es niemals etwas werden. Nach zehn gescheiterten Versuchen brauchte ich einen Moment, um mich neu zu fokussieren und ließ den anderen erst mal den Vortritt. Aber alle taten sich unter diesen vollkommen ungewohnten Bedingungen schwer und schafften keinen erfolgreichen Lauf. Während ich meinen Freunden bei ihren Versuchen zusah, dachte ich über das nach, was mich motiviert hatte herzukommen. Das Bild, das ich mir vorgestellt hatte, die Höhle, durch die ich in luftiger Höhe lief. Und die in Wirklichkeit noch einzigartiger und spektakulärer war als alles, was man sich in seiner

Fantasie je hätte ausmalen können. *Nie wieder werde ich die Chance haben, hierherzukommen und so ein Projekt zu machen, es wird keinen zweiten Versuch geben. Ich will diese Line unbedingt schaffen! Sie ist der Grund, warum ich hier bin. Ich gehe jetzt drauf und gebe alles, um dieses Projekt positiv abzuschließen!* Das war das Selbstgespräch, das ich mit mir führte. Irgendwie gelang es mir, den Druck zu kanalisieren und in Aktion umzuwandeln. Noch einmal setzte ich an und begann, mich auf diese besondere Line einzustellen. Der Trick war denkbar simpel, ich leuchtete mit der Stirnlampe, die an meinem Helm angebracht war, zum Ankerpunkt und fokussierte mich vollständig auf diesen Lichtkegel. Obwohl der ganze Saal durch die Baustrahler ausgeleuchtet war und somit die Stirnlampe nicht nötig gewesen wäre, gab mir der Lichtkegel die Kontrolle zurück. So gelang es mir, ruhig und ohne Sturz in etwa zehn Minuten auf die andere Seite zu kommen. Nicht aber ohne Kampf. Aufgrund der Szenerie war es eine der anspruchsvollsten Lines, die ich je gelaufen bin – selbst im heutigen Vergleich. Ich verstehe noch immer nicht wirklich, warum sie so unfassbar hart und schwierig war, aber ich war überglücklich, dass es nach all den gescheiterten Versuchen doch noch funktioniert hat.

Als ich von der Line kam, umarmten alle einander, waren euphorisiert und erfüllt von dieser unvergleichlichen Erfahrung. Um das alles noch zu toppen, zog Clement auf einmal eine Flasche Champagner aus dem Rucksack, sogar mit echten Gläsern! Wie er das geschafft hat, frage ich mich noch immer. Zumal wir unsere Rucksäcke manchmal ein Stück weit den Schacht runterwerfen mussten, sie über den Boden schleiften und durch schmale Spalten quetschten. Trotzdem war alles heil geblieben. Clement war damals gerade dabei, sich zum

Sommelier ausbilden zu lassen und so gab es am Grund der Höhle eine private Verkostung für uns. 500 Meter unter der Erde stießen wir auf unseren galaktischen Erfolg an. Ein Moment, der mir für immer in Erinnerung bleiben wird.

Als ich zu diesem Projekt aufgebrochen war, hatte mich die Idee angetrieben, in einer Welt etwas Einzigartiges zu wagen, die zwar die ganze Zeit da ist, aber die wir nicht zu Gesicht bekommen. Über die wir im Zweifelsfall sogar hinweglaufen und keine Vorstellung davon haben, was für unglaubliche Strukturen sich unter unseren Fußsohlen befinden. In den dunklen Nischen und Winkeln stießen wir auf verschiedene Gesteinsformen und bizarre Felsen. Wie eine gigantische Kunstgalerie. Jeder Abschnitt der Gouffre-Berger-Höhle offenbarte eine neue Facette der Höhlenstruktur und ihrer geologischen Formationen. Wir erkundeten eine unterirdische Welt, vollkommen unwirtliches Terrain. Zusammen mit den Geräuschen des tropfenden Wassers und dem Echo unserer Stimmen, schuf dieser Ort eine Atmosphäre, die mit nichts vergleichbar ist, das ich auf all meinen Reisen erlebt habe.

Bei all diesen Abenteuern liegt der Reiz für mich stets darin, sich Orte zu erschließen, die außergewöhnlich sind, die man sich hart erarbeitet, für die man sich sogar neue Fähigkeiten aneignen muss, um sie zu erreichen. Und die noch nicht viele Menschen vor mir überhaupt betreten durften. Dort unten waren wir wie losgelöst von Zeit und Raum. Wir hatten kein Gefühl dafür, wie viele Stunden wir unterwegs waren.

Ich war unendlich dankbar, als wir endlich durch das kleine Felsloch aus der Höhle an die frische Luft krochen. Auf allen vieren und am Ende mit der Welt. Aber am Leben. Es war bereits mitten in der Nacht und die Sterne leuchteten am Himmel. Es war dunkel, aber die Dunkelheit der Nacht hatte nichts mit der Finsternis einer Höhle zu tun. Wir freuten uns, diesen Ort wieder zu verlassen – fast 22 Stunden hatten wir darin verbracht. Trotz aller Schönheit und Faszination hatte es sich in den letzten Stunden des Aufstiegs zunehmend wie ein Gefängnis angefühlt. Noch ein Tunnel, noch ein Gang, noch mehr Stein, es nahm kein Ende. Wir sehnten uns nach nichts mehr als nach Weite und Raum zum Atmen. Denn diese absolute Schwärze ist auf Dauer bedrückend und überhaupt nur durch die eigenen Lichtquellen wird dort unten alles zum Leben erweckt.

Jetzt, genau in diesem Moment, ist höchstwahrscheinlich dieser Saal unter der Erde stockfinster. Da ist kein Mensch, nur ein großes Nichts. Ein seltsamer Gedanke. Alles, was wir mühselig mit nach unten transportiert hatten, nahmen wir wieder mit hoch. Nun ist der Ort wieder genauso wie vor unserer Ankunft, einfach ein schwarzes Loch, irgendwo da unten in der Tiefe. Es war fantastisch, sich diese Welt zu erschließen und sich hineinzudenken, wie sich das vielleicht früher für die ersten Forscher angefühlt hat, durch diese Gänge zu kriechen. Meine Vision war es, dem Ganzen meinen persönlichen Stempel aufzudrücken, dort eine Line zu machen, wo es eben noch keiner vor mir getan hat. Und allein dafür haben sich alle Strapazen gelohnt.

Das Projekt ist wieder einmal nur dank des gesamten Teams möglich geworden und wurde zu etwas wirklich Besonderem, weil wir es gemeinsam erleben durften. Mit Menschen, die denselben Traum teilen, die alles ihnen Mögliche dazu beitragen, dass er in Erfüllung geht – mit all den unterschiedlichen Fähigkeiten oder Erfahrungslevels, die sie mitbringen. Ohne sie wäre ich niemals in diese Höhle gekommen, geschweige denn hätte ich diese Line laufen können. Ohne jeden Einzelnen hätte ich die Idee nicht verwirklichen können. Und mit jedem, der dabei war, wuchsen auch der Wert des Ganzen, die Freude, die Motivation und die Energie. Dieser Rekord gehört nicht nur mir, ich habe ihn nicht allein geschafft, ganz und gar nicht, sondern nur meinen Baustein auf all die anderen gesetzt und für uns alle einen erfolgreichen Abschluss schaffen dürfen.

Als ich aus der Höhle trat und wieder die vertraute Luft des Waldes atmete, den Nachthimmel über mir sah, wusste ich, dass ich nie wiederkommen würde. So eine grandiose Umgebung, aber keine, in die ich gehöre. Das macht wahrscheinlich den Unterschied zu vielen anderen Projekten aus. An einen Ort, der zu mir passt, kann ich mir gut vorstellen, zurückzukehren, um dort noch eine längere Line zu spannen oder eine höhere. Bei der Höhle habe ich mir im Nachhinein gedacht: Wie grandios, dass wir das gemacht haben – aber das muss ich nie wieder haben!

Eine Highline-Idee öffnet mir oft die Tür zu Erlebnissen oder Bereichen, die mir bisher völlig unbekannt waren. Und ich weiß nicht, ob ich ohne sie jemals motiviert gewesen wäre, in so eine Höhle hinabzusteigen. Vermutlich nicht. Ich tat es, weil ich diese Vorstellung im Kopf hatte, da unten über die Line zu laufen. Ohne dieses visionäre Bild im Kopf würde ich viele von diesen Abenteuern sicher nicht machen, weil ich sie mir auf eine absurde Art und Weise nicht zutrauen würde oder sie mir schlicht zu anstrengend klingen. Ich brauche die Line als Motivation, um mich mental daran festzuhalten und mir den nötigen Mut zu holen, solche Dinge zu wagen, genauso wie ich die richtigen Leute brauche, um es dann wirklich in die Tat umsetzen zu können.

Und ich habe keinen Zweifel, dass ich durch sie weitere spannende Räume erobern werde.

Gouffre Berger
https://lmy.de/hJIku

First Luke Skywalker
https://lmy.de/xfnZa

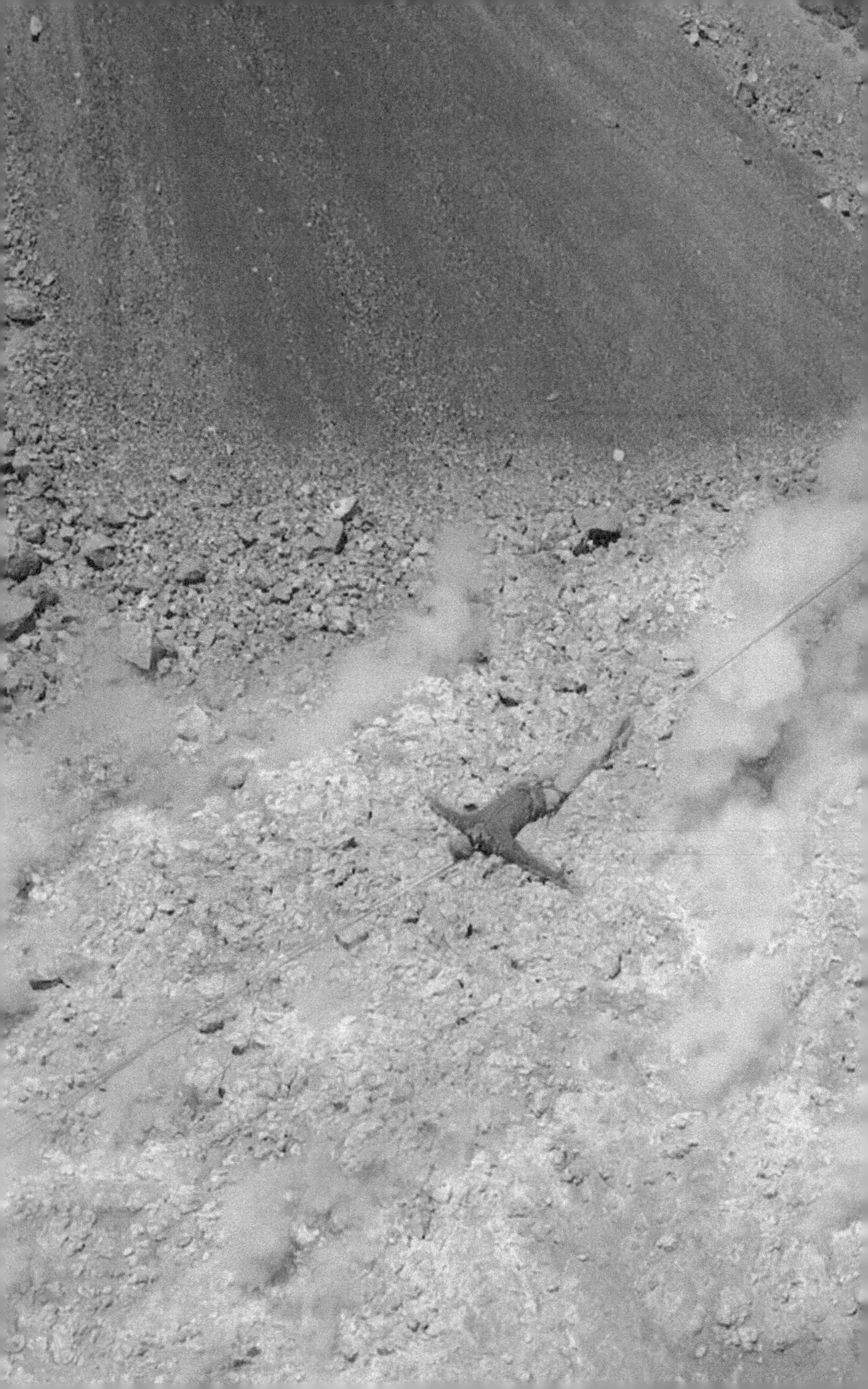

KAPITEL 6

Die Kunst des Scheiterns: Was Erfolg bedeutet, definierst du für dich selbst

Immer höher, weiter, besser. Das ist das Mantra der Welt, in der wir leben und auch ich kann mich diesem messbaren Erfolg, dieser in Zahlen gefassten Bestätigung, nicht entziehen. Beim Highlinen geht es aber nun einmal auch schlicht darum. Höher hinaus zu wollen als je zuvor. Nachdem ich meine Angst vor der Höhe überwunden hatte, begannen mich die Ausgesetztheit und die saugende Tiefe magisch anzuziehen. Vielleicht war diese Faszination auch schon immer da gewesen, nur war meine Angst vor dem Absturz zu groß, um mich ihr entgegenzustellen. Ich wollte meine Highline nun immer höher spannen und über immer tieferen Abgründen mir selbst beweisen, dass ich meine Angst im Griff habe.

Jetzt stehe ich auf dem Gipfel meiner Träume. Ich atme schwer. Die Luft stinkt nach Schwefel. Die Sauerstoffsättigung hier auf fast 6000 Metern liegt bei nur mehr 50 Prozent. Ich blicke hinab in den Krater des Vulkans Misti, hoch über der im Süden Perus gelegenen Stadt Arequipa. An einem höheren Punkt habe ich mich noch nie zuvor in meinem Leben befunden. Über dem Krater hängt meine Highline, 430 Meter lang. Mein Körper fühlt sich müde und seltsam verlangsamt an. Alles erscheint wie in Zeitlupe. Jeder Schritt, jeder Atemzug, jeder Gedanke. Ich merke, wie Übelkeit in mir aufsteigt. Ich bin nicht sicher, ob es die Höhenkrankheit oder der faulige Geruch ist, der aus dem aktiven Vulkan aufsteigt. Oder ist es doch die alte Angst, die angesichts dieser unwirtlichen Landschaft aus Lava und Asche wieder in mir aufkeimt? Mir dreht sich der Magen um und ich übergebe mich.

Das Gefühl, dass mein Körper erst in dieser neuen Situation ankommen muss, ist mir bekannt, und ich vertraue darauf, dass er mich auch dieses Mal nicht enttäuschen wird. Ich ziehe meinen Klettergurt fest – noch fester, als ich das sonst tue, knote die Leash an meinen Gurt, fädle das dünne Seil durch den Achterknoten zurück und fixiere das Ende des Seils an meinem Gurt. Barfuß stehe ich auf dem scharfen vulkanischen Sand, der sich warm anfühlt. Bereits von diesen kleinen Vorbereitungen bin ich außer Atem. Ein letzter Blick auf den Anker der Slackline – oder auf das, was ich davon sehen kann: ein Stahlseil, das im grauen Untergrund verschwindet. Eineinhalb Meter darunter befindet sich ein Aluminiumrohr von einem Meter Länge, an dem das Stahlseil befestigt ist. Wir nennen das einen »Toten Mann«. Eingegraben in Sand und Geröll, trägt es die ganze Spannung der Slackline und in wenigen Sekunden wird auch mein Leben daran hängen. Eine andere Möglichkeit, in diesem riesigen Haufen aus Vulkansand einen Anker zu bauen, gibt es nicht. Ein Stahlseil verläuft über ein paar mit Sand gefüllte Säcke, die es vom Boden abheben und endet in der Befestigung meiner Slackline. Ich drehe mich um zu Julver, meinem Bergführer, und wir klatschen uns ab – High five und los geht's. Sein Job ist getan, meiner liegt noch vor mir.

Auf dem schmalen Band rutsche ich langsam nach vorn, weg von der Kraterkante. Wie sich eine Line anfühlt, weißt du erst, wenn du die ersten Schritte gemacht hast. Welche Überraschungen wird diese wohl für mich bereithalten? Von außen betrachtet, sitze ich völlig ruhig da, doch ich fühle mein Herz pochen, meine Hände zittern leicht. In solchen Momenten versuche ich, alles um mich herum auszublenden. Ich schließe für einen Moment die Augen, um mich auf mich selbst zu fokussieren. Die unweigerlichen Fragen zurückzudrängen. Habe ich hart genug trainiert? Wird meine mentale Stärke reichen, um diese Herausforderung anzunehmen? Ich schiebe die letzten Zweifel beiseite. Bereite mich vor, den ersten Schritt zu tun. Denn mir bleibt nicht viel Zeit. Noch heute müssen wir die Slackline wieder abbauen und mitsamt Equipment den Rückzug ins Basislager antreten. Jetzt oder nie! Ich stelle beide Füße aufs Band, greife die Line vor mir mit der rechten Hand, und mit einem kontrollierten, aber bestimmten Ruck ziehe ich mich auf die Füße.

Der erste Schritt fühlt sich gut an! Etwas wackelig, aber es geht nicht so steil bergab, wie ich befürchtet hatte. Besonders bei schwierigen Ankermöglichkeiten, wie hier am Misti, ist es ein großer Vorteil, dass wir die Slackline locker spannen, auch die Schwingungsresonanzen sind dadurch langsamer und einfacher zu beherrschen. Der daraus entstehende Nachteil ist aber, dass man bis zur Mitte der Line oft steil bergab läuft und dann auf der zweiten Hälfte wieder gegen die Steigung ankämpfen muss. Doch so weit bin ich noch nicht. Nach wenigen Schritten fühlen sich meine Schultern bereits an wie Blei. Normalerweise kann ich stundenlang balancieren, ohne dass mein Körper dermaßen protestiert. Der Schmerz erinnert mich daran, in welcher Umgebung ich mich befinde. Auf der höchsten Highline der Welt. Mangelnder Sauerstoff und der anstrengende Weg hier herauf fordern ihren Tribut. Die Muskeln krampfen, die Arme fühlen sich schwer an, mir ist schwindelig. Leise spreche ich mit mir selbst, um den Fokus nicht zu verlieren: *Es liegt an dir, deine Aufmerksamkeit wieder auf die entscheidenden Dinge zu lenken! Konzentriere dich auf den nächsten Schritt und pass auf, dass du nicht danebensteigst, sonst ist die Reise schneller zu Ende, als dir lieb ist!* Atmen, entspannen, konzentrieren. Den nächsten Schritt so perfekt wie möglich zu machen, ist das Einzige, was mich ans Ziel bringen wird.

Schwer atmend und weitaus erschöpfter, als es mir lieb ist, komme ich trotz allem weiter voran. Ich schätze, dass ich etwas mehr als 100 Meter geschafft habe, als der Wind langsam zunimmt. Mehr und mehr Schwefelwolken treibt er mir ins Gesicht. Der üble Geruch nach faulen Eiern ist die eine Sache, viel schlimmer jedoch ist das Brennen in den Augen. Kurz verfluche ich mich selbst. Dafür, mich immer wieder selbst in solche Situationen zu bringen, ständig unbekannten Herausforderungen hinterherzujagen. Meine Sicht wird von Tränen verschleiert, ich muss blinzeln. Wie auf Autopilot setze ich jedoch weiter einen Fuß vor den anderen, spüre an der langsam abflachenden Line unter meinen Füßen, dass ich der Mitte schon recht nah bin. Wird meine Kraft reichen, um das andere Ende zu erreichen und auch noch den Abstieg vom Berg zu schaffen?

Doch plötzlich taucht ein neues Problem auf: Die Backup-Line, die normalerweise in Schlaufen unterhalb der Laufline hängt, hat sich mit ihr verwickelt, ich laufe jetzt nicht mehr auf einem flachen Band, sondern wie auf einem zusammengedrillten Seil. Die beiden Lines sind komplett verdreht und miteinander verheddert. Und es sieht so aus, als würde es sich bis zum Ende der Line so fortsetzen. Es ist unangenehm und rutschig, jede Bewegung setzt sich jetzt ungedämpft fort. Eigentlich helfen die Schlaufen dabei, die Slackline gegen Wind und andere Schwingungen zu stabilisieren. Diese Stabilität fehlt nun. Als die Line das erste Mal unter meinen Füßen wegrollt, rutscht mein linker Fuß ab und nur mit rudernden Armen kann ich das Gleichgewicht halten. Meine großen Ausgleichsbewegungen lassen die Line in einer Welle vor mir aufschwingen, und ich mache mich gefasst auf den Moment, wenn diese Welle zurückkommt. Langsam, aber unaufhaltsam sehe ich, wie sie auf mich zuläuft. Im letzten Moment beuge ich meine Knie, gehe tief in die Hocke und absorbiere die Energie der Line, die versucht, mich nach oben zu hebeln. Gottseidank, ich stehe noch! Das war verdammt knapp! Von jetzt an wird jeder Schritt ein Kampf sein, das ist mir klar. Jedes Ausgleichen hat seinen Preis und kommt in Form einer Schwingung zurück. *Sei ganz ruhig und entspannt!,* flüstere ich. Und meine damit mich selbst, aber auch die Line. Denn wir sind eins. Alles, was ich tue, bewegt die Line und jede Bewegung der Line zwingt mich zu einer Reaktion. Ein negativer Gedanke, eine unachtsame Bewegung und meine Welt stürzt ins Chaos.

Eine Frage der Perspektive

Mir läuft die Zeit davon. Die Sonne wandert stetig Richtung Horizont, während sich jeder Schritt anfühlt, als führte er unweigerlich in den Abgrund. *Vielleicht ist das doch alles eine Nummer zu groß für mich*, durchfährt es mich. Ich schiebe den

Gedanken weg und mache meinen nächsten Schritt. Langsam und kontrolliert. Tastend setze ich den nackten Fuß auf das verwickelte Knäuel vor mir und belaste es erst, als ich das Gefühl habe, eine halbwegs stabile Position gefunden zu haben. In dem Moment, in dem ich den linken Fuß nachholen will, passiert es. Ich rutsche ab, kippe zur Seite und versuche in einem letzten verzweifelten Versuch, die Line mit den Händen zu greifen. Ich verfehle sie knapp und in der nächsten Sekunde stürze ich. »Neeeeeeiiiiinnn!«, rufe ich. Und bevor der Enttäuschungsschrei von den Kraterwänden widerhallt, hänge ich kopfüber in der Leash und drehe mich im Kreis. Zwei Meter unter der Slackline. Der Traum, den ich mir über Jahre aufgebaut hatte, ist zerplatzt.

Es gab nur diese eine Chance. Für einen weiteren Versuch habe ich weder die nötige Zeit noch die Kraft, das ist mir klar. Selbst an der Leash wieder hoch zur Line zu klettern, strengt mich massiv an. Doch ich muss den mühsam erkämpften Weg von der Mitte der Line wieder zurücklaufen, bloß weg von diesem Vulkan.

Auf dem Rückweg, als es um nichts mehr geht, als zurückzukommen, schaue ich mich zum ersten Mal um. Fühlt sich so Scheitern an? Vielleicht bedeutet Erfolg nicht immer, das Ziel zu erreichen, das man sich vorgenommen hat. Manchmal verpassen wir auch das Beste, wenn wir nur das Ergebnis im Blick haben. Ich war die ganze Zeit so im Tunnel meiner Gedanken und so fokussiert darauf, die andere Seite zu erreichen, dass ich mich noch kein einziges Mal wirklich umgesehen hatte. Als ich nun inmitten des Vulkankraters den Blick schweifen lasse, begreife ich zum ersten Mal so richtig, wo ich eigentlich bin. Mein Blick war zuvor starr auf die Slackline gerichtet. Von der gewaltigen Kulisse des rauchenden Vulkans, des riesigen Kraters und der fernen Berggipfel hatte ich so gut wie nichts wahrgenommen. Ein freudiger Schauer läuft mir über den Rücken. Es verschlägt mir den Atem und ein unglaubliches Gefühl von Dankbarkeit überkommt mich. Dafür, solch wundervolle Orte entdecken und den Fokus aufs Wesentliche richten zu dürfen. Ohne den Sturz hätte ich mein Ziel vielleicht erreicht, aber ich hätte all das, wofür ich eigentlich gekommen bin, völlig übersehen. Erst jetzt, da der Druck von mir abgefallen ist, nehme ich die Schönheit und die surreale Szenerie um mich herum in mir auf. Genau das ist es doch, warum ich das Highlinen so liebe. Die Welt aus einer bisher unbekannten Perspektive zu betrachten und dort in der Luft zu schweben, wo noch nie ein Mensch gewesen ist. Genau wie Bergsteiger und Bergsteigerinnen sich nach bisher unerreichten Gipfeln strecken, so sehr treibt mich der Gedanke an, nur von meiner Slackline getragen die Welt zu betrachten.

Trotz all der Faszination, die ich in diesem Moment für die Welt und meine derzeitige Lage empfinde, muss ich zurück zum sicheren Kraterrand und jeden Meter, den ich mir bis dahin erkämpft hatte, noch einmal gehen. Nur geht es dieses Mal bergauf statt bergab. Mit offenem Blick und ohne die Angst vor dem Versagen im Nacken, fühlt es sich auf einmal majestätisch und fast leicht an, auf der Line zu laufen. Die Anspannung und der selbst auferlegte Druck, die Line in einem Stück zu laufen, sind verschwunden. Ich mache große, entschlossene Schritte. Finde zurück zu meinem schnellen, rhythmischen Tempo. Es ist verrückt, wie sehr wir uns manchmal selbst im Weg stehen, denke ich. Als ich den Kraterrand erreiche, warten dort Bergführer, Träger und Freunde auf mich. Sie alle jubeln und klatschen – genau wie sie es tun, wenn ich es erfolgreich bis zum Ende schaffe, vielleicht sogar noch mehr.

Ist es überhaupt wichtig, es zu *schaffen* oder geht es nicht vielmehr darum, es zu *erleben*?

Ich habe zwar mein eigentliches Ziel verfehlt, weil ich die Line nur zur Hälfte laufen konnte, aber trotzdem erfüllen mich in diesem Moment ein unbändiger Stolz und eine große Erleichterung. Wahrscheinlich habe ich bei diesem halben Lauf mehr erlebt und gelernt als bei so manchem Rekord davor. Immer dann, wenn wir scheitern, tun sich die größten Potenziale auf – wir wachsen, lernen etwas Neues und entwickeln uns. Es bietet uns die Gelegenheit, den Blick auch mal vom Ziel weg auf die Schönheit des Weges zu lenken. Wir müssen nur aufpassen, diese Chancen zu erkennen und uns nicht nur mit der vermeintlichen Niederlage zu quälen. Sondern den Blickwinkel verändern: Am Misti hatten wir nicht nur gemeinsam die damals höchste Highline der Welt aufgebaut. Das ist für sich genommen schon eine große Sache. Doch sie verlief auch noch direkt durch den Krater eines aktiven Vulkans!

Auf der Slackline entscheidet oft meine Leistung über den Erfolg oder Misserfolg des ganzen Unternehmens. Das ist manchmal eine unglaubliche Last. Dieses Mal hatten wir alle aber nicht im Mindesten das Gefühl, gescheitert zu sein. Wir hatten etwas vollkommen Neues gewagt, wunderbare Dinge erlebt und sind heil wieder zurückgekommen. Alles andere war unwichtig. In diesem Moment war ich viel zu erschöpft, um weiter darüber nachzudenken, ob ich das Ganze als sportlichen Erfolg oder Misserfolg einstufen sollte, aber ich war glücklich, es erlebt haben zu dürfen. Manchmal ist die Intensität einer Erfahrung wertvoller als die sture Bewertung durch unseren rationalen Geist. Eine Erkenntnis, die sich auf meinem weiteren Weg immer weiter vertiefen sollte. Besonders bei einem Projekt, das mich in vielerlei Hinsicht auf die Probe stellen sollte. Im selben Jahr, aber auf einem anderen Kontinent …

Down Under

Tasmanien stand lange ganz oben auf meiner Liste. Auf der Halbinsel im Südosten Australiens finden Fans des Extremkletterns die Herausforderung ihres Lebens: Das säulenförmig strukturierte Gestein bringt an den Klippen schwindelerregende Felsnadeln hervor, die solch treffende Namen wie *The Candlestick* oder *Totem Pole* tragen. Bizarre Türme, die aus dem Ozean ragen und der Steilküste vorgelagert sind. Sie ummanteln die Halbinsel wie die Mauer einer Ritterburg. Doch neben diesen markanten Felsformationen reizte mich noch ein anderer Ort auf besondere Weise. Ich wollte die alpine Wildnis der tasmanischen Central Highlands erkunden – und eine Line am Gipfel des Federation Peak spannen. Die Idee kam dieses Mal nicht von mir selbst, sondern wurde mir durch meinen guten Freund und Kollegen Preston Bruce Alden in meinen Abenteurerkopf gepflanzt. Preston erzählte mir von diesem schwer zugänglichen, fernab der Zivilisation aufragenden Berg. Ein mystischer Ort. Er gilt als der am schwierigsten zu besteigende Berg in ganz Australien. Sein Gipfel liegt 1224 Meter hoch und befindet sich im Southwest-Nationalpark.

Im Jahr 2017 brach ich auf, um diesen Berg zu besteigen – gemeinsam mit drei Freunden, dem Highliner und Filmemacher Valentin Rapp, Preston und Max. Jeder von uns trug gut 30 Kilogramm Gepäck auf dem Rücken. Mit Seilen,

Slackline-Equipment, Proviant für ein paar Tage und so minimaler Campingausrüstung wie möglich, machten wir uns auf in den tasmanischen Dschungel. Vom Nordosten her wollten wir den Federation Peak in etwa drei Tagen über schwierige Pfade erreichen.

> *Stellen Sie sich auf tiefen Schlamm, tückische Klippen und erodierte Streckenabschnitte ein. Obwohl in den letzten Jahren einige Reparaturen an der Strecke durchgeführt wurden, bleibt sie eine anspruchsvolle und gnadenlose Strecke. Wenn Sie sich der Herausforderung stellen möchten, bietet Federation Peak ein unvergessliches und lohnendes Erlebnis. Aber seien Sie gewarnt: Dies ist keine Wanderung für schwache Nerven.*[9]

Solche und andere Beschreibungen aus dem Netz, die eher wie ein Gefahrenhinweis klangen, hatten wir zwar zur Kenntnis, aber nicht wirklich ernst genommen. Das Wetter sei unvorhersehbar, hieß es. Man müsse sich darauf einstellen, sich streckenweise auf Händen und Füßen fortzubewegen. Von einem schwer zugänglichen Gebiet voller Baumfarne und Flechten war die Rede, vom »Horizontal Scrub«, einer in Tasmanien endemischen Baumart, die mit ihren sonderbar wachsenden Ästen ein undurchdringliches Dickicht bildet. Für uns klang das eher nach Einladung als nach Abschreckung und vor allem nach einer neuen, absolut willkommenen Herausforderung.

Wir dachten, wir wären gut vorbereitet. Wir waren trainiert und fit, hatten alles dabei, was man zum Überleben in der Wildnis braucht. Wir waren es gewohnt, große Rucksäcke über längere Zeiträume zu tragen. Fühlten uns mental stark genug, um weiterzugehen, selbst dann noch, wenn der

Körper versucht, uns Grenzen aufzuerlegen. Doch im Grunde hatten wir nicht die geringste Ahnung, worauf wir uns einließen. Es war Februar und somit herrschte in Australien Sommer. Was konnte also schiefgehen? Im Nachhinein würde ich die Frage ganz klar mit »Alles!« beantworten. Hätten wir gewusst, was auf uns zukommt, wir hätten diese Expedition sicher nicht angetreten. Denn es bedeutete, sich tagelang durch unwegsames Gelände zu schlagen, in dem es meist nicht mal einen erkennbaren Weg gab. Auf dem Papier sollte der Einstieg zum Berg einfacher sein, unser Ziel kaum mehr als 20 Kilometer von der Straße entfernt, aber während die Karte deutlich einen Weg zeigt, gab es auf dem Boden kaum oder gar keine Hinweise darauf. Stattdessen ging es mit dem Kompass durch endlose Moorlandschaften mit matschigen Tümpeln, bei denen man nie wissen konnte, was auf ihrem Grund lauerte oder ob man für immer in ihnen versinken würde. Durch derart dichten Wald, dass man sich auf den Knien kriechend hindurcharbeiten musste. Über moosbewachsene, glitschige Stämme, die kreuz und quer auf dem Boden lagen. Durch Regen, Hagel oder brütende Hitze. Mit Schuhen, die nach den ersten Metern durchnässt waren und es für die nächsten Tage auch bleiben sollten.

Auf vielen vorherigen Highline-Projekten war der Weg zum Ziel steinig gewesen, aber das hier hatte eine ganz neue Dimension. Es bedeutete, wirklich an unsere Grenzen zu stoßen, um dorthin zu kommen, wohin wir wollten. Wenn ich heute an diesen Trip zurückdenke, dann wird klar, dass er in Sachen Leiden für die Line eine neue Benchmark gesetzt hat. Wir pflegten zu sagen: »Alles fühlt sich danach leichter an, wenn man mal eine Zeit in Tasmanien verbracht hat.« Und ein bisschen blicken wir seitdem vielleicht wirklich anders aufs Leben. Denn vieles relativiert sich nach endlosen Stunden im knietiefen Morast.

Es war eine nasse, schweißtreibende und äußerst unangenehme Prozedur. Das Unterholz war so dicht, dass unsere sperrigen Rucksäcke darin hängen blieben, es sich anfühlte, als würden die Äste nach uns greifen und uns zurückreißen. Der Boden war schlammig und rutschig. Alles an diesem Ort schien extra darauf ausgerichtet zu sein, unser Vorankommen so unangenehm und ermüdend wie möglich zu gestalten. So als wäre er unser Gegenspieler und wollte uns aufhalten. Es war schwer, es nicht persönlich zu nehmen.

Da es sich um Australien handelte, hatten wir auch noch permanent Bilder gruseliger Krabbeltiere in Sondergrößen im Kopf. Es kostete Mühe, die Gedanken an Schlangen und Spinnen beiseitezuschieben, die in diesen Gefilden in der Regel mindestens giftig, meistens eher tödlich sind. Tatsächlich haben wir während der gesamten Tour durch den Dschungel keine einzige Schlange gesehen, was ich mir nur so erklären kann, dass wir in einem Territorium waren, in dem diese Tiere sonst nie einem Menschen begegnen. Vermutlich flohen sie vor diesen für sie eher unbekannten Lauten, unserem lauten Fluchen, weil wieder einer von uns im Matsch stecken geblieben war. Stattdessen waren es die kleinen Lebewesen, die uns das Leben zur Hölle machten. Mücken. Ameisen. Blutegel. Es war die Art von Umgebung, die den Menschen zermürbt. Und die unserer Gegenwehr alles Heldenhafte nahm.

Ohne das Highlining wären wir nicht hergekommen, hätten niemals freiwillig Blasen, unzählige Moskito-Stiche, dieses zeitlupenartige Vorwärtskommen und die unfassbare Anstrengung in Kauf genommen und dennoch nahmen wir das Abenteuer mit offenen Armen an. Warum gibt man sich das? Den Dreck, den Schmerz, den Ekel? Nur um am Ende über ein Band in luftiger Höhe zu laufen? Das steht doch in keinem Verhältnis mehr! Das stimmt. Und auch wieder nicht. Klar, es gibt sie, diese Postkartenorte, die nur einen kurzen Spaziergang vom Auto entfernt sind. Warum haben wir uns nicht so einen ausgesucht, sondern Tage damit verbracht, uns durch den tasmanischen Dschungel zu schlagen? Warum haben wir so irrsinnig viel Zeit und Energie investiert, um so ein kurzes Erlebnis vorzubereiten? Alles wegen eines Gipfels irgendwo am Ende der Welt, von dem ich wenige Wochen zuvor noch nicht einmal gehört hatte?

Lange hätte meine Antwort gelautet: Weil das Gefühl, das Ziel zu erreichen, den ganzen Stress aufwiegt. Doch spätestens seit Tasmanien sehe ich das anders. Der Wert kann auch genau darin liegen, es eben nicht zu erreichen. Nach drei Tagen Survival Camp im Dschungel fassten wir nämlich den mutigen Entschluss umzukehren. Wir kamen viel zu langsam voran. Bei mir machte sich außerdem durch die Überlastung eine Sehnenreizung am Knie bemerkbar, wodurch ich meinen Fuß immer schwerer heben konnte. Wir mussten aufgeben, um uns nicht in ernste Gefahr zu begeben. Das war im ersten Moment sogar irgendwie erleichternd, spätestens im zweiten aber sehr deprimierend. So viel Arbeit und Zeit, so viele Strapazen, hatten wir reingesteckt, jetzt schien alles umsonst gewesen zu sein. Das Ziel, das uns angetrieben hatte, der Berg am Horizont, lag nun hinter uns – unerreicht, aber wir mussten dennoch die ganze Strecke wieder zurücklaufen, drei komplette Tage. Die Stimmung war im Keller, phasenweise sagte keiner mehr ein Wort. Zudem wussten wir nun genau, welche Schikanen und Hindernisse auf uns warteten.

Ich erinnere mich noch, wie ich mit meinem Rucksack hilflos im Schlamm lag, wie ein Käfer auf dem Rücken, der nicht mehr hochkommt und mich vor Verzweiflung und Erschöpfung nur noch kaputtlachen konnte. Und ich lernte: Es gibt scheinbar immer noch etwas, worüber man lachen kann, auch wenn man tief im Morast steckt. Egal, wie frustrierend und sinnlos einem das Leben manchmal erscheint, mit Humor kann man es deutlich besser ertragen. Valentin kam zu mir herüber, und nachdem er sich erst mal vor Lachen fast überschlagen hatte, half er mir aus meiner Misere heraus. Wir lachten gemeinsam Tränen, fingen an, die ganze Situation nicht mehr so ernst zu nehmen. Das ursprüngliche Ziel langsam durch ein neues zu ersetzen: die Vorfreude auf die Zivilisation, eine heiße Dusche, trockene Klamotten, ein gemütliches Bett und eine Kaffeemaschine. Was für eine geniale Perspektive!

Auf dem Rückweg drehte ich mich immer wieder um zu unserem großen Ziel, das majestätisch in den Himmel ragte, dachte darüber nach, ob ich das Ganze einfach als Katastrophe verbuchen sollte oder ich womöglich doch etwas aus dieser Erfahrung gewonnen hatte? Steckte nicht in jeder solchen Tour – oder besser gesagt Tortur – das Gefühl, ein echtes Abenteuer zu erleben? So sehr ich es liebe, durch die Wolken zu laufen, so sehr brauche ich auch die Strapazen, die dem vorangehen. Und manchmal frage ich mich fast: Ist das Highlinen selbst das Abenteuer oder ist es nicht eher der Grund, ein Abenteuer zu suchen? In diesen Tagen, die wir uns durchnässt und entkräftet vorankämpften, gab es Zeiten, in denen wir das Gefühl hatten, das Glück sei gegen uns, aber realistisch betrachtet waren diese Momente genauso Teil des Abenteuers wie die Zeiten, in denen alles nach Plan lief.

In vielerlei Hinsicht war dieser Weg das genaue Gegenteil zu dem, was mich am Highlinen reizt. Manchmal war es bedrückend und klaustrophobisch. Ich wollte nur raus aus dieser

Enge, wieder in der Luft sein, die Weite um mich spüren. Dadurch fühlte sich diese Prozedur aber auch wie ein Hinarbeiten auf etwas Großartiges an. Auf eine Bezahlung, die wir uns hart verdienten. Dieses Mal sollte sie aber ausbleiben. Der Weg wird immer mehr zum Ziel, wenn man versteht, dass es nicht nur um diese eine Sache am Ende der Strapazen geht, sondern um die Gesamterfahrung. Um die gewaltige Schönheit der Natur, um die gemeinsamen Erlebnisse, um das Entdecken. Ja, und auch um das Überwinden von Widerständen und das Austesten von Grenzen.

Belohnt wurden wir aber auch noch auf andere Weise. In den verbleibenden zwei Wochen in Australien erlebten wir Unglaubliches. Wir spannten eine Highline über den Gordon Dam und überquerten sie erfolgreich. Mit seinen 140 Metern ist der Staudamm nicht nur die höchste Abseilstelle der Welt, sondern auch ein architektonisches Meisterwerk. Die oval geschwungene Fassade aus hartem Beton fügt sich fast natürlich in die wilde Landschaft Tasmaniens ein. 1974 zur Erzeugung von Strom errichtet, zieht er heute Abenteuerlustige aus aller Welt an den Fluss. Außerdem bauten wir spektakuläre Highlines an den Steilküsten. Der *Totem Pole* am Cape Hauy ist der Grund, warum Kletterbegeisterte den weiten Weg auf die australische Insel auf sich nehmen. Ein frei im Meer stehender Turm. Es grenzt an ein Wunder, dass diese zerbrechlich aussehende Felsnadel noch steht! Nach den Tagen im undurchdringlichen Dschungel, als wir kaum ein paar Meter weit sehen konnten, genießen wir das Licht und das Raumgefühl hier oben. Wir schlafen in Hängematten im Freien, umgeben von der Meeresbrise und dem Sternenhimmel. Wir verbringen einen Tag an einem Robinson-Crusoe-Strand. Unvergessliche Erlebnisse. Die besonders durch das strahlen, was ihnen voranging.

Alles im Gleichgewicht?

Nicht immer erreiche ich das Ziel, das ich mir gesteckt habe. Dafür bekomme ich oft etwas anderes geschenkt, das ich gar nicht erwartet hatte. Diese Grenze auch mal wirklich zu spüren, das Gefühl, es eben nicht zu schaffen, hat mir vor Augen geführt, wie verschieden die Ebenen von Erfolg tatsächlich sind. Auch im Umkehren und im Aufgeben steckt etwas drin, das uns weiterbringen kann. Aus diesen Rückschlägen lerne ich sogar deutlich mehr als durch ein Projekt, bei dem alles so funktioniert, wie ich es mir vorgestellt hatte. Dann nämlich gehe ich danach einfach guter Dinge nach Hause, ohne groß darüber zu reflektieren. Mein Freund Valentin, der Filmemacher, mit dem ich mich durch den undurchdringlichen Dschungel Tasmaniens gekämpft hatte, sagt dann immer: »Woraus machen wir jetzt den Film? Da ist überhaupt keine Spannung, kein Drama, alles total langweilig. Es fehlt das, was die Geschichte interessant macht!«

Und er hat recht: Wenn kein Widerstand da ist, verliert das Erlebnis an Bedeutung. Die Challenge, die man überwinden muss, ist genau das, was das Ganze so wertvoll macht. Wenn man solche Erfahrungen sucht wie ich, dann wird man mindestens genauso oft scheitern wie erfolgreich zu sein. Und man muss einen Weg finden, damit zurechtzukommen. Für mich ist Erfolg eine reine Definitionssache und hängt schlicht von den Erwartungen ab, die man an eine Sache hat. Immer mal wieder werde ich gefragt, ob ich es nochmal mit dem Federation Peak aufnehmen würde. Doch dieser Berg in Australien steht tatsächlich nicht besonders hoch auf meiner Bucketlist. Da ich den Wert des Weges verstanden habe, ist auch keine Rechnung für mich offengeblieben.

Diese Betrachtungsweise führt dazu, dass ich mich mit Rekorden inzwischen ein bisschen schwertue. Ich nehme den einzelnen Erlebnissen ein Stück ihres Wertes, wenn ich den Blick nur darauf lenke. Bestmarken sind mir lange nicht mehr so wichtig wie früher, weil es mir viel mehr darum geht, eine außergewöhnliche Erfahrung zu machen. Rekorde sind eben nur eine Möglichkeit, wirklich Neues zu erleben.

Diese Haltung hat auch mein Verhältnis zum Sport verändert. Früher habe ich Beziehungen geopfert, um frei zu sein, meinen Sport so machen zu können, wie ich wollte, hatte nur mein Training im Kopf. Ich kannte keine Grenze, hatte kein Gefühl dafür, wann es nicht mehr sinnvoll ist, weiter zu trainieren. Mir fehlte das Verständnis dafür, dass mein Körper es nur bis zu einem bestimmten Punkt packt. Einerseits war ich getrieben, weil ich etwas Großartiges erreichen wollte, aber auch davon befeuert, das Glück zu empfinden, das ich daraus schöpfte und das ich möglichst nachhaltig spüren wollte. Als es beim Slacklining mehr und mehr um Projekte ging, die ich nur gemeinsam mit anderen realisieren konnte, habe ich eine bessere Balance gefunden. Weil ich mich mit anderen Menschen arrangieren, Pläne machen und Zeit in soziale Gefüge investieren muss. Es ging nicht mehr nur darum, so viele Stunden wie möglich zu trainieren, auch andere Aspekte waren wichtig, um weiterzukommen: Freunde und Freundinnen zu haben, die mich auf meinen Touren begleiten, war ausschlaggebend, um mein Ziel zu erreichen. Ich lernte dabei aber vor allem, mit ihnen eine gute Zeit zu verbringen und nicht nur auf den »Erfolg« zu blicken.

Nach wie vor gibt es Phasen, in denen ich so fokussiert auf bestimmte Ziele bin, dass ich aufpassen muss, mein Leben nicht ins Ungleichgewicht zu bringen. Wenn man etwas

Außergewöhnliches erreichen will, hat man einen Grund dafür, aber man zahlt auch einen Preis. Man wird es nur schaffen, wenn man die Zeit investiert, die dann für andere Dinge fehlt. Das ist eine Tatsache, mit der man sich abfinden muss. Manchmal bedeutet es auch, egoistisch sein zu müssen. Wenn etwa die Beziehung mich einschränkt, mein volles sportliches Potenzial zu entfalten, dann ist das ein schwieriges Abwägen. Denn ich möchte eine Partnerschaft leben, in der ich der sein darf, der ich sein will. Natürlich opfere ich Dinge für meinen Ehrgeiz. Aber es geht auch andersherum: Ich kann auch für Menschen und Beziehungen etwas von meinen Ambitionen opfern. Wie bei allem muss ich eine Balance finden, bei der ich meine eigenen Ziele erreichen kann, aber es trotzdem schaffe, ein erfüllendes Sozialleben zu führen.

Balance wird in unserer Gesellschaft oft als ein Endzustand verstanden: Wenn wir die perfekte Balance erreicht haben, ist alles gut. Dabei ist es nach meinem Verständnis vielmehr eine Momentaufnahme, wie ein Schnappschuss des Lebens. Ein Zustand, der so flüchtig ist wie Glück. Wir befinden uns auf einer ewigen Jagd nach einem Gefühl, das im nächsten Moment schon wieder vergangen sein kann. Und dann ziehen wir wieder los. Zufriedenheit, Hinterfragen, neue Ziele setzen. Kämpfen, verlieren, lernen, weitermachen. Diese Höhen und Tiefen gehören zum Leben. Denn wenn immer alles großartig ist, dann ist großartig eben auch die Baseline und wird zur Normalität. Der Wert vieler Glücksmomente liegt vielmehr darin, dass wir eine Referenz haben und wissen, wie viel wir dafür getan haben, um dorthin zu kommen. Der Aufstieg, um oben am Berg eine Highline zu machen, ist gefährlich, mühsam und anstrengend, aber all diese Strapazen machen das Erlebnis, das wir oben haben dürfen, außergewöhnlich. Der

Sinn entsteht erst dadurch, dass wir etwas tun müssen, dass wir etwas aufgeben müssen, dass wir leiden müssen, dass es diese Unsicherheit gibt, ob es klappt. Wenn wir all diese Sachen rausnehmen, geht die Essenz verloren. Wenn wir viel investieren, freuen wir uns über Erfolge mehr, als wenn sie uns geschenkt werden.

Wenn wir das Leben als eine Entwicklungsreise betrachten, dann ist es leichter, diese Sachen auszuhalten, auch wenn der Erfolg vielleicht erst einmal ausbleibt.

Das widerspricht vielleicht der heutigen Mentalität vieler Menschen, die alles haben können, aber es nicht mehr gewohnt sind, viel dafür tun zu müssen. Wir können heutzutage doch scheinbar alles in unserem Leben mit einem Klick bekommen, ganz leicht. Wie lange mussten wir früher sparen, um uns die neueste *Die drei ???*-Kassette zu kaufen! Aber wie sehr haben wir uns dann auch darüber gefreut und es gefeiert!

Heute können wir uns jederzeit auf *Spotify* alle Folgen runterladen. Auf unseren ersten Slackline-Trips haben wir uns anfangs noch mithilfe von Straßenkarten irgendwie an unser Ziel manövriert, heutzutage nimmt uns Google Maps alle Mühe ab. Wir können so viel von allem haben, wie wir möchten, und so schnell, wie wir wollen, auch ohne uns übermäßig anzustrengen oder lange geduldig sein zu müssen. Das ist oftmals cool und bereichernd. Doch damit bringen wir uns auch um das einmalige Erlebnis. Um das wieder zu bekommen, müssen wir neu erlernen, auszuhalten, Geduld zu haben und manche Dinge auch wieder selbst zu machen.

It's Not the Fall That Hurts

Manchmal kann die Aussicht auf eine intensive Erfahrung, auf dieses pure, kurze Glück uns auch dazu verleiten, mehr zu wagen, als wir eigentlich wollen – schließlich haben wir doch schon so viel investiert. Die längste Slackline der Welt war im Sommer 2018 mein großes Ziel – eine 2,8 Kilometer lange Highline in Norwegen, das entspricht für manche der Länge eines gemütlichen Sonntagsspaziergangs, der allerdings nicht auf einem Weg von gerade mal zweieinhalb Zentimetern Breite absolviert wird. Zusammen mit einem mehr als dreißigköpfigen Team, bestehend aus Menschen aus fünfzehn Nationen, spannte ich auf der Halbinsel Senja im Norden des Landes diese gewaltige Line. Komplett über einem Fjord, ein magisches Setting. Das bisher anspruchsvollste Projekt in Bezug auf die Logistik, den Aufbau und vor allem die Team-Koordination.

Die Line aufzubauen, war unglaublich aufwendig und dauerte drei Tage. Am zweiten Tag war sie uns über Nacht an einer Stelle gerissen und komplett in den Fjord gefallen, was den Aufbau verzögerte und unser Schön-Wetter-Fenster erheblich verkleinerte. Ich konnte es kaum erwarten, auf die Line zu steigen, sobald sie ganz in der Luft hing. Zuerst war aber noch mein Kollege Samuel Volery an der Reihe. Er hatte mit seiner Slackline-Firma *Slacktivity* ein spezielles Slackline-Band eigens für diesen Rekord entwickelt und produzieren lassen. Selbstredend ließen wir ihm den Vortritt. Sein erster Versuch lief großartig, und dennoch stürzte er nach etwa 2400 Metern, den Weltrekord zum Greifen nah. Als er auf meiner Seite ankam und mir die Leash übergab, musste ich entscheiden, ob ich es so spät am Tag noch versuchen wollte. Der Himmel war wolkenverhangen, ein leichter, teils böiger Wind ging, es war sicher nicht optimal, aber auch nicht katastrophal schlecht. Ich musste mich entscheiden, eine Frage des Risikomanagements. Wenn bei langen Slacklines extrem viel Wind herrscht, dann ist es Selbstmord, draufzugehen. Weil man im Zweifel nie wieder runterkommt, wenn der Wind zu stark oder zu böig wird. Aber in dem Moment schien es noch vertretbar zu sein. Würde nachts ein Sturm kommen, könnte die Line erneut zerfetzt werden – und dann hätte ich keine Chance mehr, es zu versuchen. Ein paar 100 Meter würde ich zumindest gehen und dann zurückkehren. Ein kleiner Testlauf – das war meine finale Entscheidung. Normalerweise stehe ich in Laufrichtung auf, aber hier war die Line so steil, dass ich mich umgedreht und zum Ankerpunkt geguckt habe. Damit, den Anker auf der gegenüberliegenden Seite nicht mehr sehen zu können, kam ich nicht gut klar. Er war einfach zu weit weg. So habe ich meine Freunde ansehen können, zwei Schritte zum Anker hin gemacht, bin umgedreht und dann richtig losgelaufen. Es war wie in einem Film, bei dem ich mir selbst zuschauen konnte. Es lief erstaunlich gut, ich kam zügig voran. *Umdrehen und zurückgehen? Nein, ich will es jetzt schaffen!* Ich lief weiter und weiter. Irgendwann begann es zu regnen. Die Sonnenbrille, die meine Augen gegen den Wind schützen sollte, war bald voller Tropfen. Die Böen schubsten mich von einer Seite zur anderen. Die Line bestand aus einzelnen Segmenten von je fünfzig Metern Länge, die aneinander gesetzt wurden. An einer Stelle, nahe der Mitte, hatten wir beim Aufbau ein kleineres Schraubglied im System hängen lassen müssen. Dieses Teil aus Metall schlug nun permanent wie eine Triangel gegen die reguläre Verbindung. Plötzlich war ich nur noch fokussiert auf dieses Klingeln, es riss mich aus meinem Rhythmus. Was bedeutete dieses Geräusch? Ein Teil von mir rechnete damit, dass jeden Moment die Line reißt und ich in die Tiefe falle. Nach der Hälfte des Weges und mehr als einer Stunde auf der Slackline schlug das Wetter abrupt um. Der Wind wehte plötzlich in so starken Böen, dass er die Slackline wie bei einer Achterbahnfahrt nach oben und unten drückte. Erst da habe ich wahrgenommen, was eigentlich um mich herum passiert. Es regnete mittlerweile sehr stark. Und ich dachte nur: *Verdammt, ich sollte nicht hier sein!* Dann kam eine mächtige Windböe, ich drehte mich seitlich, um auszugleichen, versuchte, den Schwerpunkt weiter mit der Line zu verlagern. Und schaffte es nicht mehr. Ich fiel, baumelte plötzlich an meinen Armen hängend unter der Line. Der Weltrekordversuch war gescheitert.

Trotzdem empfand ich in diesem Augenblick keine Enttäuschung. Es ist spannend, wie solche Situationen bewertet werden – von dir selbst und von anderen. In dem Moment des Absturzes haben alle gejubelt, wie sie mir später erzählt haben. Nicht, weil ich gescheitert, sondern weil ich trotz der widrigen Bedingungen so weit gekommen war.

Die Situation hat sich bei mir eingebrannt. So viele Emotionen auf einmal. Ich hätte mir nie vorstellen können, dass ich es bei krassen Voraussetzungen so hinüberschaffe, doch ich war sogar über die Mitte gekommen! Gleichzeitig realisierte ich langsam, wie ausweglos die Lage war, in die ich mich hineinmanövriert hatte. *Du bist in der Mitte von einer fast drei Kilometer langen Line, der Wind pfeift und es regnet. Was du hier machst, ist extrem gefährlich, sieh zu, dass du wegkommst!* Mir war klar, dass niemand mir würde helfen können. Bei dem Wetter konnte nicht mal ein Hubschrauber fliegen. Ich war in einer lebensbedrohlichen Situation, die ich mir selbst eingebrockt hatte – aber ich war nicht ohnmächtig, habe den

Fokus daraufgelegt, auf die Line zu klettern und mich auf den Rückweg zu machen. Für etwas anderes war kein Platz, weil jeder Gedanke mich daran gehindert hätte weiterzukommen.

Auf dem Rückweg fiel ich nun ständig, weil der Wind so heftig blies, dass ich es nicht mehr ausgleichen konnte. Ich schaffte nur noch 20, 30 Meter am Stück, kämpfte wie ein Irrer, um ein paar Schritte zu machen – und bin wieder gefallen. Aufgestanden, gelaufen, wieder gefallen. Es hat ewig gedauert. Es ist eine Sache, unter guten Bedingungen 1,8 Kilometer zu laufen. Das hier war jedoch etwas komplett anderes. Ich begann, mir ernsthaft Sorgen zu machen, weil ich durch den Wind von einer Seite zur anderen getrieben wurde, die Auslenkung so krass war, dass ich mir zwanghaft vorstellte, wie die Line am Rand über die Felsen reibt. Mein Kopf entspann wilde Szenarien: Dass die Line am Ankerpunkt zu reißen droht und meine Freunde alles tun, um sie irgendwie zu halten. Ja, ich hatte Angst, zu sterben. Ob ich meine Eltern nochmal sehen würde oder meine Freundin, über so etwas habe ich mir aber in diesem Moment ehrlicherweise keine Gedanken gemacht. Ich hatte genug damit zu tun weiterzukommen, brauchte meine ganze Aufmerksamkeit für den nächsten Schritt. Wenn man den Sport so lange betreibt wie ich, lernt man, solche extremen Momente in zielgerichtete Aktion zu kanalisieren.

Das Einzige, was ich machen konnte: mit meinen Kräften hauszuhalten und sicherzustellen, dass ich möglichst schnell vorankomme. Aber es war knapp. Es fehlte nicht viel und ich hätte nicht mehr laufen können. Wäre der Wind noch ein kleines bisschen stärker geworden, hätte ich wohl keinen Schritt mehr geschafft. Wäre ich am Ende der Line, wo es besonders steil nach oben geht, noch einmal gefallen, ich hätte schlicht keine Reserven gehabt, um mich noch einmal hochzuziehen. Schritt für Schritt habe ich mich zurück zum Rand gekämpft. Es dauerte nicht nur eine gefühlte Ewigkeit, sondern ich war tatsächlich mehr als zwei Stunden unterwegs. Noch nie zuvor und nie danach war ich so froh, eine Highline wieder zu verlassen. Es war die gefährlichste Situation, in der ich mich auf einer Slackline je befunden habe. Dass es auch die anderen, die am Rand auf meine Rückkehr warteten, so gesehen haben, war an ihren Reaktionen deutlich abzulesen. Sie waren unendlich erleichtert, dass mir nichts passiert war, weil sie ernsthaft Angst um mein Leben gehabt hatten. Denn es war kalt, es war windig, man unterkühlt schnell, wenn man in so einer Situation nicht mehr weiterkommt. Darüber, was dann passiert wäre, mag ich kaum nachdenken. Es hat sich brutal am Limit angefühlt, eigentlich weit drüber hinaus. Im Nachhinein würde ich sagen, das mache ich nie wieder! Es war selbst verschuldet und grob fahrlässig. Ich habe mich von meiner Motivation und meinem Ehrgeiz über meinen rationalen Verstand hinweg verleiten lassen. Die Erinnerung an diesen Moment ist noch immer sehr stark, es hat gedauert, bis ich diese Erfahrung normalisieren konnte. Auch wenn seither Jahre vergangen sind, kommen bis heute manchmal Flashbacks, wenn ich in eine Situation gerate, die mich entfernt daran erinnert. Dann meinen Emotionen nicht nachzugeben und mich nicht hineinzusteigern, musste ich nach Norwegen wieder neu lernen.

Was mich später noch lange beschäftigt hat, war aber noch etwas anderes. Damals habe ich im Fallen die Line fangen können, was bedeutet, dass ich noch nicht komplett am Limit war, denn dann wäre ich unkontrolliert in die Sicherung gefallen. Warum hatte ich an diesem Punkt aufgegeben und nicht bis zum Äußersten gekämpft? Weil mir der Mumm fehlte!

Ich konnte mich nicht mehr überwinden – und das hatte vor allem damit zu tun, dass die Umgebung so war, wie sie war. Furchteinflößend.

Nicht immer hast du einen Einfluss darauf, wie du reagierst. Dein Kopf will, dass du weitermachst, egal, wie du fallen wirst. Dein Körper jedoch will in Sicherheit sein, der will nicht unkontrolliert abstürzen, sondern, dass du dich an jede verbleibende Sicherheit klammerst. Damit habe ich eine ganze Weile gehadert. Und ich musste mir immer wieder klarmachen: Es hätte nichts gebracht weiterzukämpfen. Es wäre nur krasser geworden, hätte schlicht nicht funktionieren können, wie die zahllosen Stürze auf dem Rückweg gezeigt hatten. Am Schluss hängt eben alles an der Sekunde, in der du diese Entscheidung triffst und nicht immer hast du eine echte Wahl.

Als ich wieder festen Boden unter den Füßen hatte, kam die Euphorie. Ich war so verdammt glücklich, noch am Leben zu sein. Und wieder einmal froh, mich auf mich selbst verlassen zu können. Denn Panik hätte ich mir in so einem Moment nicht leisten können. Wenn ich Angst spüre, dann werde ich tatsächlich rationaler und innerlich ruhiger. Sie überwältigt mich nicht mehr. Anstatt hilflos zu erstarren, kanalisiere ich dieses Gefühl in eine Aktion. Flucht oder Kampf, das ist in solchen Momenten der natürliche Reflex. Aber ich kann nicht wegrennen. Ich muss mit der Situation umgehen, Lösungen finden. Diese Fähigkeit auch in so einer Extremsituation abrufen zu können, betrachte ich als großen Erfolg.

Was ich bei diesem Sturz lernen konnte, war so viel wichtiger als jeder neu aufgestellte Rekord. Genau wie das Erlebnis am Vulkan Misti. Der ganze Trip war ein einziges Desaster, denn niemand von uns schaffte es, die Line zu laufen, bevor ein heftiger Sturm uns zu tagelangem Abwarten und dann zum Abbau bei bestem Wetter zwang. Aber trotzdem, oder vielleicht auch genau deswegen, durfte ich etwas unglaublich Wertvolles daraus mitnehmen. Manchmal müssen wir scheitern, um zu verstehen, was wirklich wichtig ist im Leben, denn oft verpassen wir das Schönste, wenn der Plan zu glatt läuft. Ist es das Ziel oder die Reise, zu der ich aufgebrochen bin? Diese Frage habe ich mir oft gestellt. Schlussendlich sind es immer die Erfahrungen, auf die ich zurückblicke. Je mehr bei meinen Projekten schieflief, desto mehr konnte ich daraus lernen und desto mehr gibt es zu erzählen.

Norwegen
vimeo.com/291517352

Tasmanien
vimeo.com/209695960

Vulkan-Highline
https://lmy.de/HrIYu

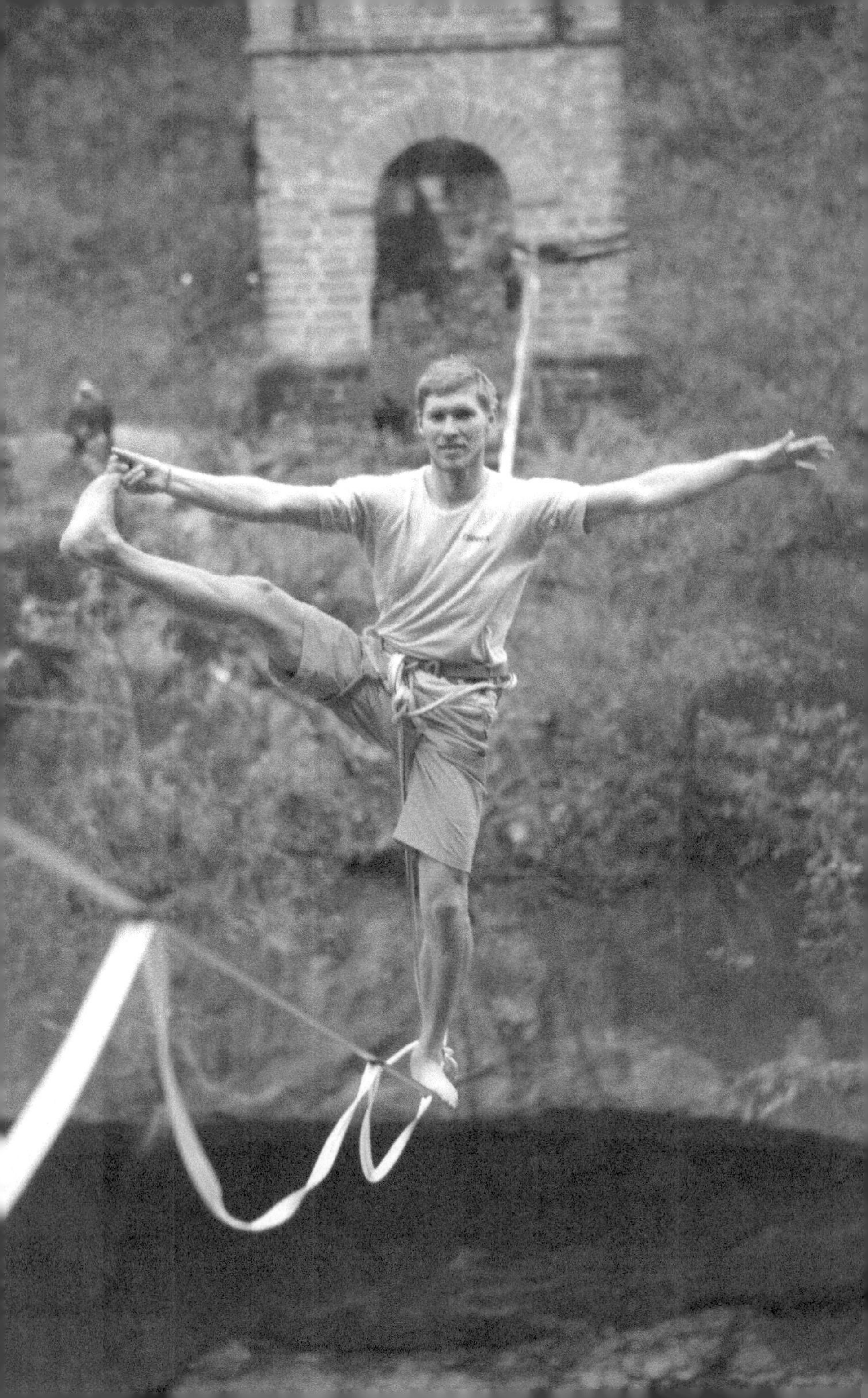

KAPITEL 7

Fokus auf das Hier und Jetzt: Weil nichts wichtiger ist als der Augenblick

Die Line, auf der ich meine Schritte setze, erscheint mir oft wie ein Spiegel – für das, was in mir vor sich geht und ich mit auf das schmale Band unter meinen Füßen trage. Wie ein Resonanzsystem. Ein stiller Meister, der mir anschaulich zu verstehen gibt, wie ich mich fühle und was ich gerade tue, der auf meine Unsicherheiten und Fehler reagiert, sie mir so deutlich vor Augen führt, dass ich unmöglich wegschauen kann. Es gibt Tage, an denen ich mich frage, ob die Line mir etwas sagen will. Warum war heute alles so zäh, was sonst spielerisch hätte gelingen können? Oder im Gegenteil: Weshalb empfand ich eine riesige Herausforderung vielleicht gar nicht als solche und war vollkommen im Einklang mit der Line? Es gibt viele äußere Faktoren, die Einfluss auf meinen Lauf nehmen können. Doch im Kern sind es für mich die inneren Dinge, die den Erfolg einer Begehung ausmachen oder zumindest darüber entscheiden, wie ich mit den von außen wirkenden Kräften umgehe. Die Slackline schafft eine unglaublich ehrliche Transparenz dafür. Sie zeigt mir auf, wovor ich davonlaufen will, und zwingt mich unweigerlich, mich den mentalen Prozessen zu stellen. Manchmal kann das unangenehm sein, manchmal erfüllend, immer aber ist das, was die Line mir erzählen will, bereichernd. Ein Echo auf mich selbst. Nicht nur für den jeweiligen Lauf, sondern weit darüber hinaus, für mein ganzes Leben.

Vieles durfte ich während des Balancierens über mich lernen. Dann, wenn ich mit mir rang, den ersten Schritt zu setzen. Wenn ich in schwindelnder Höhe über eine Schlucht lief. Wenn ich das andere Ende ohne Sturz erreichte und jubelte. Oder wenn ich fiel. Die Slackline inspirierte mich dazu, Themen zu vertiefen, die sie in mir angestoßen hatte. Durch die neuen Erfahrungen konnte ich mich als Athlet weiterentwickeln, aber auch als Mensch. Denn ich durfte in Bereiche vordringen, die mein restliches Leben positiv beeinflussen und den Blick dafür schärfen, was wirklich wichtig ist.

Es war auch die Line, die mich motivierte, mich an unbekannte Orte zu begeben, um meinen Horizont zu erweitern. Fernab meiner gewohnten Umgebung, Tausende von Kilometern von zu Hause entfernt, kam ich mir selbst näher.

Um für meinen Sport fit und beweglich zu sein, hatte ich vor ein paar Jahren mit Yoga begonnen. Tatsächlich waren es meine Eltern gewesen, die zuerst ihre Yogamatten bei uns im Wohnzimmer ausrollten, um den *Sonnengruß* zu machen. Wenn ich die beiden dort im Schneidersitz sah, so ordnete ich das Ganze zunächst als Entspannungsübungen ein. Mein Blick auf Yoga veränderte sich erst, als ich Videos des großen amerikanischen Ashtanga-Yogalehrers David Swenson gesehen hatte, der seine Asanas, wie die Yogis die Posen nennen, selbst mit Ende 60 mit solch einer Intensität praktizierte, dass es mich in ungläubiges Staunen versetzte. Kraftvoll, dynamisch und extrem flexibel.

Was ich sah, triggerte meinen physischen Ehrgeiz. Wie bei den meisten Dingen entwickelte ich auch beim Yoga schon bald eine ambitionierte Zielsetzung. Anspruchsvolle Asanas wie den Lotussitz, den Handstand, auf Sanskrit *Adho Mukha Vrksasana*, den *Nach unten schauenden Baum*, sowie die akrobatisch anmutenden Posen, die viel Flexibilität, Dehnbarkeit und Kraft erfordern, wollte ich beherrschen. Mit der Zeit gelang es mir immer besser, die Übungen auszuführen, ich konnte die Positionen länger halten und mich tiefer hineinbegeben. Sie taten mir gut, stärkten meine Muskulatur und verbesserten mein Körpergefühl und sogar noch meine Balance. Was ich allmählich für mich entdeckte, war allerdings noch meilenweit davon entfernt, wirkliches Yoga zu sein, eher eine Art von yogainspirierter Fitness, bei der ich den Wert der Sache nicht ansatzweise ausschöpfte. Noch bewegte ich mich nur an der Oberfläche, ohne zu begreifen, worum es eigentlich ging.

Es sollte noch Jahre dauern, um ein tieferes Verständnis davon zu erlangen, welche Kraft in der Lehre tatsächlich liegt und wie ich in allen Bereichen davon würde profitieren können. Zu einem ganzheitlichen Verständnis von Yoga, Spiritualität und persönlichem Erkenntnisgewinn war es noch ein langer Weg.

Im Jahr 2019 führte er mich bis nach Indien. Steve, einer meiner Slackline-Freunde, hatte mir dort eine Yogaschule empfohlen, an der er sich zum Lehrer hatte ausbilden lassen. Ähnlich wie als Teenager beim Kampfsport, wollte ich auch beim Yoga die Philosophie hinter der Bewegungsform verstehen. Als ich noch Kung-Fu praktizierte, war es immer mein großer Traum gewesen, irgendwann nach China in ein Shaolin-Kloster zu reisen, mich dort mit den Ursprüngen zu befassen und in diese faszinierende Welt einzutauchen. Doch verwirklichen konnte ich ihn nicht. Als ich mich Jahre später intensiv mit Yoga befasste, hatte ich bereits die Freiheit und die finanziellen Möglichkeiten, dieses Mal meinem Traum auch nachzugehen. Es war eine Phase in meinem Leben, in der ich außerdem den Wunsch verspürte, Zeit mit mir selbst zu verbringen, zur Ruhe zu kommen und über Dinge zu reflektieren, die mich beschäftigten. Ein anderes Umfeld, neue Einflüsse und eine Distanz zu allem, was meinen Alltag ausmachte, waren dafür ein verdammt guter Start. Aber ich suchte dabei auch nach einer sinnvollen Beschäftigung, nach etwas, auf das ich mich fokussieren, mit dem ich mich auseinandersetzen und mit dem ich mich weiterentwickeln konnte. Die Vorstellung, einfach nur zu reisen, Bücher zu lesen und das Leben passieren zu lassen, entsprach nicht dem, wonach ich suchte und was ich gerade zu der Zeit brauchte. Selbst eines Tages Yoga zu lehren, stand für mich erst mal weniger im Fokus, vor allem wollte ich neue Einsichten gewinnen und die fremde Kultur kennenlernen, die diese Bewegungsform hervorgebracht hat.

So folgte ich also der Empfehlung von Steve und entschied mich für eine vierwöchige Yogaausbildung an einem Ort mit dem großartigen Namen *World Peace Yoga School* in Rishikesh, einer Stadt am Ufer des heiligen Flusses Ganges und am Fuße des Himalaya-Gebirges. Als ich das gelb gestrichene Gebäude über das weite Portal zum ersten Mal betrat, bepackt mit diffusen Erwartungen und auch einer Portion Unsicherheit, ob ich hier wirklich richtig war, nahm ich die Ruhe und den Frieden wahr, die hier herrschten. Farbenfrohe Gemälde, hinduistische Symbole, ein offenes Raumkonzept. Anzukommen fiel mir erstaunlich leicht, obwohl, oder vielleicht auch gerade, weil hier alles so neu und ungewohnt war. Ich freute mich darauf, mich auf dieses Abenteuer einzulassen. Auch wenn es vielleicht weniger Nervenkitzel bedeutete als das Balancieren auf einer Highline, so war es dennoch unbekanntes Terrain, und der Reiz lag darin, sich ganz und gar hinzugeben, um etwas wirklich Neues zu erfahren.

Aus der ganzen Welt kommen Menschen an diese Schule, um zu lernen und zu praktizieren. Harmonie, Respekt und Gemeinschaftssinn prägen das Miteinander. Es herrscht ein Gefühl von Zusammengehörigkeit und Unterstützung, die Schüler und Schülerinnen begleiten sich gegenseitig auf ihrem Weg und ermutigen einander – ohne sich zu bewerten. Wie ich waren auch die meisten anderen suchende Leute, Menschen, die nach Orientierung oder neuen Erfahrungen strebten, nach einem besseren Verständnis für sich selbst und wohl auch für den Sinn des Lebens. Was alle gemeinsam hatten, war der Wunsch, das eigene Glück nicht von äußeren Umständen abhängig zu machen, sondern es durch unsere innere Welt selbst zu formen. Schnell lernte ich ein paar meiner Mitschüler und Mitschülerinnen besser kennen und es formte sich eine kleine Clique – fast wie früher auf dem Schulhof.

Der Tagesablauf war streng organisiert, ein fester Rahmen, der wenig Raum bot abzuschweifen, sich mit etwas anderem zu beschäftigen als dem, was innerhalb der Schule passierte. Wecken um 5:15 Uhr. Dann eine Hatha-Yoga-Klasse, gefolgt von Meditationssitzungen, spirituellen Vorträgen, Reinigungsritualen und dazwischen vegane Mahlzeiten. Ich folgte dem vorgegebenen Rhythmus. Mit den anderen Mantras zu singen, wäre in westlicher Umgebung sicherlich schwierig für mich gewesen, ich hätte mir von außen selbst zugesehen und mich nicht wirklich wohl gefühlt, aber in diesem Setting der Yogaschule, in einem fremden Land, in einer fremden Kultur, konnte ich mich erstaunlich leicht darauf einlassen.

Just Breathe

Erst in Indien habe ich verstanden, dass es beim Yoga nicht wirklich darum geht, sich möglichst kompliziert zu verknoten, mit den Zehenspitzen den Hinterkopf zu erreichen oder sein ganzes Gewicht auf einer Hand zu balancieren. Im Grunde sind diese kunstvollen Positionen nur eine schöne Nebensache. Eine Beschäftigung für den Körper, damit der Geist zur Ruhe kommen kann. Die physische Bewegung, die Asanas, sind Mittel zum Zweck, um uns Gelegenheit zu geben, innerlich loszulassen. Für uns Menschen ist es leichter, aus unseren Gedankenspiralen auszubrechen, wenn wir körperlich etwas zu tun haben. Beim Yoga ist es oft ein Gegensatz, äußerlich spannen wir an, um die Positionen zu halten – innerlich lassen wir los. Yin & Yang. Polar einander entgegengesetzte und dennoch aufeinander bezogene duale Kräfte oder Prinzipien, die sich nicht bekämpfen, sondern ergänzen. Natürlich sind die Asanas auch auf physischer Ebene wertvoll, indem wir eine bestimmte Position einnehmen, öffnen wir auch Bahnen für neue Energie, die dann wieder in unserem Körper fließen kann. Doch nach meinem heutigen Verständnis geht es vielmehr darum, während all dieser teils sehr anstrengenden Posen ruhig weiter zu atmen und dadurch bei sich zu bleiben.

Die wohl wertvollste Erkenntnis war für mich damals, dass im Yoga wie im Slacklinen der Wert darin liegt, den Atem zu verstehen. Anspannung und Entspannung damit bewusst zu erzeugen und zu verstärken. Bewegung und Atmung zu verknüpfen, um einen Einklang zwischen Körper und Geist zu erzeugen. Denn das Atmen ist einer der wenigen Prozesse des vegetativen Nervensystems, die wir willentlich beeinflussen können. Es bildet die Schwelle zwischen bewusst und unbewusst und ist deshalb so ein unglaublich kraftvolles Werkzeug, um Einfluss zu nehmen auf den Geist, je nachdem, in welche Richtung ich ihn gerade lenken möchte. Das richtige Atmen hilft mir, mich selbst wahrzunehmen und mit meinem Unterbewusstsein in Verbindung zu treten.

In meiner Zeit in Indien wollte ich all diese Erkenntnisse förmlich aufsaugen, sie an mich ranlassen und spüren. Ich hatte mir fest vorgenommen, die Dinge nicht zu sehr zu hinterfragen oder anzuzweifeln, wie es mir meine analytische Natur sonst so oft vorgibt. Die Stunden auf der Yogamatte begann ich als Zeit zu begreifen, die ich meinem Körper zurückgebe, nicht mehr als solche, in der ich etwas von meinem Körper fordere. Wie ein Geschenk an ihn. Im Alltag und im Sport verlange ich von ihm, dass er all das macht, was ich will. Permanent. Um ihn jedoch nachhaltig gesund zu erhalten, muss ich einen Ausgleich schaffen. Für mich ist es viel wertvoller, beim Yoga in der ruhigen, meditativen Form der Bewegung Entspannung zu finden, als auf der Couch die Füße hochzulegen. Ich brauche eben genau diese Asanas, damit mein Kopf zur Ruhe kommen kann, während ich meinem Körper die Fürsorge gebe, die er braucht, um nachhaltig zu funktionieren.

Die Zeit an der Yogaschule lehrte mich, besser auf meinen Körper und seine Bedürfnisse zu hören. Früher ernährte ich mich nach dem Old-School-Sportlerglauben, dass der Körper Fleisch benötigen würde, um Höchstleistungen zu bringen. Hinterfragt habe ich das nie, ich beschäftigte mich auch nie mit Ernährungstheorien. Sonst wäre ich wohl schnell darauf gestoßen, dass sich diese Annahme aus längst vergangenen Großelternzeiten nicht bestätigen lässt. An der Yogaschule gab es ausschließlich vegane Mahlzeiten. Und ich stellte überrascht fest, dass einem nach vier Wochen fleischfreier, pflanzenbasierter Kost nicht nur nichts fehlt, sondern man sich leichter fühlt und sich sogar direkt nach dem Essen bewegen kann. Kein »Food Coma« mehr – das war großartig! Seitdem ernähre ich mich zwar nicht vollständig vegan, aber komplett vegetarisch.

Mit der Erwartung, fitter, beweglicher und stärker zu werden, war ich nach Indien gekommen, doch schlussendlich ging es vielmehr darum, zu verstehen, wie der eigene Körper funktioniert, auf seine Signale zu achten und eine bessere Balance zwischen Physis und Psyche zu gewinnen. Yoga wandelte sich für mich vom Workout zum Recharge.

Blicken wir auf den Yogatrend, der seit Jahrzehnten die Welt erobert, steht mit den Asanas vor allem der physische Teil dieser Lehre im Vordergrund. Doch das ist eben nur die oberste Schicht, unter der sich eine komplexe Welt auftut. Im oft als »Hauptstadt des Yoga« bezeichneten Rishikesh, wo sich schon die Beatles 1968 im Maharishi Mahesh Yogi Ashram zur Meditation zurückzogen, konnte ich sie intensiv kennenlernen. Die echten Yogis zu erleben, die Yoga nicht nur als körperliche Übung, sondern als ganzheitliche Lebensweise praktizieren, war beeindruckend. Sie leben losgelöst von weltlichen Bindungen und Wünschen, führen ein Leben der Entsagung und der Hingabe an spirituelle Praktiken und ethische Prinzipien. Selbstverwirklichung, spirituelles Wachstum und innerer Frieden bedeuten ihnen mehr als materielle Güter oder sozialer Status. Sie müssen nichts besitzen, nichts darstellen, um zufrieden zu sein. Ein Lebensentwurf, völlig konträr zu unserer leistungsgetriebenen Gesellschaft, die den Wert jedes Einzelnen meist darüber definiert, wie er aussieht, was er im Job erreicht hat oder was er besitzt.

In Indien, wo leider noch große Teile der Bevölkerung unter der Armutsgrenze leben, verspricht die westliche Welt so viel Luxus und Wohlstand, dass es für sie ein absolut erstrebenswertes Lebensmodell ist, nachdem sie sich sehnen und für das sie bereit wären, ihre Kultur aufzugeben. Wenn man aus einer Gesellschaft kommt, in der Armut dominiert, dann will man lieber eine Jeans tragen als eine Yogahose. Es war für mich wahnsinnig spannend, diese gegenläufigen Impulse zu beobachten. Dass die Menschen, die ums tägliche Überleben kämpfen, sich in eine Welt wünschen, in der alles Materielle in Hülle und Fülle vorhanden ist, ist verständlich. Sie hinterfragen aber dabei nicht, ob eine Wohlstandsgesellschaft vielleicht an anderen Dingen krankt. Andersherum versuchen Menschen wie ich, die scheinbar alles haben, diesem Kontext zu entfliehen und reisen um den halben Globus, um sich auf das Wesentliche besinnen zu können, um allen Ballast loszuwerden und wieder zu sich selbst zu finden. Vieles, was ich in diesen Wochen beobachtete und erkannte, hat mich zum Nachdenken gebracht und mein Leben nachhaltig verändert.

Wenn es klickt

Natürlich konnte ich Indien nicht einfach wieder verlassen, ohne dort nicht mindestens eine Highline gespannt zu haben. Mit dem älteren Schweizer Elmi, den ich über einige Ecken kennengelernt hatte und der immer eine Hälfte des Jahres in Indien verbringt, traf ich mich, um eine Highline zu machen. Wir fuhren zu einer eingestürzten Brücke aus der Kolonialzeit und verbanden die verbleibenden Fundamente auf beiden Seiten mit einer Line. Ein grandioses Setting und aus kultureller

Perspektive extrem spannend, ein historisches Bauwerk auf diese Art und Weise wieder zu beleben.

Hier an diesem Ort eine Highline zu begehen, an dem ich so viel über die Verbindung von Körper und Geist erfahren hatte, ließ mich nochmal anders über den Zusammenhang von Yoga und Slacklining nachdenken. In der Yogapraxis hatte ich gelernt, ganz im Augenblick zu sein, die Gedanken einzufangen und mich einzig auf den Moment zu fokussieren. Eine Fähigkeit, die zu den essenziellsten Dingen gehört, die ich für mich mitnehmen durfte. Und die mich bis heute bereichert wie kaum etwas anderes. Denn sie half mir, auf der Line einen Zustand zu erreichen, den wir *Flow* nennen. Jeder hat wohl eine diffuse Vorstellung davon, was damit gemeint ist: Dass dem, was wir gerade tun, eine Leichtigkeit anhaftet, eine eifrige Freude, die uns wie automatisch vorantreibt, uns beflügelt. Das Gefühl, in den *Flow* zu kommen, mag für viele einer der Gründe sein, an dem Sport festzuhalten. Dieser einzigartige Zustand, der dem, woran wir denken, wenn wir von Glück sprechen, sehr nahekommt. Was es dafür braucht, ist die Fähigkeit, im Moment sein zu können. Klingt ganz einfach? Für viele, mich eingeschlossen, ist es aber die vielleicht schwerste Übung ihres Lebens.

Doch bevor ich dazu komme, wie ich persönlich den *Flow* erlebe und erlernt habe, ihn für immer längere Zeiträume zu erhalten, möchte ich einmal darauf schauen, was der Begriff in seiner allgemeinen Definition tatsächlich meint. Häufig wird er als völliges Aufgehen in einer Tätigkeit beschrieben. Was bedeutet: Der Mensch ist sich in einem solchen Zustand zwar seiner Handlungen bewusst, aber nicht mehr sich selbst. Ein natürlicher, rein positiver Bewusstseinszustand, in dem wir einfach sein dürfen, ohne uns selbst zu hinterfragen oder gar zu bewerten. Im *Flow* gehen sogar objektiv anstrengende Tätigkeiten leicht von der Hand, er macht unseren Weg zum Ziel. Wir fühlen uns großartig, und das, obwohl wir unser Ziel noch gar nicht erreicht haben und eigentlich mitten in einer großen Aufgabe stecken, die es noch zu bewältigen gilt. All unsere mentalen und körperlichen Ressourcen müssen wir auf eine Sache lenken. Alles außen herum spielt dann keine Rolle mehr.

Jeder von uns ist mit der Gabe, sich dort hineinzubegeben, auf die Welt gekommen. Für Kinder sind *Flow*-Zustände alltäglich. Sie verlieren sich völlig in einer Sache. Zeit und Raum lösen sich auf. Wer einmal Kindern beim Spielen zugesehen hat, weiß, was ich meine. Erwachsene müssen sich diese Fähigkeit unter großer Anstrengung zurückerkämpfen. Aber es lohnt sich ungemein. Nach dem ungarischen Psychologen und Sozialwissenschaftler Mihály Csikszentmihályi, der die *Flow*-Theorie überwiegend geprägt hat, ist dieser Bewusstseinszustand durch sechs Merkmale gekennzeichnet:

Intensive und fokussierte Konzentration auf die Tätigkeit
Verschmelzung von Handlung und Bewusstheit
Verlust des reflexiven Ich (Selbstvergessenheit)
Gefühl der Kontrolle über das eigene Tun
Die Tätigkeit an sich wird als lohnend erlebt
Verzerrte Zeitwahrnehmung[10]

Der *Flow*-Zustand unterscheidet sich von normalen Wachzuständen, aber auch vom Tagträumen. Die Aufmerksamkeit ist völlig absorbiert, ohne dass es großer Mühe bedarf. Menschen im *Flow* lassen sich nicht von Widerständen oder Anstrengungen aufhalten. Die jeweilige Tätigkeit macht Freude, erscheint uns sinnhaft. Ein Zustand, der durch die optimale Bündelung von Aufmerksamkeit entsteht.[11]

Eine Zeit lang habe ich mich sehr intensiv mit diesem Konzept beschäftigt, fand mich darin wieder, stieß auf psychologische Erklärungen für das, was ich empfand, wenn ich auf einer Slackline vollkommen zufrieden einfach nur einen Schritt vor den anderen setzte. Durch die Theorie hinter dem *Flow* stieß ich aber auch auf neue Wege, wie ich das Erlebnis sogar noch verbessern konnte. Für mich persönlich entsteht *Flow*, wenn meine Fähigkeiten mit den Herausforderungen optimal matchen. Wenn darauf ein permanentes positives Feedback folgt, dann fühlt sich das unheimlich gut an. Solange ich oben auf der Line bin, einen Schritt nach dem anderen gehe, treffen meine Fähigkeiten offensichtlich die zu bewältigende Aufgabe. Solange ich nicht falle, bin ich im *Flow*-Zustand, denn ich habe etwas zu tun und ich kriege eine sofortige Rückmeldung, dass es funktioniert. Gleichzeitig ist aber die Herausforderung so groß, dass nicht mehr viele andere Gedanken in meinem Kopf Platz haben. Das sind die besten Voraussetzungen, um einen *Flow* zu erleben und nur noch der Moment mein Denken bestimmt. Ein Wohlgefühl, ein Einssein mit dem Leben, das ich am liebsten dauerhaft konservieren würde.

Denn genau dann bin ich an dem wohl besten Ort der Welt: im Hier und Jetzt. Das Laufen auf der Line an sich ist eine repetitive Aufgabe, wobei auch Unvorhergesehenes passiert. Man durchlebt viele Gefühlszustände, die mit der Sache selbst zu tun haben, lässt aber keine Gedanken von außen zu. Alles dreht sich um das, was ich gerade mache, da ist kein Platz für irgendetwas anderes. Wenn ich es wirklich ohne Sturz bis ans Ende schaffen will, weil es vielleicht darum geht, einen Rekord zu brechen, dann bin ich wie in einem Tunnel. Im Idealfall komme ich in einen Rhythmus, überlasse das Balancieren meinem Körper und lasse alles passieren, ohne es beeinflussen zu wollen. Diesen Zustand möchte ich dann möglichst lange halten, um anzukommen, aber auch, weil er so wahnsinnig schön ist. Das allein war meine große Motivation, immer längere Lines zu spannen: immer länger im *Flow* sein zu dürfen!

Als ich wirklich verstanden hatte, was Yoga eigentlich bedeutet, konnte ich die Lehre für mich nutzen, um meine *Flow*-Zustände zu intensivieren. Besonders dadurch, dass ich noch bewusster atmete. Bei der Yogapraxis werden Bewegungen mit der Atmung synchronisiert, was zu einem fließenden und rhythmischen Bewegungsablauf führt und auch den Lauf auf einer Slackline extrem erleichtert, wenn man diese Technik verinnerlicht hat. Die tiefe Verbindung zwischen Körper und Geist ist für beide Bewegungsformen essenziell. Yoga erfordert eine hohe Konzentration und Achtsamkeit, da man sich auf die Ausrichtung des Körpers, die Atmung und das innere Erleben während der Praxis konzentriert. Zu Beginn ist man häufig überfordert, all diese Dinge gleichzeitig und richtig zu machen. Mit der Zeit wachsen aber die Fähigkeiten und es läuft rund. Dieser Fokus ähnelt dem, was man im *Flow*-Zustand erlebt, wenn man sich vollständig auf eine Aufgabe oder Aktivität konzentriert und äußere Ablenkungen ausblendet. Auch abseits von Matte oder Line nehmen wir dadurch etwas sehr Wertvolles für unser Leben mit: Wohlbefinden und Zufriedenheit, innere Ruhe und Gelassenheit sind Dinge, die wir in uns selbst tragen und die immer da sind, wenn wir uns die Zeit nehmen, ihnen nachzuspüren.

Es lohnt sich ungemein, und ich würde jeden und jede ermutigen, sich diese Fähigkeit, die wir alle mal besessen haben, zurückzuerobern. Nach meiner persönlichen Erfahrung ist eine Slackline ein wahnsinnig gutes Mittel dafür, weil schlicht die Herausforderung gerade am Anfang so groß ist, dass keine Kapazität übrig bleibt, um irgendetwas drumherum wahrzunehmen. Wenn ich in meinen Workshops Menschen zum ersten Mal auf die Slackline führe, wird mir bewusst, wie schnell wir in diesen Modus schalten können, in dem wir alles um uns herum vergessen, uns ausschließlich auf eine Sache fokussieren und dadurch Freude entwickeln. In dem Moment, wenn jemand es zum ersten Mal ausprobiert, seine Balance zu finden, spielt das Ankommen am Ziel keine Rolle, es geht einfach nur darum, dass alle Gedanken sich auf eine Sache bündeln und nichts anderes mehr wichtig ist. Es gibt dann keinen Raum mehr, sich zu sorgen oder für die Zukunft zu planen – etwas, das wir sonst den größten Teil des Tages tun. Wir werden in der modernen Welt bombardiert von äußeren Einflüssen, versuchen, mindestens fünf Bälle gleichzeitig in der Luft zu halten. Sich in diesem Sturm wieder nur auf eine Sache zu fokussieren, ist genauso schwer wie wertvoll.

Natürlich sind viele Tätigkeiten komplexer als das Slacklining. Dann besteht die Kunst darin, sie für sich selbst in einzelne Schritte zu zerteilen, die gut zu bewältigen sind. Es geht darum, wieder zurückzufinden. Dorthin, wie wir als Kind die Dinge betrachtet haben. Einzig den Schritt vor uns zu sehen, sich nur zu fragen, was ich jetzt gerade machen muss, ohne zu überlegen, was alles noch vor uns liegt, wie schwierig das ist, was dabei alles schieflaufen könnte – und es am Ende womöglich gar nicht erst zu versuchen, weil wir überwältigt sind von Gedanken und Zweifeln. Es gehört auch ein bisschen Unbedarftheit dazu, sich einfach in eine Situation hineinzubegeben, loszugehen und etwas *on the go* zu lernen. Aber genau so haben wir es als Kinder doch alle gemacht. Für mich persönlich hat das Slacklinen sicherlich auch dazu geführt hat, dass ich mir diese Neugier und diese kindliche Naivität länger bewahren durfte als andere. Die Line erinnert mich jeden Tag daran, wie wunderbar es ist, im Moment zu sein. Das Einzige, was uns wirklich weiterbringt, ist das, was genau vor uns liegt: der nächste Schritt.

Läuft!

Im *Flow* bin ich dann, wenn es klickt. Alles passiert auf einmal wie von alleine und es fühlt sich an, als würde ich mir von außen dabei zusehen, wie mir ganz leichtfüßig etwas wirklich Krasses gelingt. Ich laufe einfach und in meinem Gehirn ist ein angenehmes Nichts. Manchmal werden für Sekundenbruchteile Gedankenloops angestoßen, wie Seifenblasen, die gleich darauf wieder zerplatzen.

Auch bei Tricks auf der Slackline können *Flow*-Erlebnisse entstehen. Du hast etwas Hunderte Male probiert, doch es funktioniert einfach nicht. Irgendetwas passt noch nicht, es ist mühsam und kostet wahnsinnig viel Kraft, du fällst immer wieder runter, es ist frustrierend und manchmal auch schmerzhaft – und plötzlich kommt der Moment, wenn es auf einmal klappt und sich das, was zuvor den heftigsten Kraftakt bedeutete, total leicht anfühlt. Wer kennt das nicht, wenn endlich der Knoten im Kopf platzt? Seit ich das zum ersten Mal gespürt habe, ist da in mir dieser innere Drang, es immer wieder zu erleben, er motiviert mich und treibt mich an. Egal, wie zerstört ich nach so einem Training nach Hause gehe, mit wie vielen blauen Flecken und Schrammen, ich würde den Trick so lange probieren, bis ich an diesen magischen Punkt komme.

Vorher fühlt es sich oft so an, als würde ich gegen mich selbst kämpfen, doch in dem Moment, wenn dieser *Flow* einsetzt, hat der Körper scheinbar kein Gewicht mehr, alles geht leicht. Beim Laufen auf einer Highline gibt es dann keinerlei Zweifel mehr, egal, was jetzt passiert, ich werde die richtige Antwort darauf haben. Das Balancieren mag eine recht gleichförmige Bewegung sein, aber in einem aufregenden Setting, unter extremen Bedingungen – für mich die coolste Kombination, um einen *Flow*-Zustand zu erleben. Die natürliche Intuition steuert die Bewegungen, ich lasse meinen Körper agieren, ohne bewusst einzugreifen. Die große Herausforderung besteht darin, den Kopf so weit beschäftigt zu halten, dass gar keine Kapazität mehr bleibt für Gedanken, die den *Flow* stören. Was könnte alles schiefgehen? Welche Fehler könnte ich machen? Für all das ist kein Platz. Denn in diesem Moment gibt es nichts Wichtigeres als den Moment, in dem ich bin.

Um einen Ausgleich zum oft hektischen Alltag zu schaffen, sollte jeder für sich eine Möglichkeit finden, diesen Zustand immer wieder zu erreichen. Die einen gehen dafür joggen, die anderen machen Yoga, jeder kann für sich etwas entdecken, bei dem ihm das besonders leicht gelingt. Für mich ist eine möglichst lange Slackline wie geschaffen dafür, um dieses Gefühl zu erzeugen.

Viele Menschen kommen auch über die Meditation in einen Zustand, in dem sie ganz im gegenwärtigen Moment verweilen – ohne Angst vor der Zukunft oder Bedauern über die Vergangenheit. Sie erkennen dabei oft, dass das Leben nicht nur aus dem Streben nach Erfolg oder materiellem Reichtum besteht, sondern vor allem aus der Freude am Sein selbst. Auch für mich ist es eine faszinierende Vorstellung, ohne die Ablenkung der körperlichen Herausforderung den Geist beruhigen zu können. Etwas, das mir aber ungleich schwerer erscheint. Ich erinnere mich daran, wie wir diese Technik in der Yogaausbildung geübt haben und wie unfassbar schwierig das für mich war. Vor der Meditation kommt die Konzentration, so heißt es in der Yogalehre. So zündeten wir uns also eine Kerze an und richteten unsere gesamte Aufmerksamkeit auf die Flamme, auf ihr leises Flackern, die kleinen Veränderungen ihrer Form. Hier ging es erst mal nur um Konzentration und Fokus. Selbst das war anspruchsvoll, denn die Gedanken schweiften immer wieder ab. Doch die Flamme half mir, jedes Mal in den Moment zurückzufinden. Wenn sie erlöschen würde, alles schwarz bliebe und es mir trotzdem gelingen könnte, dass meine Gedanken nicht in ihre gewohnten Spiralen zurückkehren, dann hätte ich einen meditativen Zustand erreicht. Menschen, die die Kunst des Meditierens beherrschen, können durch die Konzentration auf den Atem und die Beobachtung der Gedanken ihren Geist beruhigen. Seine ständige Aktivität beginnt sich zu verlangsamen und sie erleben Momente der inneren Ruhe. Indem man seine Gedanken beobachtet, ohne sich von ihnen mitreißen zu lassen, kann man beginnen, eine klare Sicht auf die eigene innere Welt zu entwickeln. Man erkennt Muster und Gewohnheiten des Denkens und lernt, sie bewusst zu lenken. Ein paar wenige Male durfte ich dieses Gefühl des tiefen inneren Friedens selbst beim Meditieren erleben. Ich kann darin durchaus Parallelen zu dem entdecken, was ich auf einer Highline erlebe, wenn ich voll und ganz im Augenblick bin. Für mich ist die dynamische Balance der beste Weg, um in einen meditativen Zustand zu finden. Die physische Ablenkung durch Bewegung ist für mich ein essenzieller Schlüssel dabei. Nicht für alle funktioniert die Meditation im Lotussitz und so darf jeder seinen eigenen Weg dahin finden.

Whiteout

Als ich die ersten Male über Wasser balancierte, kam ich auf die Idee, den *Flow*-Zustand noch auf andere Weise für mich zu nutzen. Denn ich spürte, wie stark solche besonderen äußeren Rahmenbedingungen eine Situation beeinflussen und erschweren können. Wenn die Wasseroberfläche das Licht der Sonne reflektierte, sie sich durch den Wind kräuselte oder einfach nur spiegelglatt dalag, war es für mich unmöglich einzuschätzen, wie weit das Gewässer überhaupt entfernt war. Die visuelle Referenz war gestört oder verfälscht. Meine Orientierung im Raum war weg, was das Gefühl der Unsicherheit steigerte. Wenn das Wasser in Bewegung ist, wirkt es von oben so, als bewegte man sich selbst, man beginnt unweigerlich, sich gegen die vermeintliche Schräglage zu lehnen, um auszugleichen, obwohl man eigentlich geradesteht. Genau dadurch gerät man aber dann wirklich ins Ungleichgewicht.

Diese Erfahrungen verdeutlichten mir, wie stark mich das Sehen auf der Line tatsächlich beeinflusste, wie sehr ich mich daran festhielt, aber wie verleitend es auch in Momenten sein konnte, in denen ich mich nicht auf das verlassen konnte, was das Auge erfasste. Wie wäre es also, den Fokus nur auf sich selbst zu richten – und die Augen zu schließen? Wäre es dann womöglich sogar leichter, ganz bei sich zu sein? Diese lästige Ablenkung einfach loszuwerden?

Auf einer Highline nichts mehr sehen zu können, war allerdings eine eher beängstigende Erfahrung. Das wusste ich, weil ich sie bereits gemacht hatte. Unfreiwillig. 2015 wollte ich mit ein paar guten Freunden eine Line über das *Kleine Törl*, einen sensationellen Spot im Kaisergebirge, spannen. Ein lawinengefährdeter Zustieg, Steinschlag, Kletterschwierigkeiten im siebten Grad mit alpiner Absicherung. Doch als die Line fertig aufgebaut war, zogen dicke Wolken in die über 2000 Meter tiefe Scharte, hingen dort fest und verschlechterten die Sicht so sehr, dass ich die Line vor mir kaum noch erkennen konnte. Völlige Orientierungslosigkeit. Ich hatte große Mühe, meine Balance zu halten, war unfähig, einen kontrollierten Schritt zu tun. Heftig musste ich kämpfen und rudernde Ausgleichsbewegungen machen, um halbwegs im Gleichgewicht zu bleiben. Trotz allem kippte ich nach wenigen Sekunden einfach zur Seite hin um. Unfassbar schwierig und anstrengend. Es machte mir bewusst, wie hilflos ich ohne eine optische Referenz auf der Highline war. *Battle of the Elements* nannte mein Freund Valentin Rapp den preisgekrönten Film, den er über dieses Projekt drehte. Ein Kampf, den wir nur verlieren konnten, bei dem ich aber etwas Entscheidendes gelernt hatte: dass die optische Orientierung extrem entscheidend für meine Balance ist.

Aber wäre es nicht etwas vollkommen anderes, wenn mich eine solche Einschränkung wie diese nicht unvorbereitet traf, sondern ich bewusst und absichtlich so eine Situation selbst inszenierte? Denn im Grunde war nicht die Tatsache das Furchteinflößende, nichts sehen zu können, sondern das, was uns die Sicht erschwerte – und somit eben doch wieder genau das, was wir sahen? Das reflektierende Wasser, die dichten Wolken, der aufkommende Regen. Jede Slackline ist durch ihre Umgebung charakterisiert, die jedoch für mich nicht kontrollierbar ist. Häufig haben die besonderen Herausforderungen mit der visuellen Wahrnehmung zu tun, und deswegen führte mich das zu der Idee, ob ich eine Line nicht auch meistern könnte, ohne überhaupt etwas zu sehen.

Der Mensch hat im Grunde drei essenzielle Mittel, um seine Balance zu halten. Das eine ist der Gleichgewichtssinn in unserem Innenohr. Das zweite das motorische Feedback der Muskeln, also zu wissen, wo meine Hand sich gerade befindet, auch ohne sie dafür sehen zu müssen. Das dritte und dominanteste ist das Sehen. Wenn ich die Augen als wichtigstes Referenzinstrument jedoch aus dem Spiel nehme, sehe ich nicht, ob ich zur Seite kippe, ich weiß nicht, wo ich mich auf der Line befinde, und es wird ungemein schwieriger, die Balance zu halten. Die visuelle Wahrnehmung ist in unserem Leben so dominant und unsere Welt so sehr darauf ausgerichtet, dass die anderen Sinne oft ein bisschen verkümmern. Erst wenn wir nichts mehr sehen, merken wir, wie gut wir auf einmal hören oder riechen, wie stark diese anderen Sinne dann wieder übernehmen. Wir lernen, auf diese Sachen zu achten, ein Gespür dafür zu entwickeln und uns eben nicht nur auf das zu verlassen, was wir sehen.

Nach meiner Whiteout-Erfahrung am Wilden Kaiser probierte ich in den darauffolgenden Jahren immer mal wieder, mit einer Augenbinde zu laufen. Die ersten Versuche scheiterten kläglich. Es fühlte sich an wie damals bei meiner ersten Line im Garten, nur noch hilfloser. Doch es erinnerte mich auch daran, dass damals alles möglich schien, sobald der erste Schritt einmal geschafft war. Die Schwierigkeit lag nun aber darin, mich nicht mehr optisch auf die Line fixieren zu können, mich nicht visuell daran festzuhalten, sondern mich ganz darauf zu konzentrieren, was meine anderen Sinne zu vermelden hatten. Zu fühlen, wo mein Schwerpunkt lag, in mein Innerstes hineinzuhören und mich mit dem zu verbinden, was ich unter meinen Fußsohlen wahrnehmen konnte. Ich musste unwillkürlich an die alten Bruce-Lee-Filme denken und daran, wie sehr es mich bereits in meiner Jugend beim Kung-Fu fasziniert hatte, alle Sinne zu schärfen. Wie unvorstellbar es mir vorgekommen war, einen Kampf gegen einen Gegner zu gewinnen, ohne dessen Angriffe sehen zu können. Damals war ich nie so weit gekommen, das wirklich zu erlernen. Auf der Slackline bot sich nun erneut die Chance, genau das zu tun.

Je klarer und fokussierter ich war, desto besser gelang es. Sich auf sein Körpergefühl zu verlassen, spielte bei jeder Begehung eine Rolle, und ich erkannte, wie stark diese Fähigkeit über die vielen Jahre, in denen ich den Sport inzwischen ausübte, gewachsen war. Nach vielen Trainingseinheiten hatte ich stattliche 270 Meter bei meiner bisher längsten Highline-Begehung mit Augenbinde zurückgelegt. Etwas, das mir zuvor undenkbar erschienen war. Dann waren jedoch andere Projekte wichtiger gewesen, ich hatte das Thema nicht weiterverfolgt, war erst mal zufrieden mit der Erkenntnis, dass es gelingen konnte. Aber vielleicht war ich auch noch nicht an dem Punkt, es vollständig für mich erschlossen zu haben und es dadurch auch genießen zu können. Jedenfalls hatte ich nicht das Gefühl, mich mit der Augenbinde wirklich wohl und sicher zu fühlen.

Blindes Vertrauen

Als ich im April 2019 nach Kislowodsk im nördlichen Kaukasus reiste, war die Idee, dort Russlands längste Highline zu spannen, in der Nähe eines kleinen Dorfes nahe der georgischen Grenze, wo bereits zum dritten Mal das bisher einzige Highline-Festival des Landes stattfinden sollte. Eine gute Chance, die russische Szene kennenzulernen. Für mich war die geplante 1000-Meter-Line besonders reizvoll, da ich mich mitten in den Vorbereitungen für einen neuen Weltrekord befand – im August 2019 wollte ich nach Kanada reisen, um die 2000-Meter-Marke zu knacken.

Zunächst einmal ging es an den Aufbau der Line mit einem neuartigen System, bei dem die Highline aus jeweils 50 Meter langen Elementen zusammengesetzt wird, anstatt ein einziges langes Band zu verwenden. Friedi Kühne und ich waren die erfahrensten Highliner vor Ort, und so koordinierten wir den Aufbau, der dank der zahlreichen russischen Slackliner, aber auch mit Unterstützung einiger internationaler Gäste erstaunlich reibungslos verlief. Am späten Nachmittag war es windstill, die Line hing etwa 200 Meter über dem Talboden und war bereit für die erste Begehung. Perfekte Bedingungen. In der Abenddämmerung spazierten Friedi und ich förmlich auf die andere Seite des Canyons. Am darauffolgenden Tag durchkreuzte der heftige Wind jedoch meinen Plan, möglichst viele Meter auf dieser Line zu laufen. Stattdessen kämpfte ich um jeden Schritt und kehrte nach über einer Stunde und wenigen 100 zurückgelegten Metern wieder um. Ein gutes Training war es dennoch, außerdem entwickelte ich ein Gefühl für die Line und für die Herausforderungen, die sie mit sich brachte. Die Bedingungen, besonders der Wind, sind bei so langen Lines alles entscheidend. Ein paar Stundenkilometer Geschwindigkeit mehr können die Grenze zwischen »machbar« und »vollkommen unmöglich« schnell verschieben.

Friedi hatte trotz des Windes bereits versucht, die 1000 Meter-Line blind zu überqueren. Er war nur wenige Wochen zuvor in den USA an einem neuen Rekord mit Augenbinde knapp gescheitert, als er nur zehn Meter vor dem Ende einer 890 Meter langen Line doch noch stürzte. Hier in Russland wollte er diesen Misserfolg wieder wettmachen. Er versuchte es am späten Nachmittag, als sich der Wind gelegt hatte, erneut, und ich durfte gebannt dabei zusehen, wie es ihm dieses Mal gelang. Zurück im Camp, am Lagerfeuer sitzend, philosophierten Friedi und ich ausgiebig darüber, Highlines blind zu begehen, was für eine krasse Erfahrung, was für ein überwältigender innerer Kampf es war und wie verrückt es uns erschien, dass es überhaupt möglich war. Inspiriert von Friedis Erfolg und vor allem angefixt von seinem Bericht über die Gefühlsachterbahn, die er dabei erlebt hatte, entschied ich noch am Abend, es auch zu versuchen.

Als ich einen Tag später am Anker der 1000-Meter-Line stand, war meine Entschlossenheit von gestern Nacht nur noch halb so groß. Zu lang schien sie auf einmal, zu krass der Sprung von nur 270 Metern, meiner persönlichen Bestmarke. Anders als Friedi hatte ich die letzten Monate nicht damit verbracht, ähnlich lange Lines mit Augenbinde zu versuchen. Ich rang mich durch, es trotzdem zu wagen. Ohne große Erwartungen begab ich mich auf die Line, zog die Augenbinde über die Augen und machte mich ans Aufstehen. Die ersten Schritte des Tages sind immer wackelig, aber ohne sehen zu können, wie sich die Line vor mir bewegt, war es schlimmer als sonst. Alles schien zu schwanken und ich drohte bereits nach wenigen Schritten zu eskalieren. Vor meinem inneren Auge versuchte ich krampfhaft die Umgebung, die Line vor mir, oben und unten, meine eigene Lage, genau zu visualisieren. Mich an der Vorstellung zu orientieren. Aber alles begann sich zu drehen und zu verschwimmen. Ich durfte nicht mehr länger am Sehen festhalten und musste mich stattdessen auf mein Gefühl verlassen. Die Schwärze um mich herum akzeptieren und nicht länger dagegen ankämpfen. Ich fokussierte mich auf meine Atmung und lief weiter. Ließ meinen Körper, scheinbar von selbst die Balance finden und begann die Dunkelheit langsam zu akzeptieren. Nach nur wenigen Metern kam ich in meinen *Flow*, alles fühlte sich erstaunlich leicht und selbstverständlich an. Als ich das erste Mal meinen Sicherungsring über die Metallverbindung klimpern hörte, wusste ich, dass ich bereits 50 Meter geschafft hatte. Überraschend schnell kam ich vorwärts, und das Fehlen der visuellen Referenz machte mir auf dieser Line, nach der anfänglichen Panik, tatsächlich weniger aus, als ich es von kürzeren Slacklines gewohnt war. Ich ließ meinen Körper machen und versenkte mich mehr und mehr in diesen meditativen Zustand. Die Minuten verstrichen und mein Sicherungsring hatte bereits mehr als zwölfmal eine der Verbindungen gestreift. Wenn ich mich nicht verzählt hatte, war ich ein gutes Stück über die Mitte hinaus. Unglaublich! Hatte ich tatsächlich eine Chance, diese Line komplett blind zu laufen? Das wäre nicht nur mit Abstand meine persönliche Bestleistung, sondern auch ein Weltrekord, den ich mir mit Friedi teilen würde!

Doch es kam erst mal anders. Der Erwartungsdruck ließ mich unaufmerksam werden. Eine Windböe drückte mich zur Seite und nach gut 700 Metern trat ich neben die Line. Ich strauchelte und schaffte es auf mir unerklärliche Weise, nicht zu stürzen. Dennoch wurde ich aus dem *Flow* gerissen und plötzlich fühlte ich die Anspannung und Nervosität. Mit jedem Schritt stand alles auf dem Spiel. Nun musste ich mit diesen Erwartungen an mich selbst und dem aufkommenden Druck umgehen, konnte nicht länger unbeschwert voran schweben. Meine Gedanken kreisten in Spiralen um alle erdenklichen Szenarien meines Scheiterns und mir wurde klar, dass sich jetzt alles entscheiden würde. Ich musste es schaffen, wieder in den *Flow* mein positives, unbedarftes und erwartungsfreies Mindset zurückzufinden, was zu Beginn dieses

Laufs so überraschend gut funktioniert hatte. Ich konzentrierte mich wieder auf den nächsten Schritt. Wie in Indien, als ich in die Flamme der Kerze geblickt hatte, lenkte ich meine Aufmerksamkeit auf das Hier und Jetzt. Drängte alle negativen Szenarien in meinem Kopf zur Seite. Atmen. Schritt. Atmen. Schritt. Langsam trugen mich meine Füße vorwärts und meine Gedanken durften weiterziehen.

Periodisch erklang das Klirren von Metall, wie eine Glocke, jedes Mal, wenn ich eine Verbindung überquerte. Wieder 50 Meter geschafft! Den Sound, den ich anfangs furchtbar störend fand, habe ich schätzen gelernt, als ich blind über die Line lief. Er hat mir geholfen zu wissen, wo ich war und mir ein willkommenes Feedback gegeben. Ich konnte mich nur auf das Stück vor mir konzentrieren, so hatte ich nicht mehr diese überwältigende Distanz von 1000 Metern vor Augen, sondern immer nur 50 Meter, das Stück bis zur nächsten Verbindung. Zwanzigmal hintereinander. Ich habe mir dadurch Zwischenziele gesetzt und mir vor allem ein Feedback geschaffen, das mir positiv signalisierte, auf dem richtigen Weg und in der Lage zu sein, meine Ziele auch zu erreichen. Nachdem ich siebzehnmal erfolgreich meine 50-Meter-Herausforderung geschafft hatte, war ich zurück im *Flow* und voller Zuversicht.

Plötzlich spürte ich, wie der Wind böiger wurde und deutlich an Kraft gewann. Die Slackline wurde zur Seite getragen, mehr als zehn Meter, wie mir meine Freunde später berichteten. Für mich fühlte es sich an, wie in einem Aufzug zu stehen, nur dass er nicht nach oben oder unten fuhr, sondern kraftvoll zur Seite geschoben wurde. Nun kämpfte ich um jeden Schritt. Auch gegen die aufkeimenden Zweifel: Schaffe ich es auch unter diesen heftigen Bedingungen, durchzuhalten? Ich musste langsamer gehen, um nicht erneut einen Fehltritt zu riskieren. Doch langsam spürte ich, wie die Line vor mir inzwischen steil bergauf ging, ein deutliches Zeichen, dass es nicht mehr weit bis zum Ankerpunkt sein konnte. Immer früher berührte mein Fuß die Line, die jetzt deutlich nach oben ging. Ich musste mich stärker zurücklehnen, um weiterhin aufrecht zu bleiben. Der Wind zwang mich jedoch, immer wieder stehen zu bleiben und trug die Line und mich wieder meterweit zur Seite. Die Nervosität stieg nun mit jedem Schritt. Weniger als 100 Meter müsste ich noch vom Ende der Line entfernt sein. Oder hatte ich mich verzählt? Allmählich bekam ich Angst, zu weit zu laufen, plötzlich auf der anderen Seite ungebremst gegen die Felswand zu prallen, sollte ich am Schluss stolpern. Ich kämpfte gegen den Drang an, die Augenbinde abzunehmen und ging stoisch weiter. Jeder Schritt war jetzt wie Treppensteigen. Nur noch 50 Meter! Als ich glaubte, kurz vor dem Ende zu stehen, lüftete ich meine Augenbinde, um einen Blick zu riskieren. Es wurde hell, gleißend hell. Erst nach ein paar Sekunden stellte sich das Bild scharf. Und vermutlich war dieser plötzliche Moment des Sehens einer der schwierigsten der gesamten Begehung, ich brauchte eine Weile, wieder in meine Mitte zu kommen und nicht die Balance zu verlieren. Ich schob die Augenbinde zurück und machte ein paar letzte schnelle Schritte bis zum Ziel.

Am Ankerpunkt an der Felskante sitzend, brach ich in Jubel aus, schaute zurück auf die 1000 Meter lange Highline, die ich gerade in 55 Minuten überquert hatte. Mit Augenbinde und ohne Sturz. Beinahe 3000 Schritte in völliger Dunkelheit. Jeder Schritt musste sitzen, keine Zeit für Zweifel oder Ablenkung. Ein Eintrag ins Guinness-Buch der Rekorde und ein Besuch beim Bürgermeister von Kislowodsk waren der Lohn für dieses Meisterstück. Vor allem ist mir aber dieses Gefühl in starker Erinnerung geblieben, mir scheinbar von außen dabei zuzusehen, wie mein Körper wie selbstverständlich einen Schritt vor den anderen setzte.

Wenn ich heute zurückblicke, war blind zu laufen gar nicht in jeder Hinsicht schwieriger als sehend. Es hat mir tatsächlich auch Dinge erleichtert. Denn wo man sonst durch optische Veränderungen seiner Umgebung abgelenkt wird und versucht, darauf zu reagieren, gab es nichts mehr, was mich hätte irritieren oder stören können. Ich konzentrierte mich auf nichts als auf den nächsten halben Meter vor mir, war ganz bei mir und im Hier und Jetzt. Es ging nur darum, in diesem Augenblick positiv zu agieren. Im Lauf vergaß ich sogar fast, dass ich eine Augenbinde trug.

Ja, in der Mitte, als mich die Böen heftig zur Seite trieben, waren Ängste aufgekommen. Davor zu scheitern. Oder ein herannahendes Gewitter nicht sehen zu können. Doch ich hatte dem Drang widerstanden, die Augenbinde zu lüften. All diese Ängste hatten mich für einen Moment aus dem *Flow* gerissen, mich in ein Szenario in der Zukunft katapultiert, in dem ich mich nicht befinden wollte. Trotzdem habe ich es geschafft, mich wieder auf das Wesentliche zu fokussieren – auf das, was gerade jetzt zählte. Da war nur dieser einzige Gedanke: Lass los und mache den nächsten Schritt!

Blinde Highline
https://lmy.de/KHifS

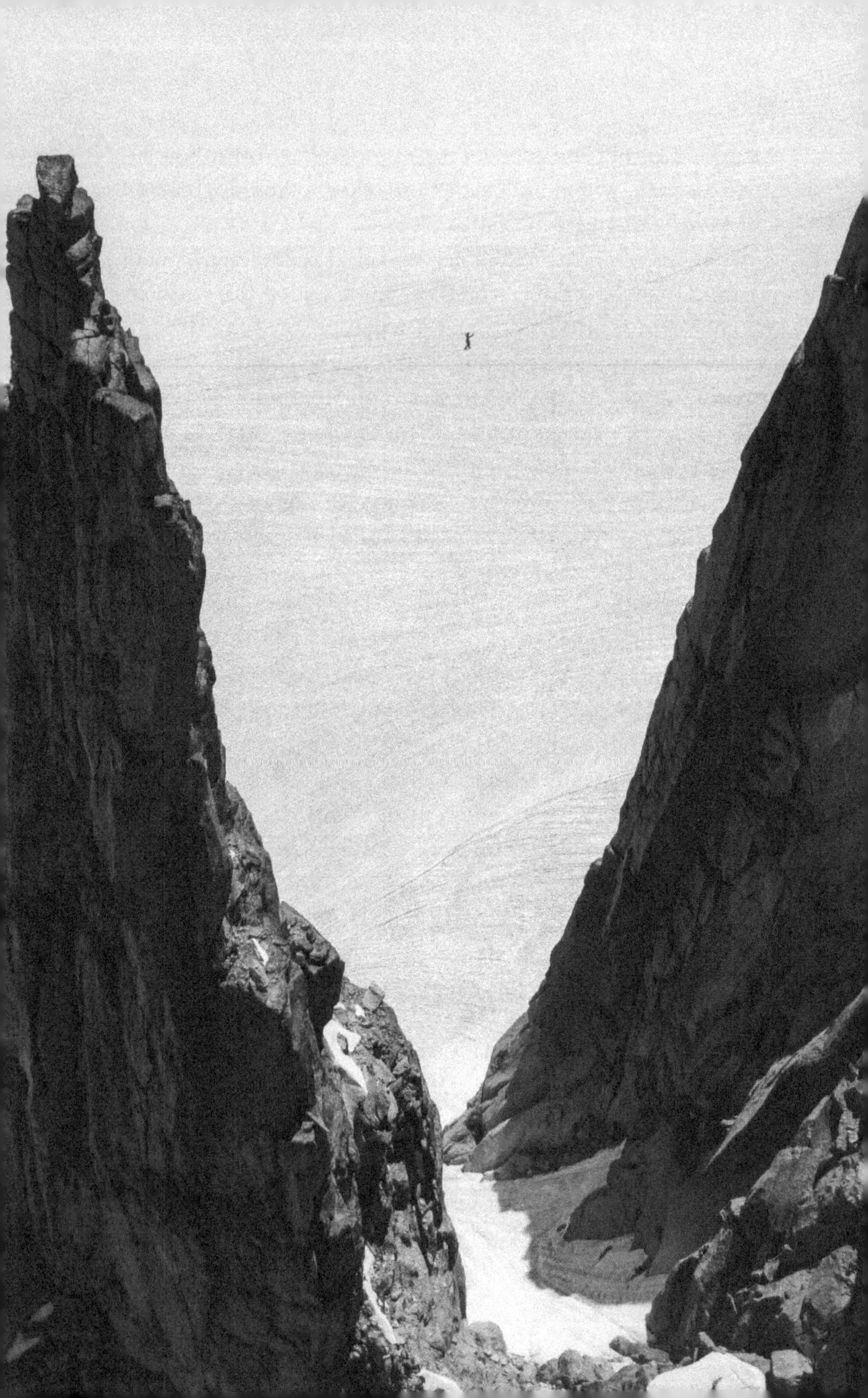

KAPITEL 8

Träum weiter! In jedem neuen Ziel liegt die Chance, zu wachsen

Jede Herausforderung, jede Erfahrung und vor allem auch jeder Rückschlag lehrt uns etwas, jeder Erfolg gibt uns Rückenwind, um neue Träume entstehen zu lassen, an sie zu glauben und sie zu verfolgen. Der Weg zur Erfüllung eines Traums hält immer Wachstumschancen für uns bereit, und am Ende hört er, so hoffe ich jedenfalls, niemals auf. Es warten noch viele Gipfel auf mich, an denen ich meine Line spannen werde – und wer weiß, vielleicht balanciere ich sogar eines Tages oben auf dem Mount Everest über das schmale Band, das für mich die Welt bedeutet. Hinter jedem bisher erklommenen Berg sehe ich am Horizont bereits ein neues Ziel aufblitzen, das mich einlädt, ihm nachzugehen.

Wenn wir aufhören würden, uns zu fordern, blieben wir nicht nur stehen und verzichteten auf Weiterentwicklung, sondern wir würden uns auch einschränken. Wenn wir nicht stetig versuchen, aus unserer Komfortzone auszubrechen und an den Gitterstäben unseres selbst erschaffenen Gefängnisses zu rütteln, dann wird der Raum der Möglichkeiten um uns herum mit jedem Tag kleiner. Die Ängste werden größer und jede mühsam erkämpfte Freiheit geht allmählich wieder verloren. Deshalb glaube ich, dass wir ständig neue Perspektiven brauchen und wir uns ein Leben lang immer wieder auf den Weg machen müssen, immer wieder für unsere Träume kämpfen müssen. Genau das bedeutet es für mich zu leben. Darum traut euch zu träumen und habt den Mut, eure Träume auch zu verwirklichen!

Wer sich nicht mit dem Status quo zufriedengeben will, muss sich zunächst darüber klar werden, was ihn wirklich erfüllt. Welche Träume sind die eigenen, welche sind die, die andere als solche identifizieren? Was stelle ich mir selbst für mein Leben vor, was sind Meinungen anderer, die ich mir zu eigen gemacht habe? Das mag einfach klingen, aber oftmals lassen sich die Erwartungen und Vorstellungen der äußeren Welt nur schwer von dem trennen, wonach wir in unserem Innersten streben. Wir müssen uns unserer selbst bewusst werden und dessen, was uns glücklich macht, uns unabhängig davon machen, was andere für richtig halten, um den für uns richtigen Weg einschlagen zu können.

Schon in jungen Jahren hatte das Thema Freiheit einen hohen Stellenwert für mich, in mir hatte sich bereits ein klares Bild davon geformt, wie ich sie leben wollte.

Als ich gerade den Bachelorabschluss in Chemie in der Tasche hatte, bekam ich ein unerwartetes Jobangebot aus den USA. Von niemand Geringerem als Madonna! Unglaubliche 150 000 Dollar bot mir ihr Management an, um mit ihr auf Welttournee zu gehen. Ich konnte nicht fassen, dass das wirklich passierte.

Der kalifornische Slackliner Andy Lewis hatte sie im Jahr 2012 bei einem Super-Bowl-Auftritt auf der Bühne begleitet, er tanzte und bouncte in weißer Toga und goldenen Lederboots auf der Slackline, eine ziemlich schräge Performance, die viel Aufmerksamkeit auf sich zog. Bald darauf fragte sie bei ihm an, ob er sie auf der nachfolgenden Tour begleiten wollte. Das wollte er jedoch absolut nicht. Andy ist ein Freigeist, er wollte lieber sein Ding machen und weiter in der Natur seine Highlines spannen, so wie er es bisher getan hatte. Nachdem das Management den Schock über diese Absage überwunden hatte, erkundigten sie sich bei ihm, wer sonst noch dafür infrage kommen könnte und er nannte auch meinen Namen. Wer würde sich nicht geschmeichelt fühlen, wenn eine der größten Pop-Ikonen aller Zeiten bei einem anklopft? Ich freute mich unglaublich über diese Wertschätzung. Doch schon während ich mir das Angebot zu Ende anhörte, wusste ich, was ich antworten würde: nein, danke, ohne mich!

Eher aus Höflichkeit behauptete ich, erst mal darüber nachdenken zu müssen. Doch es gab nichts zu überlegen. Es war eine eindeutige Entscheidung, die ich ihnen zwei Tage später auch per Telefon mitteilte. Es stand zwar fest, dass ich in dem Jahr, das vor mir lag, nicht annähernd so viel Geld verdienen würde wie die Summe, die sie mir in Aussicht stellten, aber es fühlte sich für mich schlicht nicht richtig an. Außerdem hatte ich andere Pläne. Gerade hatte ich mich dazu entschlossen, mein Studium erst einmal zu unterbrechen und mich ein Jahr lang komplett meinem Sport zu widmen. Endlich hatte ich die Freiheit, ganz und gar das zu tun, was ich wollte. Für die Tour jedoch hätte ich vier Monate an einem Ort proben müssen und wäre dann acht weitere Monate unterwegs gewesen. Ein Jahr meiner Zeit hätte ich komplett jemand anderem geopfert. Und egal ob es nun ein Weltstar war oder nicht, ich wollte mich lieber ausprobieren und den Sport in die Richtung weiterentwickeln, die meinen Vorstellungen entsprach. Für eine solche Show brauchst du Konsistenz. Du musst die Tricks bis zur Perfektion einstudieren, stundenlang das gleiche Showprogramm üben. Ähnlich wie für Andy, klang das auch für mich nicht unbedingt nach Spaß und vor allem nicht nach persönlicher Weiterentwicklung. Ich bewundere das, was Artisten auf den Bühnen dieser Welt leisten, ich weiß, wie viel Können, Disziplin und Beharrlichkeit es erfordert, aber damals wie heute ist es mir viel wichtiger, neue Sachen zu kreieren und mich stets mit unbekannten Herausforderungen zu konfrontieren, als einzelne Dinge so lange zu üben, bis ich sie im Schlaf beherrsche. In diesem Punkt habe ich eine komplett andere Auffassung des Sports.

Selbst wenn ich der größte Madonna-Fan aller Zeiten gewesen wäre, hätte ich die Entscheidung für mich nicht anders treffen können. Doch wenn ich diese Geschichte erzähle, kommt oft als Reaktion darauf: »Wie konntest du die größte Chance deines Lebens ausschlagen?« Aber natürlich hätte ich mich nie so entschieden, wenn ich das Ganze wirklich als riesige Chance betrachtet hätte. Es war nicht *meine* Chance, nicht *mein* Weg. Denn es hätte mich dem, wovon ich träumte, nicht nähergebracht, sondern mich im Gegenteil davon weggeführt.

Mein Blick auf dieses Angebot war ein realistischer, vielleicht auch nüchterner. Ja, es klang verlockend, um den gesamten Globus zu reisen. Aber würde ich überhaupt die Zeit haben, etwas davon mitzunehmen? In meiner Vorstellung würde ich vor allem in Hotels und an Flughäfen abhängen. Für so eine Show musst du eine Choreografie auswendig lernen und sie jeden Abend auf der Bühne reproduzieren. Das entsprach nicht meiner Vorstellung davon, wie ich diesen Sport leben wollte. Vor allem aber behagte mir der Gedanke nicht, mir von jemand anderem sagen zu lassen, was und wie ich das nächste Jahr lang trainieren muss. Ich wäre nur ein winziges Rädchen in dieser gigantischen Maschinerie gewesen. Von Kollegen und Kolleginnen, die in diesem Bereich tätig sind, weiß ich, dass es vertraglich festgelegt wird, während der Projektzeit keine schwierigen Tricks zu machen oder gar Risiken einzugehen, weil die Verletzungsgefahr dabei zu groß wäre und einen Ausfall bei der Show nach sich ziehen könnte. Etwas, das ich mir von niemandem hätte vorschreiben lassen wollen. Wie sollte ich persönlich wachsen und außerdem dazu beitragen, den Sport weiterzuentwickeln, wenn mir solche Grenzen auferlegt wurden?

So stellte ich mir mein Leben nicht vor, ich wollte es selbstbestimmt gestalten und der Hauptdarsteller darin bleiben, keine Randfigur. Ich wollte *meine* Projekte umsetzen, die mich persönlich interessierten, und zwar genau so, wie ich sie mir vorstellte.

Diese Absage an Madonna erzählt sicher viel über mich. Denn meine Freiheit würde ich auch heute immer über materielle Werte stellen. Es war nie meine Motivation, mit dem Sport reich und berühmt zu werden. Hätte ich einen gut bezahlten Job gewollt, hätte ich mein Chemiestudium mit dem Doktortitel abschließen und in der Industrie arbeiten können. Doch die Freiheit, mein Leben, vor allem aber auch meinen Sport selbstbestimmt gestalten zu können, war der eigentliche Grund, warum ich mein Studium nicht direkt fortsetzen wollte. Viel erfüllender erschien es mir, meiner Leidenschaft zu folgen und daraus einen Beruf zu formen, als einen Job deshalb auszuwählen, weil er gut bezahlt ist. So wie ich meinen Sport betreibe, werde ich dadurch wahrscheinlich nicht reich werden, jedenfalls nicht in finanzieller Hinsicht.

Die Erfahrungen und Erlebnisse, die ich auf diesem Weg bisher machen durfte, sind für mich aber um ein Vielfaches wertvoller. Meine Projekte und Rekorde ermöglichen es mir, im Zusammenspiel mit Vorträgen und Showauftritten mein Leben selbstbestimmt zu führen – vor allem aber auch all die Ideen zu verfolgen, die ich als Nächstes verwirklichen möchte.

Als ich mich für meinen ganz eigenen Weg entschied, spielte aber noch ein anderer Punkt eine Rolle. Für Madonna auf der Slackline zu stehen, war schlicht nichts, von dem ich je geträumt hätte. Doch es gab sicher andere, die sich nichts mehr ersehnten als genau das. Für mich wäre es also nur ein Job gewesen, der mir bestenfalls ein Polster eingebracht hätte, um mir meine eigentlichen Träume zu erfüllen, die ich dafür erst einmal hätte aufschieben müssen. Aber hätte ich eingeschlagen, wäre jemand anderem die Chance genommen worden, für den sich damit wirklich ein Traum erfüllt hätte. Genauso kam es dann auch, und Jaan Roose übernahm den Job, für ihn war es genau das, was er immer gesucht hatte. Für mich war es wichtig, auf mein Herz zu hören und trotz der Meinungen anderer für mich diese Entscheidung zu treffen. Wir vergessen oft, dass jede Möglichkeit, die man ergreift, auch bedeutet, eine Vielzahl anderer liegen zu lassen. Und dieses Engagement in der Show hätte für mich einen Stillstand im sportlichen Sinne bedeutet. Vielleicht hätte es sogar dazu geführt, dass ich den Job, den ich heute für mich genau nach meinen Vorstellungen gestalte, nicht in der Form hätte verwirklichen können. Dass ich nicht meinen eigenen Traum lebe, sondern nur für den Traum eines anderen Menschen arbeite – etwas, das ich nie wollte.

Next Chapter

Ich habe meine Entscheidung nie bereut, bin froh und stolz, dass ich schon in jungen Jahren den Mut hatte, mir selbst treu zu bleiben und meinen eigenen Weg einzuschlagen. Achtzehn Jahre sind inzwischen vergangen, seit ich zum ersten Mal den Fuß auf eine Slackline gesetzt habe. Was mich fast zwei Jahrzehnte daran festhalten lässt, mich antreibt und begeistert wie am ersten Tag, hat mit all den Dimensionen dieses Sports zu tun, die meine Neugierde und meinen Ehrgeiz jeden Tag aufs Neue wecken.

Immer wieder taten sich Ideen auf, die das Feuer neu entfachten und meine Leidenschaft für die Balance steigerten. Ich entdeckte neue Dimensionen, in denen ich mich ausprobierte und diesen jungen Sport mit prägen konnte.

Wenn ich zurückblicke auf die ersten Jahre, dann waren sie neben dem Umgang mit dem neuen Gefühl der Höhe und der damit verbundenen Angst, die es zu bewältigen galt, bestimmt durch einen sehr kreativen und vollkommen freien Zugang zum Sport. Das Tricklinen auf einer recht niedrig gespannten Line war eine Disziplin, die mich beschäftigte. Angefangen hatte ich mit dem Aufstehen auf der Line, dann fing ich an, mich auf dem Band auf den Rücken zu legen, die Knie abzusetzen. Im Laufe der Zeit wurde es extravaganter, nahm auch teils absurde Formen an. Ich nahm meine Kung-Fu-Ausstattung mit auf die Line, versuchte, sie in meine Tricks einzubauen, mal einen Langstock, mal ein Nunchaku, bestehend aus zwei gleich langen Holzstücken, die mit einer Kette verbunden sind. Später versuchte ich, einen Klappstuhl auf dem Band zu platzieren und mich draufzusetzen – mit einem Fuß zur Stabilisierung auf der Slackline. Manchmal ging das

Experiment gut, meistens kippte ich jedoch um und fiel in die weiche Wiese. Auch einige schmerzhafte Kollisionen mit dem Campingstuhl, der wie ein Wurfgeschoss von der Line katapultiert wurde, sobald man abstieg oder herunterfiel, waren dabei. Obwohl ich dann meinen Kopf mit den Armen schützte, hektisch zur Seite rollte, so wie man es aus Filmen kennt, wenn jemand versucht, einer bevorstehenden Detonation zu entkommen, wurde ich das eine oder andere Mal unsanft getroffen. Dann endete der Versuch mit blauen Flecken und Schrammen.

Wir waren experimentierfreudig und mit kindlichem Spaß bei der Sache, alles war vollkommen ergebnisoffen. Was immer wir uns nur ausdenken konnten, wurde probiert. Irgendwann haben wir sogar angefangen, uns auf der Line an- und auszuziehen. Beim T-Shirt ging es noch relativ einfach, bei Hose oder Socken wurde es kompliziert. Dabei gab es natürlich viele Stürze, weil wir uns in den Klamotten verheddert hatten und unkontrolliert zu Boden gingen – was für die zuschauenden Freunde einen großen Unterhaltungswert hatte. Alles, was man normalerweise im Leben macht, versuchten wir auf die Slackline zu verlagern. Kaffee trinken, Nudeln essen, schlafen. Einiges hat funktioniert, vieles auch nicht. Ob es klappte oder nicht, das war Nebensache. An diese Zeit erinnere ich mich vor allem deshalb so gern, weil sie so unbeschwert war, so lustig, oft lachten wir, bis uns die Tränen kamen, wenn mal wieder jemand mit dem Kopf voran im Gras landete.

Irgendwann fanden wir heraus, dass man die Line richtig fest spannen kann, um einen trampolinartigen Effekt zu generieren. Man kann dann darauf springen, die Line katapultiert einen in die Luft, man kann akrobatische Tricks einbauen – mit der besonderen Schwierigkeit, dass man am Ende wieder auf dem zweieinhalb Zentimeter schmalen Band landen und aus dieser Dynamik heraus sein Gleichgewicht wiederfinden muss. Das war die Geburtsstunde des modernen Tricklinens. Natürlich haben wir diese Disziplin nicht allein erfunden, es gab andere, die sich ebenfalls darin ausprobierten und sie vorantrieben, aber wir durften sie maßgeblich mitprägen und waren bei ihrer Entstehung mittendrin.

Mit statischen Tricks fing es an, wie dem *Knee Drop*, bei dem man in die Hocke geht, einen Knöchel auf die Line legt und ein Knie unterhalb der Line positioniert. Der *Buddha*, eine Abwandlung des Lotussitzes. Oder auch dynamische Tricks wie der *Butt Bounce* oder *Chest Bounce*, bei denen man sich auf den Hintern oder die Körper-Vorderseite fallen lässt und von der Line wieder nach oben federt. Später dann *Grabs*, bei denen versucht wird, die Slackline mit beiden Händen zu greifen, *Frontflips* und *Backflips*. Wir fingen an, Räder darauf zu schlagen, mehrere Tricks aneinanderzureihen wie etwa eine Radwende, an die sich ein Rückwärtssalto anschließt. Eine klassische Kombination aus dem Turnen, die ich so lange und hartnäckig auf der Line trainierte, bis ich es genau einmal geschafft habe zu stehen. Ein so großartiger Moment, dass ich das Gefühl bis heute im Kopf habe, der Jubelschrei noch immer in meinem Ohr klingt.

Ich probierte mich aus, interpretierte Tricks für mich neu, entwickelte meinen eigenen Style, nahm an internationalen Contests teil. Diese Wettkämpfe waren neu im Slacklining, und direkt dabei zu sein, wie ein Sport so grundlegend geformt wurde, war großartig. Die Contests waren für mich aber auch wichtig, um mein Standing in der Community auszutarieren. So schaffte ich es, mich in der Szene zu positionieren und auch darüber hinaus Sichtbarkeit für das zu schaffen, was ich erreicht hatte – und damit auch für den damals noch vergleichsweise unbekannten Sport.

Wenn unsere Community bei den Festivals zusammenkam, fingen wir an, spielerisch im Rahmen von Trickline-Jams gegeneinander anzutreten. Es ging abwechselnd auf die Line, und jeder hat die coolsten Tricks ausgepackt, die er draufhatte. Mehr ein jugendliches Kräftemessen als ein für ein großes Publikum ausgelegtes Spektakel. Eine lockere Jam-Session, bei der man sich gegenseitig anstachelt und inspiriert hat, mehr zu wagen und neue Sachen auszutesten, Grenzen zu überwinden. Damals hatte es mehr diesen gemeinschaftlichen Charakter als den eines Wettkampfs. Mit der Zeit wurde es aber professioneller, und es ging dann auch darum, wer besser war als der andere. Für mich war es ein unvergesslicher Moment, als ich in Frankreich gegen Andy Lewis antrat. Er war zu Beginn meiner Slackline-Karriere eines meiner großen Idole gewesen, er war auch derjenige, der den ersten Rückwärtssalto geschafft hatte, ein absolut wilder Hund, der nur das machte, was er wollte. Meine Bewunderung für das »Slacklife«, wie Andy es nannte, also voll und ganz für den Sport zu leben, wuchs durch ihn grenzenlos. Und genau dieses Vorbild konnte ich im One-on-one Battle bei den *Natural Games* im französischen Millau tatsächlich schlagen. *Yes, einmal im Leben!* Da sich nie die Gelegenheit für eine Revanche ergab, blieb dieser Überraschungssieg auch so stehen und damit das stolze Gefühl erhalten, das ich damals empfand.

Allmählich entwickelte sich das Tricklinen zu einem eigenständigen Sport, in dem vor allem die ganz Jungen mit den abgefahrensten und kühnsten Tricks hervortraten. Jedes Jahr gewann ein neues Gesicht den World Cup, jemand, von dem man noch nie zuvor gehört hatte und der plötzlich alle anderen in die Tasche steckte. Es war cool, diese erste Phase mitzugestalten, dabei zu sein, sich eigene Tricks auszudenken, diese Pionierleistung zu erbringen und den Sport mitzugestalten.

Zu der Zeit sind erstmalig Leute aus dem Sponsoring eingestiegen. Die Contests waren eine gute Möglichkeit, sich und sein Können zu zeigen und die Leistungen in der noch jungen Sportart vergleichbar zu machen. Mein erstes *Adidas*-Sponsoring kam 2011, als ich noch aktiv daran teilgenommen habe und die Firmen begannen, sich für das Slacklinen zu interessieren, das immer mehr zum Trend avancierte.

Ich hatte diese Facette des Sports erlebt, als sie noch in den Kinderschuhen steckte, sie mit aufgebaut und geprägt. Und es war für mich fantastisch, zu sehen, wie sich die Disziplin in den darauffolgenden Jahren weiterentwickelte. Heute werden Dreifachsaltos mit Schrauben gesprungen wie auf dem Trampolin – sogar in so großer Höhe, dass mir beim Zuschauen fast schlecht wird, und das, obwohl zur Sicherheit ein Airbag darunterliegen muss.

Für mich war es jedoch an der Zeit, eine neue Richtung einzuschlagen. Das Tricklinen hatte ich zu Beginn stark gepusht, dann, wie Eltern ihr Kind, loslassen müssen, um den eigenen Weg weitergehen zu dürfen. Es haben sich andere Protagonisten und Protagonistinnen gefunden, die es viel krasser betrieben, als ich es mir je hätte vorstellen können. Für mich taten sich zu dieser Zeit aber neue Ideen und Pläne auf, die mich von der Trickline weg und hin zu immer längeren und höheren Lines lockten. Das Laufen auf der Line und dabei den *Flow*-Zustand erleben zu wollen, war schließlich das, was mein Herz zu Beginn erobert hatte.

Mit einer 300-Meter-Longline gelang mir dann bald sogar der Weltrekord in dieser neuen Disziplin. Meine Leidenschaft galt mehr und mehr diesen langen Lines. Und auch sie hatten viel damit zu tun, dass ich der Pop-Diva einen Korb hatte geben müssen. Denn der Gedanke, diesem für mich so essenziellen Teil des Sports für ein ganzes Jahr nicht nachgehen zu können, war unvorstellbar. Mein Antrieb war es in dieser Zeit, den Längen-Weltrekord weiter zu verschieben, um herauszufinden, was gerade noch möglich war. Doch je länger die Slackline wurde, desto mehr musste sie gespannt werden, damit der Durchhang nicht zu groß wurde. Da wir aber langsam in die Nähe der maximalen Bruchlasten der Bänder kamen, blieb uns irgendwann nichts anderes mehr übrig, als die Line immer höher zu spannen, damit sie nicht in der Mitte den Boden berührte. Bei einer Longline läuft man normalerweise ungesichert, irgendwann war der Ankerpunkt jedoch in fünf, sechs Metern Höhe, aus der wir nicht mehr sicher abspringen konnten. Sie noch höher aufzuhängen, war also auch keine Option. Denn gleichzeitig war es nicht hoch genug, um sich mit einem Seil sichern zu können, vor allem, da die Line zur Mitte hin manchmal fast die Grashalme streifte.

Wir bewegten uns sehr nahe an dem, was das Material überhaupt auszuhalten vermochte, und so manches Mal sprengten wir im wahrsten Sinne des Wortes die Grenze – und die Slackline riss. Es war eine wilde Zeit, in der wir viel über das Material lernten und begannen, uns intensiv mit den Herstellern über stärkere Bänder mit geringerem Gewicht auszutauschen. Es war Neuland, es war gefährlich und wir hatten einige Male richtig viel Glück, heil aus der Sache rauszukommen. Aber es war genau das, was mich am Slacklinen gereizt hatte. So lange wie möglich auf dem Band zu laufen und die Grenzen der Vorstellungskraft zu verschieben.

Lange herrschte sowohl beim Longlinen als auch beim Highlinen die gängige Meinung, man müsse eine Slackline sehr fest spannen, um sie überhaupt bewältigen zu können. So erhöhten wir bei den immer länger werdenden Lines mehr und mehr den Zug, bis es irgendwann aus Sicherheitsgründen nicht mehr fester ging. Dann jedoch gab es eine neue Entwicklung in Sachen Spannung, als ein paar Slackliner versuchten, ganz anders zu denken und das Problem auf gegenteilige Weise zu lösen. Im Nachhinein lässt sich schwer sagen, wer den initialen Anstoß dazu gegeben hat, aber einer der Ersten, der es in Europa ausprobiert hat, war mein Freund Reinhard Kleindl. Als studierter Physiker hatte er sich viele Gedanken darüber gemacht, wie die Schwingung einer Line mit der Spannung, dem Gewicht des Bandes und allen nur erdenklichen Faktoren zusammenhängt. Schließlich kam er darauf, das herrschende Spannungsdogma infrage zu stellen, und untersuchte, ob eine lockerere Line nicht vielleicht sogar zu besser kontrollierbaren Schwingungen führen könnte. Im Laufe einiger Jahre hatte der Längenrekord beim Highlinen lediglich von 100 auf 140 Meter gesteigert werden können. Es schien fast so, als ob die absolute Grenze beinahe erreicht wäre. 2014 änderte sich auf einmal alles. Die Spannung wurde reduziert, das Backup, die zusätzliche Sicherungsline, bald gar nicht mehr gespannt – und plötzlich stieg der Weltrekord rasant an. Als der Rosenheimer Alexander Schulz, der seine ersten Longlines mit mir zusammen gelaufen war, auf einer 375 Meter langen Line den Rekord fast verdoppelte, war klar, dass sich die Spielregeln grundsätzlich geändert hatten. Wenig später schaffte auch der heute sehr bekannte französische Slackliner Nathan Paulin sein Debüt in der Welt der Rekorde – mit einer unglaublichen 400 Meter langen Highline. Etwas, das vor der »Spannungsrevolution« undenkbar war.

Zu diesem Zeitpunkt gab es noch drei große Disziplinen im Slackline-Sport: Tricklinen, Longlinen, Highlinen. Die des Longlinens löste sich mit der veränderten Spannung jedoch mehr und mehr auf, da nun längere Slacklines in großer Höhe möglich waren. Auch konnten wir uns auf der Highline besser sichern als auf der Longline, die an den Rändern zu hoch für den Absprung und in der Mitte zu niedrig für ein Sicherungsseil war. Damit war für mich klar, dass das Highlinen alles vereinte, was ich im Slacklinen je gesucht hatte. Man kann lange Distanzen laufen, beim Highline Freestyle die Dynamik der Line für sich ausnutzen, um Bounce-Tricks zu machen, und natürlich in extremer Höhe die Ausgesetztheit spüren, sich mit seinen Ängsten auseinandersetzen und bei langen Läufen den perfekten *Flow* finden.

Hatte ich bis jetzt versucht, in allen Disziplinen des Slacklinings mit den jeweils Besten mitzuhalten, wurde es langsam Zeit, sich für einen Weg zu entscheiden. Die Highline wurde mein neuer Fokus. Immer wenn meine Motivation für eine Disziplin abgenommen hatte, ist sie gleichzeitig in einem anderen Bereich gewachsen. Ich schöpfte sie meistens aus der Neuartigkeit der Herausforderung und der Chance, die sich bot, etwas als Erster zu schaffen oder zumindest ganz vorn bei der Erkundung von Neuland dabei zu sein. Motivation ist ein schwierig greifbares Konstrukt, nicht immer finden wir einen klaren Auslöser dafür, manchmal wissen wir nicht so genau, woher sie kommt oder warum sie wieder verschwindet. So bin ich oft überrascht worden von teils unerwarteten Motivationsschüben. Dass ich in den letzten Monaten, noch während ich an diesem Buch arbeite, plötzlich wieder so viel Begeisterung für das Thema Highline Freestyle aufgebracht habe, war für mich selbst überraschend, weil ich es als etwas zu betrachten begann, das ich lieber den jungen Wilden überlassen wollte. Da ich im Extremsport nicht mehr zu den Allerjüngsten gehöre, fürchtete ich zunehmend, mich bei den waghalsigen Tricks zu verletzen. Es stellte sich das Gefühl ein, bestimmte Sachen nicht mehr machen zu können. Bis ich erkannte: Diese Grenze habe ich mir selbst gesetzt, es war nicht mein Körper, der sie mir aufgezeigt hätte, sondern mein Kopf! Die meisten Grenzen erlegen wir uns selbst auf, wir formen Glaubenssätze, die wir dann erneut durchbrechen müssen. Und nun stelle ich erstaunt fest, wie schnell sie sich jedoch wieder auflösen lassen. Zum Glück. Meine Motivation ist zurück, neue Tricks zu wagen und meiner Kreativität freien Lauf zu lassen. Mir all diesen Spaß und die vielen Erfolge der letzten Wochen selbst vorzuenthalten, nur aufgrund von diffusen Ängsten und selbst auferlegten Limits, wäre extrem schade. Es zeigt mir wieder einmal, wie wichtig es ist, sich bei der Erfüllung von Träumen nicht von seinen Ängsten vom Weg abbringen zu lassen.

Der Drang, mich neu auszuprobieren, war ohnehin immer stärker. Ich kann nicht erklären, warum, aber auf einmal kommt dieser Schub, diese Lust und die Energie, neu anzusetzen. Doppelte Rotationen haben mich schon lange fasziniert, wie die doppelte *Yoda-Rolle*, bei der man seitlich auf der Line steht, hoch- und runterwippt, und in dem Moment, wenn sie hochfedert, macht man nicht nur eine, sondern zwei Rollen rückwärts oder vorwärts, hält sich dabei an der Line fest. Am Schluss steht man wieder auf den Füßen. Vor Jahren war ich schon einmal recht kurz davor, diesen Trick zu schaffen, hatte dann aber aufgegeben. Ich hatte das Gefühl, dass ich ihn in diesem Leben nicht mehr vollständig hinbekommen werde. Jetzt habe ich neu angegriffen, und er ist mir innerhalb weniger Wochen sogar in beide Richtungen gelungen, wie viele andere

Tricks, die ich mir früher nicht zugetraut hätte. Wenn das scheinbar Unmögliche geklappt hat, dann sehe ich sofort wieder Potenzial für noch ganz andere Dinge, die sich vielleicht auch realisieren lassen. Der Handstand gehört zu den wenigen Tricks, bei denen ich über die letzten Jahre konsequent drangeblieben bin. Trotz vieler Höhen und Tiefen, massenhaft investierter Zeit und unendlich vieler Fehlversuche konnte ich nie aufhören, es weiter zu versuchen. Den will ich perfekt können – was auch immer das genau heißt und was auch immer es ist, was mich dazu antreibt. Es gibt nicht viele Sachen, die mich so stark fesseln, dass ich gewillt bin, den ganzen Weg zu gehen, bis es annähernd perfekt wird. Größer ist der Reiz, eine Sache neu zu lernen, es einmal geschafft zu haben, selbst wenn es bei einem einzigen geglückten Versuch bleibt.

Bei all den Facetten und Disziplinen dieses Sports, die ich kennenlernen und in denen ich mich ausleben konnte, fesselt mich nichts mehr als der Gedanke, meine Line an neuen Orten zu spannen, sie in unbekannte Umgebungen zu transferieren und damit in Bereiche vorzudringen, die noch niemand für sich erschlossen hat. Luftige Räume in schwindelerregender Höhe, so hoch, dass man den Kopf buchstäblich in den Wolken hat. Dieser Aspekt ist für mich der langlebigste und nachhaltigste Traum im Slacklinen. Indem wir schwer zugängliche Orte mit Highlines bespannen, schaffen wir unseren individuellen Ausdruck für den Akt des Balancierens. Die Slackline verbindet dabei nicht nur Berge, sondern auch Menschen, Kulturen und alles, was uns oft zu trennen scheint.

Obwohl ich das Slacklinen über viele Jahre trainiert und verinnerlicht habe, muss ich mich an fremden Orten auch immer wieder neu beweisen. Wie kann ich unter den jeweiligen Begebenheiten meine Fähigkeiten abrufen? Wie gut gelingt es mir, sie auf das anzupassen, was da ist? Wie sehr kann ich bei mir bleiben, auch angesichts extremer Umstände? Sie lassen jeden Lauf wieder zu einer Herausforderung werden. Es war die dynamische Balance, dieses Wunder des scheinbar Unmöglichen, das mich vor bald 20 Jahren auf dieses Band steigen ließ. Dieses ungläubige Gefühl, das Unwirkliche, das dem Balancieren anhaftete, kann ich neu spüren und erleben, wenn ich mich in einem ungewohnten Setting langsam auf der Slackline vorantaste.

Mein aktuelles Leidenschaftsprojekt ist das alpine Highlinen, das die Verbindung von verschiedensten Fähigkeiten am Berg erfordert. Eine Symbiose aus Klettern, Bergsteigen, Slacklinen und ganz viel Kreativität beim Ersinnen und Umsetzen der Projekte. Weil darin so unterschiedliche Sportarten zusammenfließen, birgt es unendlich viel Potenzial, Dinge zu erleben, die noch niemand gemacht hat. Diese Projekte im Hochgebirge sind wahnsinnig komplex, und es stecken viele Herausforderungen darin, die es zu bewältigen gilt. Nicht alle Dinge kann man beeinflussen und oft gehört auch eine ordentliche Portion Glück dazu. Wenn es einmal gelungen ist, sich den Weg zu einem Gipfel zu erarbeiten, eine Möglichkeit zu finden, dort die Line aufzubauen und sie trotz all der oft unvorhersehbaren Schwierigkeiten, die sich in so unwegsamem Gelände sehr wahrscheinlich einstellen, sturzfrei zu laufen, dann stehen die Chancen sehr hoch, dass man genau diese Line nie wieder macht. Der Zauber liegt auch in dieser Einmaligkeit des Erlebnisses. Jede alpine Highline ist eine *Once in a Lifetime Experience* und allein deshalb außergewöhnlich. Das größte Abenteuer, das ich mir vorstellen kann, das mich antreibt und beflügelt. Noch weiß ich nicht, wohin es mich trägt, wie der Ausgang sein wird, was ich eines Tages daraus gelernt haben werde. Doch das wird mit der Zeit möglich sein, und ich bin gespannt, was mir diese Erfahrungen dann über das Leben erzählen werden.

Auch wenn mich heute hohe Berggipfel magisch anziehen, so weiß ich auch, dass es vor allem neue Orte sein werden, die es noch auf diese Weise zu entdecken gilt. Ich liebe das Highlinen in der unberührten, wilden Natur. Zwischen menschengemachten Gebäuden zu balancieren, fühlt sich ganz anders an, es macht psychologisch etwas mit dir. Die harten Betonebenen unter dir, die scharfen Kanten. Es löst andere Emotionen aus, obwohl es im Grunde nichts anderes ist als eine Highline in den Bergen oder über dem Meer. Der Prozess, all die Genehmigungen für ein urbanes Projekt zu bekommen, ist allerdings extrem aufwendig. Im Gebirge ist man nur durch seine Fähigkeiten und seine Vorstellungskraft limitiert, im städtischen Raum durch strenge Gesetze. Aber wer weiß, vielleicht zieht es mich dennoch eines Tages in die Stadt. Zum Eiffelturm oder zu den Petronas Towers in Malaysia?

Zufriedenheit ist nicht mein Stil

Habe ich ein Projekt abgeschlossen, dann ist meist schon das nächste in der Pipeline. Um mich auf Geschafftem auszuruhen und innezuhalten, brennt das Feuer zu stark. Ich möchte höher hinaus, mehr erleben, mich noch mehr spüren. Ich habe noch zu viele Ideen, um länger stehen zu bleiben und zurückzublicken. Um meine Motivation aufrechtzuerhalten, brauche ich immer ein Ziel, besser noch mehrere gleichzeitig, um zu wissen, wohin es hingeht, wofür ich mich morgens aus dem gemütlichen Bett quäle und worauf ich hinarbeite.

Gleichzeitig ist es aber für dein Seelenheil wichtig, auch mal eine Weile zufrieden zu sein und den Erfolg zu genießen. Natürlich hält dieser Zustand nicht ewig an, und wenn du so eine Persönlichkeit bist wie ich, dann brauchst du vielleicht auch stets eine Idee, mit der du dich beschäftigen kannst. Trotzdem solltest du dir auch zwischendrin erlauben, stolz auf dich selbst zu sein. Und dir sagen: Morgen greifst du wieder an, aber jetzt ist es erst mal gut. Mir ist das lange nicht leichtgefallen. Was mir dabei geholfen hat, ist, die Dinge gemeinsam mit anderen zu machen, eben nicht allein am Gipfel zu stehen, sondern zusammen mit Menschen, die sich nicht nur für sich selbst freuen, sondern füreinander und sich auch mal darauf ausruhen können, etwas Cooles gemacht zu haben. Gemeinsam diesen Moment zu feiern.

Dennoch kann ich mir schwer vorstellen, dass ich damit zufrieden sein könnte, wenn mein Leben ab jetzt einfach in angenehmen, sicheren und vorhersehbaren Bahnen verlaufen würde. Denn was ich mich oft frage: Brauchen andere diese intensiven Erfahrungen gar nicht, um einen Zustand von Zufriedenheit zu erreichen? Oder ist es vielmehr so, dass sie bisher in ihrem Leben solche Erlebnisse gar nicht hatten und insofern nie in den Genuss gekommen sind, das Leben in seiner pursten Form zu spüren – und damit sich selbst? Denn müsste nicht jeder, der es einmal erfahren hat, nie aufhören können, weiter danach zu suchen? So wie ich? Vielleicht unterscheide ich mich aber auch in diesem Punkt von manch anderen. Der Reiz muss für mich ein großer sein, damit sich das wunderbare Gefühl von Abenteuer einstellt.

Im ersten Moment mag es vielleicht widersinnig klingen, doch es sind gerade diese extremen Ausschläge, die mich ins Gleichgewicht bringen. Wenn wir das Leben als Waage betrachten, bei der auf der einen Seite das Abenteuer auf der Waagschale liegt, auf der anderen die Normalität, dann muss es mindestens genauso viele intensive Erlebnisse wie alltägliche geben – anders kann ich die Normalität nicht wertschätzen.

Nach einem spannenden Projekt kann ich zu Hause auf der Couch sehr zufrieden sein. Für eine Weile. Aber ohne das Abenteuer erlebt zu haben, wäre das nichts für mich. Balance besteht für mich darin, dass sich Anspannung und Entspannung abwechseln. Fehlt dieses Zusammenspiel der Kontraste, führt es dazu, dass ich die Normalität erlebe, als würde ich meine Zeit vergeuden. Dann denke ich darüber nach, dass ich ganz woanders sein möchte und was ich dort erleben könnte. Bin nicht mehr im Hier und Jetzt, sondern flüchte mich in Tagträume. Erst über die extremen Erfahrungen kann ich das Gewöhnliche wieder wertschätzen, das Gemütliche, Vertraute, vielleicht sogar die Routine. Kann ich mich in diesen Abenteuern intensiv ausleben, bekommt jeder Moment die Bedeutung, die er haben sollte. Wenn ich dort, wo ich gerade bin, gerne bin, dann ist das ein guter Indikator dafür, dass dieses Gleichgewicht in meinem Leben aktuell stimmt.

»Zufriedenheit ist nicht mein Stil.« Dieser Spruch, den ich einmal irgendwo gelesen habe, hat mir gefallen, denn er sagt viel über den Spagat aus, den man als Sportler oder Sportlerin und generell im Leben machen muss. Zufriedenheit bedeutet oft, dass man nichts ändert. Alles bleibt, wie es ist. Aber meistens kommt irgendwann der Punkt, an dem man gerne etwas Neues erleben würde, weil der aktuelle Status eben nicht für immer zufriedenstellend ist. Unzufriedenheit mag kein angenehmer Zustand sein, aber sie ist auf der anderen Seite ein gutes Ausgangssetting, um etwas Besonderes zu schaffen oder eine größere Leistung zu bringen, sich noch mehr anzustrengen, noch mehr zu geben und etwas zu verändern.

Aber wenn man mit gar nichts zufrieden sein kann, immer mehr will, ist man auch nie wirklich angekommen. Vielleicht ist es eine Lebensaufgabe, das für sich herauszufinden. Wie viel Neues, wie viel Herausforderung ist wichtig, und wann ist auch mal Zeit, loszulassen und einfach zufrieden zu sein?

Wir müssen begreifen, dass Ängste keine unüberwindbaren, feststehenden Hürden sind. Wir haben diese Mauern selbst gebaut und wir können sie auch wieder einreißen. Dann ist der Weg frei für bereichernde und wachstumsfördernde Erlebnisse, die für jeden Einzelnen und jede Einzelne von uns wertvoll sind. Wenn man große Visionen hat, dann muss man ausbrechen, diese Angst erst mal annehmen, wahrnehmen und erleben. Dann aber auch hinter sich lassen. Sonst verpasst man die Gelegenheit, herausragende Erfahrungen zu machen. Wir müssen ausprobieren, über diese Schwelle treten, Impulsen nachgehen, denn womöglich gibt es dahinter noch so viel mehr zu entdecken, als wir uns vorstellen können.

Mit Leichtigkeit und kindlicher Freude an Sachen heranzugehen, ist für mich der Schlüssel zur Zufriedenheit. Alles, was du aus Leidenschaft machst, kann nur gut werden. Und um dranzubleiben, musst du dir immer wieder diese Nischen suchen, die dich zu dem Gefühl zurückführen, das du empfunden hast, als du diese Leidenschaft entdeckt hast. Viele schaffen es nicht, innerhalb ihres Sports neue Bereiche aufzumachen, dann ist es irgendwann ausgereizt und droht langweilig zu werden. Ich möchte nie aufhören, immer neue Facetten des Slacklinens zu entdecken, um mich darin wieder als Anfänger zu fühlen und mich weiterzuentwickeln. Diese permanente Veränderung sehe ich als große Chance, in der

Unsicherheit, die alles Neue umgibt, etwas Wertvolles zu entdecken. Es steckt ganz sicher irgendetwas drin, das du suchst, doch dafür musst du erst einmal Dinge aufgeben, zurücklassen, aufbrechen und dich dem Unbekannten aussetzen.

Morgen die Antarktis

Im Profifußball oder in anderen Sportarten ist recht klar, dass man mit Mitte 30 zum alten Eisen gehört. Das ist beim Slacklinen jedoch anders. Solange ich eine positive Vision meiner Zukunft für mich sehe, in der ich morgen besser sein kann als heute, werde ich diesem Sport nachgehen. Was auch sehr stark damit zusammenhängt, dass Slacklinen sich nicht einzig in physischer Kraft, Flexibilität oder Schnelligkeit begründet, sondern viel mit Technik, Erfahrung und den Feinheiten zu tun hat, die man erst mit der Zeit lernt. Es geht um die Regelmäßigkeit und Häufigkeit, mit der man die Bewegungen verinnerlicht hat, und insofern bin ich überzeugt, dass ich noch lange Jahre durch den Himmel laufen und kreative Ideen finden werde, mit der Line einen neuen Weg einzuschlagen, der zu mir und meinem Leben passt.

Wenn mich jemand fragt, was man für diesen Sport braucht, dann sind es aus meiner Sicht vor allem Hartnäckigkeit und Frustrationstoleranz, aber auch die Gabe, sich an Kleinigkeiten zu erfreuen und schlicht den Prozess zu genießen. Du wirst vor allem am Anfang unzählige Male runterfallen, unzählige Male scheitern und wieder aufstehen müssen. Und nur weil etwas einmal geklappt hat, heißt es noch lange nicht, dass es beim nächsten Mal wieder klappt. Es braucht einen starken Willen, um trotzdem dranzubleiben. Und eine gute

Portion Leidenschaft. Was für eine Statur du mitbringst, spielt hingegen eine eher untergeordnete Rolle. Viel entscheidender sind deine mentalen Stärken. Die Konstitution ist zweitrangig, wenn du jemand bist, der Sachen Hunderte Male probiert, ohne die Lust daran zu verlieren.

Die meisten Slackliner und Slacklinerinnen würde ich als neugierige Menschen beschreiben. Und wenn ich das sage, kommt mir gleich das japanische Geschicklichkeitsspiel Kendama in den Sinn, das in der Community sehr beliebt ist. Es besteht aus einer Kugel, die durch einen Faden mit dem Griff verbunden ist, außerdem verschiedenen Tellern. Im Wesentlichen geht es darum, die Kugel in die Luft zu werfen und sie mit einem der Teller aufzufangen. Über 1000 verschiedene Trickkombinationen sind möglich. Viele tragen dieses Spielzeug aus Holz bei sich, um unterwegs etwas zu tun zu haben oder wenn Schlechtwetterfronten sie zwingen, ein paar Stunden im Zelt oder in der Berghütte zu verbringen. Sie können es nicht mehr aus der Hand legen, sich endlos an solchen Dingen festbeißen, geben nicht auf, bis sie einen Trick draufhaben. Die meisten ambitionierten Slackliner und Slacklinerinnen sind Menschen, die ihre Ziele mit allem, was sie zu geben haben, verfolgen, sie eint eine starke intrinsische Motivation und die Faszination für Bewegung und Koordination. Sie wollen den Dreh raushaben, etwas schaffen, auch wenn es endlos viele Anläufe braucht. Und sie freuen sich wie kleine Kinder, wenn es ihnen schließlich glückt.

Wenn wir Neues für uns erobern, egal ob es Fähigkeiten sind oder Orte, schaffen wir uns damit Möglichkeiten, besondere Erfahrungen zu machen. Für mich ist einer der letzten großen Träume der siebte Kontinent. Nachdem mich meine Slackline in den vergangenen Jahren auf sechs der sieben

Kontinente geführt hat, ist Antarktika das letzte unbekannte Ziel für mich. Der erste Mensch zu sein, der auf allen sieben Kontinenten auf einer Slackline stand, in der Luft balanciert ist und eine außergewöhnliche Perspektive eingenommen hat, das ist mein Lebenstraum. Diese nicht enden wollende Landschaft aus Eis fasziniert mich seit jeher, diese karge, abgeschiedene Region am südlichen Ende der Erde. Ein 2000 Meter dicker Eispanzer, der einen Großteil des Süßwassers der Erde enthält. Diese weiße Gletscheroberfläche, durchbrochen von dunklen Felsen, die daraus hervorragen, das glitzernde Eis, das die Sonne reflektiert. Eine Welt, die mich mit Ehrfurcht und großem Respekt erfüllt – perfekt für eine Highline, wie ich sie mir vorstelle. Ich träume davon, genau an diesem Ort das tun zu können, was ich am meisten liebe. Seit vielen Jahren spukt dieser Gedanke schon in meinem Kopf herum. Und ich bin überzeugt davon, dass irgendwann der Moment kommen wird, wenn alle Rädchen ineinandergreifen und sich eine Gelegenheit auftut, um diesen Plan umzusetzen. Bei vielen dieser Ideen muss man aber auch Geduld haben. Natürlich kann man sich nicht einfach bequem mit seinem Traum aufs Sofa setzen und warten, dass etwas passiert. Man muss sein Möglichstes dafür tun, aber eben auch verstehen, dass wir manchmal warten müssen, bis alle Puzzleteile zusammenpassen. Gerade bei den großen Träumen und Zielen. Ein bisschen so wie bei einer Reise auf den Mond. Es erscheint irgendwie vorstellbar, theoretisch, aber dann auch wieder sehr weit weg. Das ist ein ähnlicher Reiz. Wenn wir wirklich daran glauben wollten, müssen wir diesen Spagat schaffen – zwischen einem fernen Traum und dem Grundvertrauen, dass alles am Ende schicksalhaft zusammenfindet, wenn wir unseren Beitrag leisten.

Vieles von dem, was ich erlebt und erreicht habe, hielt ich anfangs selbst nicht für möglich. Aber am Ende muss man es einfach versuchen. Wenn man erst mal losgelaufen ist, ergibt sich manches von allein. Es liegt so vieles darin, diesen ersten Schritt zu wagen, und so vieles wird dadurch erst denkbar. Darum ist eine Frage, mit der ich mein Publikum nach einem meiner Vorträge gern entlasse:

Was ist dein nächster Schritt auf dem Weg zu deinem persönlichen Traum?

Die Antwort darauf muss sich jeder und jede selbst geben. Aber ich bin sicher, dass es niemanden gibt, in dem sie nicht etwas anstößt. Denn wir alle haben Träume, und viele von uns haben sich bisher vielleicht nicht einmal getraut, sich vorzustellen, sie wirklich zum Leben zu erwecken.

Ich wünsche Dir den Mut und die Kraft, diesen Schritt zu gehen. Mach es einfach!

Vom Radschlag zum Backflip
https://lmy.de/Wameg

Mont Blanc
www.youtube.com/
watch?v=X_hQmtJLOa8

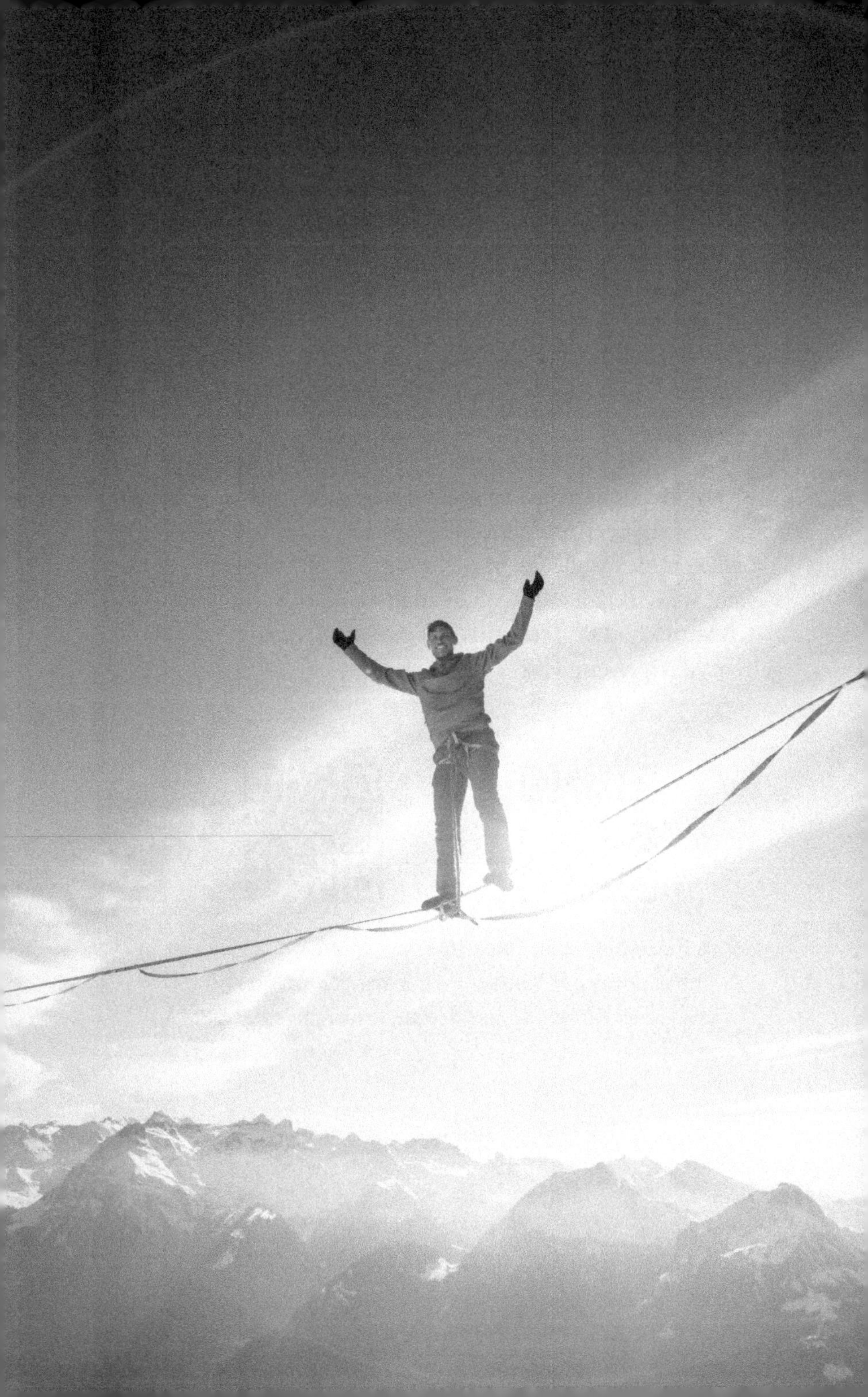

Epilog

Wenn ich heute bei blauem Himmel und Windstille auf eine Highline gehe, unweit von dort, wo ich lebe und alles mir vertraut ist, auf einer Lichtung im Wald oder über einem Bach, dann fühlt es sich für mich an wie ein gemütlicher kleiner Spaziergang. Es ist eine positive Erwartungshaltung da, Vorfreude, vielleicht noch eine Spur von Aufregung, aber selbst, wenn ich ganz tief in mich hineinhorche, dann empfinde ich keine Angst mehr.

Vor vielen Jahren hat mich dieser Sport auf eine Reise geschickt, weg von der Sicherheit, weg von dem geradlinigen Leben, hin zu Offenheit und Abenteuer. Vom ersten Moment an ging es darum, mein Angstlevel zu verschieben. Zunächst hieß das, erst mal nur auf der Line zu sitzen, sich mit beiden Händen festzuhalten und nichts zu tun als in der Situation zu bleiben und gegen den Sog der Tiefe anzuatmen. Selbst eine Hand von der Line zu lösen, bedeutete blanke Panik. Ganz allmählich gelang es mir, meine Komfortzone zu erweitern. Loszulassen, aufzustehen, den ersten Schritt zu machen und dann weiterzugehen. Immer wieder. Bis ich mich auch in großer Höhe und unter extremen Bedingungen wohl fühlen konnte. Ein Prozess, der Jahre beanspruchte. Auf diesem Weg gab es immer wieder Momente, in denen ich mir selbst sagen musste: *Bis hierhin und nicht weiter! Das ist mir zu viel, das kann ich nicht aushalten!* Es war die Faszination für diese dynamische

Balance in der Luft, so nah dran am Fliegen, die mich dazu brachte, mich dennoch immer wieder dorthin zu begeben, von wo ich oft nur noch wegwollte.

Wenn ich heute als Außenstehender jemanden begleite, der sich zum ersten Mal auf einer Highline versucht, dann erlebe ich nochmal mit, wie herausfordernd die Höhe ist und wie hart diese ersten Schritte sind, sich zu überwinden und in ein solches Szenario hineinzubegeben. Es bringt Gefühle von damals an die Oberfläche, die ich sonst nie mehr würde abrufen können, es ermöglicht mir, mich an diese existenzielle Angst zurückzuerinnern. Wie ich mich damals am Baum festkrallte und mit mir rang, ob ich mich loszulassen traute, an mein hämmerndes Herz, die feuchten Hände. Alles um mich verschwamm und schien sich aufzulösen, meine Gliedmaßen waren wie gelähmt. Doch das ist lange vorbei. Bei dem Gedanken durchströmt mich Erleichterung. Denn es macht mir auch bewusst, wie normal diese Dinge für mich geworden sind, die für andere fast unglaublich erscheinen. Wie großartig, dass ich diese intensiven und lebendigen Erfahrungen heute machen darf, ohne mich diesem furchtbaren Gefühl aussetzen zu müssen! Ich betrachte es als riesige Errungenschaft, eine so überwältigende Emotion wie die Angst heute so gut zu beherrschen, dass ich nicht mehr in Panik gerate, sondern in 1000 Metern Höhe auf einem schmalen Band balancieren und es genießen kann.

Am Rand stehend, lässt sich gut beobachten, wie irrational Angst häufig ist. Und wie sie zu einer völlig übersteigerten Wahrnehmung führt. Die Bewegungen, die die Person auf der Line macht, sind oft nur marginal, ihre Schieflage ist von außen fast nicht wahrzunehmen, doch für sie fühlt es sich dramatisch an, als würde jedes Wackeln, jeder Windhauch unweigerlich zum Absturz in die Tiefe führen. Beim Slacklinen musst du dich permanent bewegen und ausgleichen, doch mit jeder Bewegung drohst du deine Komfortzone zu sprengen. Bis du irgendwann die beobachtende Position am Rand einnehmen und die Situation objektiv bewerten kannst, selbst wenn du mittendrin steckst. So als würdest du dir aus der Distanz zusehen und dir sagen: *Du bist gesichert, was soll passieren? Bleib einfach entspannt und lass deinen Körper machen, so dramatisch ist das alles nicht, egal, was dein Hirn dir einzureden versucht!* Indem du etwas Irrationales in ein rationales Raster fügst, nimmst du der Angst die Macht.

Was nicht bedeutet, dass wir nicht auf unsere Ängste hören sollten. Sie sind ein wichtiges Signal, dem wir Aufmerksamkeit schenken müssen. Doch viele der Ängste, die uns heute beschäftigen, sind irrational. Die meisten Spinnen, denen wir hierzulande begegnen, sind nicht gefährlich, Flugzeuge stürzen selten ab, Fahrstühle bleiben nicht permanent stecken. Meistens ist die Angst viel größer als die wirkliche Konsequenz, vor der wir uns eigentlich fürchten. Nur wenn wir lernen, richtig mit ihr umzugehen, kann sie uns eine wertvolle Ratgeberin sein.

Angst war für mich lange etwas, das ich als Hindernis betrachtete, das es abzuschütteln galt. Etwas, das ich um jeden Preis loswerden wollte. Inzwischen begreife ich sie als Chance. Wenn ich Angst verspüre, zeigt es mir, dass ich mich in einem Bereich befinde, in dem ich etwas Neues erleben und lernen kann. Denn dort, wo die Furcht am größten ist, da ist auch das Potenzial, innerlich zu wachsen. Sie gibt mir deutlich zu verstehen, wo es für mich noch etwas zu tun gibt. Was hält mich zurück? Was ist es, das es zu überwinden gilt? Wenn du ein

Mensch bist, für den das Leben darin besteht, sich beständig selbst herauszufordern, sich weiterzuentwickeln und Neues zu lernen, dann ist Angst die beste Wegweiserin, um dir die Richtung aufzuzeigen, die du einschlagen solltest. Diese Sichtweise ermöglicht mir, viel positiver mit dieser Emotion umzugehen, weil sich durch sie jedes Mal eine Tür öffnet. Auch nach achtzehn Jahren im Slacklinen kann ich noch immer Situationen erzeugen, in denen ich mich wieder fürchte. Dann, wenn ich einen komplizierten neuen Trick ausprobiere oder mich in ein ungewohntes Terrain begebe. Doch ich kann die Angst heute kontrollieren, und ich sehe das Schöne hinter dem Hindernis bereits, obwohl oft noch ein langer Weg vor mir liegt.

Meine Toleranz ist in diesem Bereich inzwischen sicher höher als bei anderen. In dem Bereich, in dem ich mich seit so vielen Jahren bewege, braucht es starke Reize, um dieses Gefühl noch in mir zu wecken. Mein Umgang damit hat sich verändert, weil ich so viel Zeit damit verbracht habe, Ängste zu erleben und zu überwinden, und weil ich weiß, dass keine Angst absolut ist. Eine Gewissheit, die mich Angst ganz anderes wahrnehmen lässt, denn ich fühle mich ihr nicht mehr ausgeliefert, ich habe eine Idee, wie ich sie reduzieren und dagegen arbeiten kann. Wenn du Kontrolle ausüben und die Situation beeinflussen kannst, dann löst sich die Angst auf. Und was dahinter auf dich wartet, ist es wert, sich ihr jeden Tag wieder aufs Neue zu stellen.

Dank

Auf der Slackline ist man allein auf sich gestellt, aber um seine Träume umzusetzen und seine Ziele zu erreichen, braucht man enge Freundschaften, starke Unterstützende und inspirierende Mentoren und Mentorinnen.

Mein Dank gilt in erster Linie meiner Familie, meinen Eltern Beate und Thomas, meinem Bruder Matthias und meiner Freundin Antonia, die mich bei fast jedem Abenteuer begleitet.

Mein besonderer Dank für die Unterstützung bei diesem Buch gilt Lena Schindler.

Danken möchte ich aber auch all den Freunden und Freundinnen, die mich ein Stück weit auf meinem Weg begleitet, das eine oder andere Projekt zusammen mit mir bestritten oder mir durch ihre Taten und Worte die Ideen und Motivation für neue Abenteuer geschenkt haben. Stellvertretend für alle, die sich hier angesprochen fühlen dürfen, möchte ich besonders Valentin Rapp, Bernhard Röttgers, Florian Jesacher, Friedi Kühne, Samuel Volery, Julian Mittermaier, Reinhard Kleindl, Michi Aschaber, Pablo Signoret, Andy Lewis, Clement Fabre, Guillaume Barrande, Pierre Chauffour, Quirin Herterich, Mia Noblet, Armin Holzer, Bernd Hassmann, Alexander Schulz, Mich Kemeter, Preston Bruce Alden, Maxwell Sterling, Steve Pucker, Scott Balcom, Heinz Zak sowie Dean Potter danken.

Quellennachweis

1 https://newyorkaktuell.nyc/world-trade-center
2 https://de.wikipedia.org/wiki/Karl_Wallenda
3 https://slacklineinternational.org/risk-assessements
4 https://youtube.com/watch?v=ad8Ykeny9Dk
5 https://spiegel.de/reise/aktuell/extremsportler-dean-potter-russisches-roulette-in-der-steilwand-a-795720.html
6 https://spiegel.de/reise/aktuell/us-artist-nik-wallenda-ueberquert-niagara-faelle-auf-hochseil-in-25-minuten-a-839135.html
7 https://spiegel.de/reise/aktuell/us-artist-nik-wallenda-ueberquert-niagara-faelle-auf-hochseil-in-25-minuten-a-839135.html
8 https://twitter.com/TonyRobbins/status/625921963135864832
9 https://trailhiking.com.au/hikes/federation-peak
10 Mihaly Csikszentmihalyi: »Flow. Das Geheimnis des Glücks« (Klett-Cotta, 2017)
11 https://nowtation.com/flow-zustand

Bildnachweis

Cover: Umschlaggestaltung: wilhelm typo grafisch unter Verwendung eines Fotos von © Valentin Rapp

TEXTTEIL (KAPITELAUFMACHER)

S. 6: Lukas Irmler
S. 14: Bernhard Röttgers
S. 38: Sebastian Wahlhuetter
S. 66: Julien Ferrandez/UBAC Media
S. 96: Jacques Marais
S. 122: Valentin Rapp
S. 146: Mariano Breccia
S. 174: Antoine Jacques Paichard
S. 202: Valentin Rapp
S. 228: Mark Chase

BILDTEIL

S. 1: Lukas Irmler, Anika Mahler
S. 2: Sebastian Wahlhuetter
S. 3: Sebastian Wahlhuetter (2)
S. 4: Julien Ferrandez/UBAC Media (2)
S. 5: Valentin Rapp (2)
S. 6: Lars Loichen
S. 7: Lukas Irmler
S. 8, 9: Uli Kunz
S. 10: Mariano Breccia (2)
S. 11: Valentin Rapp (2)
S. 12: Valentin Rapp (2)
S. 13: Aidan Williams, Anya Sandler
S. 14, 15: Aidan Williams
S. 16: Valentin Rapp